根据最新税收政策和会计准则编写

OPERATION GUIDELINE FOR

Corporate Income Tax Collection，Payment

徐珺婷◎主编

（2020年版）

企业所得税汇算清缴操作实务

中国财经出版传媒集团
中国财政经济出版社

图书在版编目（CIP）数据

企业所得税汇算清缴操作实务：2020年版/徐珺婷主编. --北京：中国财政经济出版社，2020.3
ISBN 978-7-5095-9677-7

Ⅰ.①企… Ⅱ.①徐… Ⅲ.①企业所得税-税收管理-中国 Ⅳ.①F812.424

中国版本图书馆CIP数据核字（2020）第035280号

责任编辑：尉　敏　　　　　　责任印制：史大鹏
封面设计：MX DESIGN STUDIO

中国财政经济出版社 出版

URL：http：//www.cfeph.cn
E-mail：cfeph@cfemg.cn

社址：北京市海淀区阜成路甲28号　邮政编码：100142
营销中心电话：010-88191537
北京时捷印刷有限公司印刷　各地新华书店经销
710×1000毫米　16开　26印张　416 000字
2020年3月第1版　2020年3月北京第1次印刷
定价：88.00元
ISBN 978-7-5095-9677-7
（图书出现印装问题，本社负责调换）
本社质量投诉电话：010-88190744
打击盗版举报热线：010-88191661　QQ：2242791300

序　言

企业所得税汇算清缴是指纳税人在纳税年度终了后的规定时期内，依照税收法律、法规、规章及其他有关企业所得税的规定，自行计算全年应纳税所得额和应纳所得税额，根据月度或季度预缴的所得税数额，确定该年度应补或者应退税额，并填写“企业所得税年度纳税申报表”，向主管税务机关办理年度企业所得税纳税申报、提供税务机关要求提供的有关资料、结清全年企业所得税税款的行为。企业所得税汇算清缴工作是一项政策性、专业性和操作性都很强的综合性税务管理工作，加强企业所得税汇算清缴有利于防范和控制企业的涉税风险、降低税务成本，规范税务管理行为。

一年一度的所得税汇算清缴即将拉开大幕，为了帮助企业所得税纳税人、税务系统干部和税务师事务所执业人员系统地了解、学习和掌握企业所得税政策的新规定、企业所得税汇算清缴工作的新变化及企业所得税缴纳申报操作的新要求，切实做好2019年度企业所得税汇算申报、税务鉴证、征收管理等工作，提高税收政策的执行能力和所得税汇算清缴工作的质量，我们编写了《企业所得税汇算清缴操作实务（2020年版）》一书。本书适应2019年以来企业所得税政策的新变化，对“企业所得税年度纳税申报表（A类，2017年版）”基础信息表与主表，一般企业收入、成本支出、期间费用纳税申报表，“纳税调整项目明细表”，“企业所得税弥补亏损明细表”，“税收优惠相关项目明细表”，“境外所得税收抵免”相关项目明细表，“跨地区经营汇总纳税”相关项目明细表，企业所得税前扣除凭证，企业所得税优惠备查与备案资料，以及高新技术认定与优惠政策等进行了全面、详尽的解读和讲解。

在重点讲解企业所得税年度纳税申报表操作实务的同时，本书从帮助各行业的企业深化企业所得税管理的需要，对企业发票管理实务操作、业务合同涉税管理、企业所得税税收优惠政策落地管理等进行了深度地解读和分析。同时，针对企业所得税实务管理的需要，从业税融合的视角，阐述了企业如何建立业税融合、相互协调的一体化工作机制，增强纳税人风险应对能力。

本书作为企业财务人员、税务干部和税务师事务所从业人员等专业人士从事企业所得税汇算清缴业务的实用工具书，其主要特点在于：

（1）视角创新。本书在满足广大实务工作者全面掌握 2019 年企业所得税汇算清缴工作基本要求的同时，融合了税前扣除凭证管理、发票管理规范、合同涉税审核管理和业财税融合一体化管理等企业所得税管理实务创新内容，有利于全面提升企业所得税管理工作的水平。

（2）注重实务。本书在一一列举与企业所得税汇算清缴相关申报表的基础上，通过相互对应的方式，对每一张申报表的项目都作出了详尽地“项目填报说明”，同时，还列出与每一张申报表填报内容相关的税收法律、法规和政策，力求内容上的实用。因此，本书对汇算清缴实务具有很强的操作性和实用性。

（3）针对性强。本书针对企业所得税汇算清缴的新规定、新变化和新要求，以及历年企业所得税汇算清缴中实务工作者迫切关心的难点问题和热点问题，进行了全面地分析讲解，学以致用，易学易懂能用，真正起到授业解惑的作用。

限于时间和水平，书中难免存在疏漏之处，敬请广大读者批评指正。

编　者

2020 年 3 月

目 录

第一章

导　言

第一节　企业所得税汇算清缴

企业所得税汇算清缴，是指纳税人自纳税年度终了之日起5个月内或实际经营终止之日起60日内，依照税收法律、法规、规章及其他有关企业所得税的规定，自行计算本纳税年度应纳税所得额和应纳所得税额，根据月度或季度预缴企业所得税的数额，确定该纳税年度应补或者应退税额，并填写“企业所得税年度纳税申报表”，向主管税务机关办理企业所得税年度纳税申报、提供税务机关要求提供的有关资料、结清全年企业所得税税款的行为。

第二节　税会差异与纳税调整

财务会计的最终成果是形成财务报告。《企业会计准则》将财务报告的目标确定为，向财务报告使用者提供与企业财务状况、经营成果和现金流量等有关的会计信息，反映企业管理层受托责任履行情况，有助于财务报告的使用者作出经济决策。然而，税收是国家为了实现其职能，凭借政治权力，按照法律规定标准，对一部分社会产品进行无偿分配，以取得财政收入的一种形式。会计与税收的目标不同，形成了对相同经济业务的不同处理，即税会差异。

《中华人民共和国企业所得税法》（以下简称《企业所得税法》）第二十条规定，在计算应纳税所得额时，企业财务、会计处理办法与税收法律、行政法规的规定不一致的，应当依照税收法律、行政法规的规定计算。在“企业所得税年度纳税申报表”（A类，2017年版）中，与纳税调整相关的表单主要有：“企业所得税年度纳税申报基础信息表”（A00000）、“中华人民共和国企业所得税年度纳税申报表（A类）”（A100000）第15行“纳税调整增加额”和第16行“纳税调整减少额”、“纳税调整项目明细表”（A105000）及其附表。企业涉税事项的会计处理与税务处理差异的纳税调整，集中通过“纳税调整项目明细表”（A105000）进行填报。除调整固定资产加速折旧（无形资产加速摊销）以及固定资产一次性扣除优惠外，其他税收优惠项目都不通过该表填报。

第二章

企业所得税年度纳税申报表（A类，2017年版）基础信息表与主表

第一节　企业所得税年度纳税申报表（A类，2017年版）封面

中华人民共和国企业所得税年度纳税申报表

（A类，2017年版）

税款所属期间：　　　　　　年　　月　　日至　　　　年　　月　　日

纳税人识别号

（统一社会信用代码）：□□□□□□□□□□□□□□□□□□□□

纳税人名称：

金额单位：人民币元（列至角分）

谨声明：本纳税申报表是根据国家税收法律法规及相关规定填报的，是真实的、可靠的、完整的。

纳税人（签章）：

年　　月　　日

经办人： 经办人身份证号： 代理机构签章：	受理人： 受理税务机关（章）： 受理日期：　　年　月　日

国家税务总局监制

一、项目填报说明

“中华人民共和国企业所得税年度纳税申报表（A 类，2017 年版）”（以下简称“申报表”）适用于实行查账征收企业所得税的居民企业纳税人（以下简称“纳税人”）填报。有关项目填报说明如下：

1. “税款所属期间”：正常经营的纳税人，填报公历当年 1 月 1 日至 12 月 31 日；纳税人年度中间开业的，填报实际生产经营之日至当年 12 月 31 日；纳税人年度中间发生合并、分立、破产、停业等情况的，填报公历当年 1 月 1 日至实际停业或法院裁定并宣告破产之日；纳税人年度中间开业且年度中间又发生合并、分立、破产、停业等情况的，填报实际生产经营之日至实际停业或法院裁定并宣告破产之日。

◆凡在纳税年度内从事生产、经营（包括试生产、试经营），或在纳税年度中间终止经营活动的纳税人，无论是否在减税、免税期间，也无论盈利或亏损，均应按照《企业所得税法》及其实施条例等有关规定进行企业所得税汇算清缴。

◆企业在年度中间终止经营活动的，应当自实际经营终止之日起六十日内，向税务机关办理当期企业所得税汇算清缴。企业应将整个清算期作为一个独立的纳税年度计算清算所得。

【例 2－1】甲企业 2019 年被吸收合并，于 2019 年 3 月 31 日终止生产经营活动，2019 年 5 月 20 日完成注销清算手续。

分析：甲企业 2019 年 1 月 1 日至 3 月 31 日为企业正常生产经营期间，应作为一个独立的纳税年度，在 3 月 31 日实际经营终止之日起 60 日内，向税务机关办理当期企业所得税汇算清缴，税款所属期间应填写“2019 年 1 月 1 日至 2019 年 3 月 31 日”。此外，甲企业终止生产经营之日“4 月 1 日”至注销税务登记完成之日“5 月 20 日”之间为清算期，也应作为一个独立的纳税年度，填写《企业清算所得税申报表》，清算期间应填写“2019 年 4 月 1 日至 2019 年 5 月 20 日”。

2. “纳税人识别号（统一社会信用代码）”：填报有关部门核发的统一社会信用代码。未取得统一社会信用代码的，填报税务机关核发的纳税人识别号。

3. “纳税人名称”：填报营业执照、税务登记证等证件载明的纳税人名称。

4. “填报日期”：填报纳税人申报当日日期。

5. 纳税人聘请机构代理申报的，加盖代理机构公章。

二、相关政策

1. 《中华人民共和国企业所得税法》（中华人民共和国主席令第63号）。

2. 《中华人民共和国企业所得税法实施条例》（中华人民共和国国务院令第512号）。

3. 《国家税务总局关于印发〈企业所得税汇算清缴管理办法〉的通知》（国税发〔2009〕79号）。

4. 《国家税务总局关于印发〈中华人民共和国企业清算所得税申报表〉的通知》（国税函〔2009〕388号）。

第二节　企业所得税年度纳税申报表填报表单

企业所得税年度纳税申报表填报表单如表2－1所示：

表2－1　　企业所得税年度纳税申报表填报表单

表单编号	表单名称	是否填报
A000000	企业所得税年度纳税申报基础信息表	√
A100000	中华人民共和国企业所得税年度纳税申报表（A类）	√
A101010	一般企业收入明细表	□
A101020	金融企业收入明细表	□
A102010	一般企业成本支出明细表	□
A102020	金融企业支出明细表	□
A103000	事业单位、民间非营利组织收入、支出明细表	□

续表

表单编号	表单名称	是否填报
A104000	期间费用明细表	□
A105000	纳税调整项目明细表	□
A105010	视同销售和房地产开发企业特定业务纳税调整明细表	□
A105020	未按权责发生制确认收入纳税调整明细表	□
A105030	投资收益纳税调整明细表	□
A105040	专项用途财政性资金纳税调整明细表	□
A105050	职工薪酬支出及纳税调整明细表	□
A105060	广告费和业务宣传费等跨年度纳税调整明细表	□
A105070	捐赠支出及纳税调整明细表	□
A105080	资产折旧、摊销及纳税调整明细表	□
A105090	资产损失税前扣除及纳税调整明细表	□
A105100	企业重组及递延纳税事项纳税调整明细表	□
A105110	政策性搬迁纳税调整明细表	□
A105120	特殊行业准备金及纳税调整明细表	□
A106000	企业所得税弥补亏损明细表	□
A107010	免税、减计收入及加计扣除优惠明细表	□
A107011	符合条件的居民企业之间的股息、红利等权益性投资收益优惠明细表	□
A107012	研发费用加计扣除优惠明细表	□
A107020	所得减免优惠明细表	□
A107030	抵扣应纳税所得额明细表	□
A107040	减免所得税优惠明细表	□
A107041	高新技术企业优惠情况及明细表	□
A107042	软件、集成电路企业优惠情况及明细表	□
A107050	税额抵免优惠明细表	□
A108000	境外所得税收抵免明细表	□
A108010	境外所得纳税调整后所得明细表	□
A108020	境外分支机构弥补亏损明细表	□
A108030	跨年度结转抵免境外所得税明细表	□
A109000	跨地区经营汇总纳税企业年度分摊企业所得税明细表	□
A109010	企业所得税汇总纳税分支机构所得税分配表	□

说明：企业应当根据实际情况选择需要填报的表单。

一、项目填报说明

表2-1列示申报表全部表单名称及编号。纳税人在填报申报表之前，请仔细阅读这些表单的填报信息，并根据企业的涉税业务，选择“是否填报”。选择“填报”的，在“□”内打“√”，并完成该表单内容的填报。未选择“填报”的表单，无须向税务机关报送。各表单有关情况如下：

1. 企业所得税年度纳税申报基础信息表（A000000）。

本表为必填表，填报内容包括基本经营情况、有关涉税事项情况、主要股东及分红情况三部分。纳税人填报申报表时，首先填报此表，为后续申报提供指引。

2. 中华人民共和国企业所得税年度纳税申报表（A类）（A100000）。

本表为必填表，是纳税人计算申报缴纳企业所得税的主表。

3. 一般企业收入明细表（A101010）。

本表适用于除金融企业、事业单位和民间非营利组织外的纳税人填报，反映一般企业按照国家统一会计制度规定取得收入情况。

4. 金融企业收入明细表（A101020）。

本表仅适用于金融企业（包括银行、信用社、保险公司、证券公司等金融企业）填报，反映金融企业按照企业会计准则规定取得收入情况。

5. 一般企业成本支出明细表（A102010）。

本表适用于除金融企业、事业单位和民间非营利组织外的纳税人填报，反映一般企业按照国家统一会计制度规定发生成本支出情况。

6. 金融企业支出明细表（A102020）。

本表仅适用于金融企业（包括银行、信用社、保险公司、证券公司等金融企业）填报，反映金融企业按照企业会计准则规定发生支出情况。

7. 事业单位、民间非营利组织收入、支出明细表（A103000）。

本表适用于事业单位和民间非营利组织填报，反映事业单位、社会团体、民办非企业单位、非营利组织等按照有关会计制度规定取得收入，发生支出、费用情况。

8. 期间费用明细表（A104000）。

本表适用于除事业单位和民间非营利组织外的纳税人填报，反映纳税人根据国家统一会计制度发生的期间费用明细情况。

9. 纳税调整项目明细表（A105000）。

本表反映纳税人财务、会计处理办法（以下简称“会计处理”）与税收法律、行政法规的规定（以下简称“税收规定”）不一致，需要进行纳税调整的项目和金额情况。

10. 视同销售和房地产开发企业特定业务纳税调整明细表（A105010）。

本表反映纳税人发生视同销售行为、房地产开发企业销售未完工产品、未完工产品转完工产品，会计处理与税收规定不一致，需要进行纳税调整的项目和金额情况。

11. 未按权责发生制确认收入纳税调整明细表（A105020）。

本表反映纳税人会计处理按照权责发生制确认收入，而税收规定不按照权责发生制确认收入，需要进行纳税调整的项目和金额情况。

12. 投资收益纳税调整明细表（A105030）。

本表反映纳税人发生投资收益，由于会计处理与税收规定不一致，需要进行纳税调整的项目和金额情况。

13. 专项用途财政性资金纳税调整明细表（A105040）。

本表反映纳税人取得符合不征税收入条件的专项用途财政性资金，由于会计处理与税收规定不一致，需要进行纳税调整的金额情况。

14. 职工薪酬支出及纳税调整明细表（A105050）。

本表反映纳税人发生的职工薪酬（包括工资薪金、职工福利费、职工教育经费、工会经费、各类基本社会保障性缴款、住房公积金、补充养老保险、补充医疗保险等支出）情况，以及由于会计处理与税收规定不一致，需要进行纳税调整的项目和金额情况。纳税人只要发生职工薪酬支出，均需填报本表。

除职工薪酬支出及纳税调整明细表（A105050）外，对于捐赠支出及纳税调整明细表（A105070）、资产折旧、摊销及纳税调整明细表（A105080）、资产损失税前扣除及纳税调整明细表（A105090）、企业重组及递延纳税事项纳税调整明细表（A105100）、特殊行业准备金及纳税调整明细表（A105120）等申报表，只要会计上发生相关支出，不论是否调整均需填报。

15. 广告费和业务宣传费等跨年度纳税调整明细表（A105060）。

本表反映纳税人发生的广告费和业务宣传费支出、保险企业发生的手续费及佣金支出，由于会计处理与税收规定不一致，需要进行纳税调整的金额情况。纳税人以前年度发生广告费和业务宣传费支出、保险企业以前年度发生手续费及佣金支出尚未扣除完毕的，应填报以前年度累计结转情况。

16. 捐赠支出及纳税调整明细表（A105070）。

本表反映纳税人发生捐赠支出的情况，以及由于会计处理与税收规定不一致，需要进行纳税调整的项目和金额情况。纳税人发生以前年度捐赠支出未扣除完毕的，应填报以前年度累计结转情况。

17. 资产折旧、摊销及纳税调整明细表（A105080）。

本表反映纳税人资产折旧、摊销情况，以及由于会计处理与税收规定不一致，需要进行纳税调整的项目和金额情况。纳税人只要发生资产折旧、摊销，均需填报本表。

18. 资产损失税前扣除及纳税调整明细表（A105090）。

本表反映纳税人发生的资产损失的项目及金额情况，以及由于会计处理与税收规定不一致，需要进行纳税调整的项目和金额情况。

19. 企业重组及递延纳税事项纳税调整明细表（A105100）。

本表反映纳税人发生企业重组、非货币性资产对外投资、技术入股等业务所涉及的所得或损失情况，以及由于会计处理与税收规定不一致，需要进行纳税调整的项目和金额情况。

20. 政策性搬迁纳税调整明细表（A105110）。

本表反映纳税人发生政策性搬迁所涉及的所得或损失，由于会计处理与税收规定不一致，需要进行纳税调整的项目和金额情况。

21. 特殊行业准备金及纳税调整明细表（A105120）。

本表适用于保险、证券、期货、金融、担保、小额贷款公司等特殊行业纳税人填报，反映发生特殊行业准备金情况，以及由于会计处理与税收规定不一致，需要进行纳税调整的项目和金额情况。

22. 企业所得税弥补亏损明细表（A106000）。

本表反映纳税人以前年度发生的亏损需要在本年度结转弥补的金额，本年度可弥补的金额以及可继续结转以后年度弥补的亏损额情况。

23. 免税、减计收入及加计扣除优惠明细表（A107010）。

本表反映纳税人本年度所享受免税收入、减计收入、加计扣除等优惠政策的项目和金额情况。

24. 符合条件的居民企业之间的股息、红利等权益性投资收益优惠明细表（A107011）。

本表反映纳税人本年度享受居民企业之间的股息、红利等权益性投资收益免税优惠政策的项目和金额情况。

25. 研发费用加计扣除优惠明细表（A107012）。

本表反映纳税人享受研发费用加计扣除优惠政策情况。纳税人以前年度有销售研发活动直接形成产品（包括组成部分）对应材料部分未扣减完毕的，应填报以前年度未扣减情况。

26. 所得减免优惠明细表（A107020）。

本表反映纳税人本年度享受减免所得额优惠政策（包括农、林、牧、渔项目和国家重点扶持的公共基础设施项目、环境保护、节能节水项目、集成电路生产项目以及符合条件的技术转让项目等）项目和金额情况。

27. 抵扣应纳税所得额明细表（A107030）。

本表反映纳税人本年度享受创业投资企业抵扣应纳税所得额优惠政策的项目和金额情况。纳税人有以前年度结转的尚未抵扣的股权投资余额的，应填报以前年度累计结转情况。

28. 减免所得税优惠明细表（A107040）。

本表反映纳税人本年度享受减免所得税优惠政策（包括小型微利企业、高新技术企业、民族自治地方企业、其他专项优惠等）的项目和金额情况。

29. 高新技术企业优惠情况及明细表（A107041）。

本表反映高新技术企业基本情况和享受优惠政策的有关情况。高新技术企业资格证书在有效期内的纳税人需要填报本表。

30. 软件、集成电路企业优惠情况及明细表（A107042）。

本表反映纳税人本年度享受软件、集成电路企业优惠政策的有关情况。

31. 税额抵免优惠明细表（A107050）。

本表反映纳税人享受购买专用设备投资额抵免税额优惠政策的项目和金

额情况。纳税人有以前年度结转的尚未抵免的专用设备投资额的，应填报以前年度已抵免情况。

32. 境外所得税收抵免明细表（A108000）。

本表反映纳税人本年度来源于或发生于其他国家、地区的境外所得，按照我国税收规定计算应缴纳和应抵免的企业所得税额情况。

33. 境外所得纳税调整后所得明细表（A108010）。

本表反映纳税人本年度来源于或发生于其他国家、地区的境外所得，按照我国税收规定计算调整后的所得情况。

34. 境外分支机构弥补亏损明细表（A108020）。

本表反映纳税人境外分支机构本年度及以前年度发生的税前尚未弥补的非实际亏损额和实际亏损额、结转以后年度弥补的非实际亏损额和实际亏损额情况。

35. 跨年度结转抵免境外所得税明细表（A108030）。

本表反映纳税人本年度来源于或发生于其他国家或地区的境外所得按照我国税收规定可以抵免的所得税额情况。

36. 跨地区经营汇总纳税企业年度分摊企业所得税明细表（A109000）。

本表适用于跨地区经营汇总纳税企业的总机构填报，反映按照规定计算的总机构、分支机构本年度应缴的企业所得税情况，以及总机构、分支机构应分摊的企业所得税情况。

37. 企业所得税汇总纳税分支机构所得税分配表（A109010）。

本表适用于跨地区经营汇总纳税企业的总机构填报，反映总机构本年度实际应纳所得税额以及所属分支机构本年度应分摊的所得税额情况。

二、相关政策

1.《中华人民共和国企业所得税法》（中华人民共和国主席令第63号）。

2.《中华人民共和国企业所得税法实施条例》（中华人民共和国国务院令第512号）。

第三节　企业所得税年度纳税申报基础信息表（A000000）

企业所得税年度纳税申报基础信息表（A000000）如表 2－2 所示：

表 2－2　A000000　企业所得税年度纳税申报基础信息表

<table>
<tr><td colspan="5">基本经营情况（必填项目）</td></tr>
<tr><td colspan="2">101 纳税申报企业类型（填写代码）</td><td></td><td>102 分支机构就地纳税比例（%）</td><td></td></tr>
<tr><td colspan="2">103 资产总额（填写平均值，单位：万元）</td><td></td><td>104 从业人数（填写平均值，单位：人）</td><td></td></tr>
<tr><td colspan="2">105 所属国民经济行业（填写代码）</td><td></td><td>106 从事国家限制或禁止行业</td><td>□是□否</td></tr>
<tr><td colspan="2">107 适用会计准则或会计制度（填写代码）</td><td></td><td>108 采用一般企业财务报表格式（2019 年版）</td><td>□是□否</td></tr>
<tr><td colspan="2">109 小型微利企业</td><td>□是□否</td><td>110 上市公司</td><td>是（□境内□境外）□否</td></tr>
<tr><td colspan="5">有关涉税事项情况（存在或者发生下列事项时必填）</td></tr>
<tr><td colspan="2">201 从事股权投资业务</td><td>□是</td><td>202 存在境外关联交易</td><td>□是</td></tr>
<tr><td colspan="2">203 选择采用的境外所得抵免方式</td><td colspan="3">□分国（地区）不分项　□不分国（地区）不分项</td></tr>
<tr><td colspan="2">204 有限合伙制创业投资企业的法人合伙人</td><td>□是</td><td>205 创业投资企业</td><td>□是</td></tr>
<tr><td colspan="2">206 技术先进型服务企业类型（填写代码）</td><td></td><td>207 非营利组织</td><td>□是</td></tr>
<tr><td colspan="2">208 软件、集成电路企业类型（填写代码）</td><td></td><td>209 集成电路生产项目类型</td><td>□130 纳米 □65 纳米</td></tr>
<tr><td rowspan="2">210 科技型中小企业</td><td>210－1 ____年（申报所属期年度）入库编号 1</td><td></td><td>210－2 入库时间 1</td><td></td></tr>
<tr><td>210－3 ____年（所属期下一年度）入库编号 2</td><td></td><td>210－4 入库时间 2</td><td></td></tr>
<tr><td rowspan="2">211 高新技术企业申报所属期年度有效的高新技术企业证书</td><td>211－1 证书编号 1</td><td></td><td>211－2 发证时间 1</td><td></td></tr>
<tr><td>211－3 证书编号 2</td><td></td><td>211－4 发证时间 2</td><td></td></tr>
<tr><td>212 重组事项税务处理方式</td><td colspan="2">□一般性□特殊性</td><td>213 重组交易类型（填写代码）</td><td></td></tr>
<tr><td>214 重组当事方类型（填写代码）</td><td colspan="2"></td><td>215 政策性搬迁开始时间</td><td>__年__月</td></tr>
</table>

续表

有关涉税事项情况（存在或者发生下列事项时必填）			
216 发生政策性搬迁且停止生产经营无所得年度	□是	217 政策性搬迁损失分期扣除年度	□是
218 发生非货币性资产对外投资递延纳税事项	□是	219 非货币性资产对外投资转让所得递延纳税年度	□是
220 发生技术成果投资入股递延纳税事项	□是	221 技术成果投资入股递延纳税年度	□是
222 发生资产（股权）划转特殊性税务处理事项	□是	223 债务重组所得递延纳税年度	□是

主要股东及分红情况（必填项目）

股东名称	证件种类	证件号码	投资比例（%）	当年（决议日）分配的股息、红利等权益性投资收益金额	国籍（注册地址）
其余股东合计	—	—			—

一、项目填报说明

纳税人在企业所得税年度纳税申报时应当向税务机关申报或者报告与确定应纳税额相关的信息。本表包括基本经营情况、有关涉税事项情况、主要股东及分红情况三部分内容。有关项目填报说明如下：

（一）基本经营情况

本部分所列项目为纳税人必填（必选）内容。

1. “101 纳税申报企业类型”：纳税人根据申报所属期年度的企业经营方式情况，从“跨地区经营企业类型代码表”（见表2－3）中选择相应的代码填入本项。

表2－3　　跨地区经营企业类型代码表

<table>
<tr><th rowspan="2">代码</th><th colspan="3">类型</th></tr>
<tr><th>大类</th><th>中类</th><th>小类</th></tr>
<tr><td>100</td><td colspan="3">非跨地区经营企业</td></tr>
<tr><td>210</td><td rowspan="3">跨地区经营企业总机构</td><td colspan="2">总机构（跨省）——适用《跨地区经营汇总纳税企业所得税征收管理办法》</td></tr>
<tr><td>220</td><td colspan="2">总机构（跨省）——不适用《跨地区经营汇总纳税企业所得税征收管理办法》</td></tr>
<tr><td>230</td><td colspan="2">总机构（省内）</td></tr>
<tr><td>311</td><td rowspan="2">跨地区经营企业分支机构</td><td rowspan="2">需进行完整年度纳税申报</td><td>分支机构（须进行完整年度申报并按比例纳税）</td></tr>
<tr><td>312</td><td>分支机构（须进行完整年度申报但不就地缴纳）</td></tr>
</table>

代码说明：

“100 非跨地区经营企业”：纳税人未跨地区设立不具有法人资格分支机构的，为非跨地区经营企业。

“210 总机构（跨省）——适用《跨地区经营汇总纳税企业所得税征收管理办法》”：纳税人为《国家税务总局关于印发〈跨地区经营汇总纳税企业所得税征收管理办法〉的公告》（国家税务总局公告2012年第57号发布、国家税务总局公告2018年第31号修改）规定的跨省、自治区、直辖市和计划单列市设立不具有法人资格分支机构的跨地区经营汇总纳税企业的总机构。

居民企业在中国境内跨地区（指跨省、自治区、直辖市和计划单列市）设立不具有法人资格分支机构的，该居民企业为跨地区经营汇总纳税企业，除另有规定外，其企业所得税征收管理适用国家税务总局公告2012年第57号的规定。

“220 总机构（跨省）——不适用《跨地区经营汇总纳税企业所得税征收管理办法》”：纳税人为《国家税务总局关于印发〈跨地区经营汇总纳税企业所得税征收管理办法〉的公告》（国家税务总局公告 2012 年第 57 号发布、国家税务总局公告 2018 年第 31 号修改）第二条规定的不适用该公告的跨地区经营汇总纳税企业的总机构。

国有邮政企业（包括中国邮政集团公司及其控股公司和直属单位）、中国工商银行股份有限公司、中国农业银行股份有限公司、中国银行股份有限公司、国家开发银行股份有限公司、中国农业发展银行、中国进出口银行、中国投资有限责任公司、中国建设银行股份有限公司、中国建银投资有限责任公司、中国信达资产管理股份有限公司、中国石油天然气股份有限公司、中国石油化工股份有限公司、海洋石油天然气企业（包括中国海洋石油总公司、中海石油（中国）有限公司、中海油田服务股份有限公司、海洋石油工程股份有限公司）、中国长江电力股份有限公司等企业缴纳的企业所得税（包括滞纳金、罚款）为中央收入，全额上缴中央国库，其企业所得税征收管理不适用国家税务总局公告 2012 年第 57 号。铁路运输企业所得税征收管理不适用国家税务总局公告 2012 年第 57 号。

“230 总机构（省内）”：纳税人为仅在同一省、自治区、直辖市和计划单列市内设立不具有法人资格分支机构的跨地区经营汇总纳税企业的总机构。

“311 分支机构（须进行完整年度申报并按比例纳税）”：纳税人为根据相关政策规定须进行完整年度申报并按比例就地缴纳企业所得税的跨地区经营企业的分支机构。

“312 分支机构（须进行完整年度申报但不就地缴纳）”：纳税人为根据相关政策规定须进行完整年度申报但不就地缴纳所得税的跨地区经营企业的分支机构。

以下二级分支机构不就地分摊缴纳企业所得税：

（1）不具有主体生产经营职能，且在当地不缴纳增值税、营业税的产品售后服务、内部研发、仓储等汇总纳税企业内部辅助性的二级分支机构，不就地分摊缴纳企业所得税。

（2）上年度认定为小型微利企业的，其二级分支机构不就地分摊缴纳企业所得税。

（3）新设立的二级分支机构，设立当年不就地分摊缴纳企业所得税。

（4）当年撤销的二级分支机构，自办理注销税务登记之日所属企业所得税预缴期间起，不就地分摊缴纳企业所得税。

（5）汇总纳税企业在中国境外设立的不具有法人资格的二级分支机构，不就地分摊缴纳企业所得税。

2. “102 分支机构就地纳税比例”：“101 纳税申报企业类型”为“分支机构（须进行完整年度申报并按比例纳税）”需要同时填报本项。分支机构填报年度纳税申报时应当就地缴纳企业所得税的比例。

3. “103 资产总额”：纳税人填报资产总额的全年季度平均值，单位为万元，保留小数点后2位。具体计算公式如下：

季度平均值 =（季初值 + 季末值）÷2

全年季度平均值 = 全年各季度平均值之和 ÷4

年度中间开业或者终止经营活动的，以其实际经营期作为一个纳税年度确定上述相关指标。

4. “104 从业人数”：纳税人填报从业人数的全年季度平均值，单位为人。从业人数是指与企业建立劳动关系的职工人数和企业接受的劳务派遣用工人数之和，依据和计算方法同“103 资产总额”。

从业人数和资产总额是判断小型微利企业的重要标准，实行查账征收的小型微利企业，在办理年度企业所得税汇算清缴时，通过填报《企业所得税年度纳税申报基础信息表》（A000000 表）中的“从业人数”“资产总额”栏次，履行备案手续，不再另行备案。

5. “105 所属国民经济行业”：按照《国民经济行业分类》标准，纳税人填报所属的国民经济行业明细代码。

国民经济行业明细代码按照国民经济行业分类（GB/T 4754—2017）中的代码进行填写。

6. “106 从事国家限制或禁止行业”：纳税人从事行业为国家限制和禁止行业的，选择“是”；其他选择“否”。

7. “107 适用会计准则或会计制度”：纳税人根据会计核算采用的会计准则或会计制度从“会计准则或会计制度类型代码表”（见表2－4）中选择相应的代码填入本项。

表2-4　　会计准则或会计制度类型代码表

代码	类型	
	大类	小类
110	企业会计准则	一般企业
120		银行
130		证券
140		保险
150		担保
200	小企业会计准则	
300	企业会计制度	
410	事业单位会计准则	事业单位会计制度
420		科学事业单位会计制度
430		医院会计制度
440		高等学校会计制度
450		中小学校会计制度
460		彩票机构会计制度
500	民间非营利组织会计制度	
600	村集体经济组织会计制度	
700	农民专业合作社财务会计制度（试行）	
999	其他	

8. “108 采用一般企业财务报表格式（2019年版）”：纳税人根据《财政部关于修订印发2019年度一般企业财务报表格式的通知》（财会〔2019〕16号）和《财政部关于修订印发2018年度金融企业财务报表格式的通知》（财会［2018］36号）规定的格式编制财务报表的，选择“是”，其他选择“否”（该会计准则或会计制度类型代码不符合财政部（2017）25号《关于印发〈政府会计制度——行政事业单位会计科目和报表〉的通知》）。

9. “109 小型微利企业”：纳税人符合小型微利企业普惠性所得税减免政策的，选择‘是’，其他选择‘否’。

小型微利企业是指从事国家非限制和禁止行业，且同时符合年度应纳税所得额不超过300万元、从业人数不超过300人、资产总额不超过5 000万元等三个条件的企业。

10. “110 上市公司”：纳税人在中国境内上市的选择“境内”；在中国境

外上市的选择“境外”；在境内外同时上市的可同时选择；其他选择“否”。纳税人在中国香港上市的，参照境外上市相关规定选择。

（二）有关涉税事项情况

本部分所列项目为条件必填（必选）内容，当纳税人存在或发生下列事项时，必须填报。纳税人未填报的，视同不存在或未发生下列事项。

1. “201 从事股权投资业务”：纳税人从事股权投资业务的（包括集团公司总部、创业投资企业等），选择“是”。

对从事股权投资业务的企业（包括集团公司总部、创业投资企业等），其从被投资企业所分配的股息、红利以及股权转让收入，可以按规定的比例计算业务招待费扣除限额。

2. “202 存在境外关联交易”：纳税人存在境外关联交易的，选择“是”。

3. “203 选择采用的境外所得抵免方式”：纳税人适用境外所得税收抵免政策，且根据《财政部　税务总局关于完善企业境外所得税收抵免政策问题的通知》（财税〔2017〕84 号）文件规定选择按国（地区）别分别计算其来源于境外的应纳税所得额，即“分国（地区）不分项”的，选择“分国（地区）不分项”；纳税人适用境外所得税收抵免政策，且根据财税〔2017〕84 号文件规定选择不按国（地区）别汇总计算其来源于境外的应纳税所得额，即“不分国（地区）不分项”的，选择“不分国（地区）不分项”。境外所得抵免方式一经选择，5 年内不得变更。

4. “204 有限合伙制创业投资企业的法人合伙人”：纳税人投资于有限合伙制创业投资企业且为其法人合伙人的，选择“是”。本项目中的有限合伙制创业投资企业的法人合伙人是指符合《中华人民共和国合伙企业法》《创业投资企业管理暂行办法》（国家发展和改革委员会令第 39 号）、《外商投资创业投资企业管理规定》（外经贸部、科技部、工商总局、税务总局、外汇管理局令 2003 年第 2 号发布，商务部令 2015 年第 2 号修改）、《私募投资基金监督管理暂行办法》（证监会令第 105 号）关于创业投资基金的特别规定等规定的创业投资企业法人合伙人。有限合伙制创业投资企业的法人合伙人无论是否享受企业所得税优惠政策，均应填报本项。

5. “205 创业投资企业”：纳税人为创业投资企业的，选择“是”。本项目中的创业投资企业是指依照《创业投资企业管理暂行办法》（国家发展和改革委员会令第39号）和《外商投资创业投资企业管理规定》（外经贸部、科技部、工商总局、税务总局、外汇管理局令2003年第2号发布，商务部令2015年第2号修改）、《私募投资基金监督管理暂行办法》（证监会令第105号）关于创业投资基金的特别规定等规定，在中华人民共和国境内设立的专门从事创业投资活动的企业或其他经济组织。创业投资企业无论是否享受企业所得税优惠政策，均应填报本项。

6. “206技术先进型服务企业类型”：纳税人为经认定的技术先进型服务企业的，从“技术先进型服务企业类型代码表”（见表2－5）中选择相应的代码填报本项。本项目中的经认定的技术先进型服务企业是指符合《财政部 税务总局 商务部 科技部 国家发展改革委关于将技术先进型服务企业所得税政策推广至全国实施的通知》（财税〔2017〕79号)、《财政部　税务总局 商务部 科技部 国家发展改革委关于将服务贸易创新发展试点地区技术先进型服务企业所得税政策推广至全国实施的通知》（财税〔2018〕44号）等文件规定的企业。经认定的技术先进型服务企业无论是否享受企业所得税优惠政策，均应填报本项。

表2－5　　技术先进型服务企业类型代码表

代码	类型	
	大类	小类
110	服务外包类	信息技术外包服务（ITO）
120		技术性业务流程外包服务（BPO）
130		技术性知识流程外包服务（KPO）
210	服务贸易类	计算机和信息服务
220		研究开发和技术服务
230		文化技术服务
240		中医药医疗服务

7. “207非营利组织”：纳税人为非营利组织的，选择“是”。

8. “208软件、集成电路企业类型”：纳税人按照企业类型从“软件、集成电路企业类型代码表”（见表2－6）中选择相应的代码填入本项。软件、集成电路企业若符合相关企业所得税优惠政策条件的，无论是否享受企业所得税优惠，均应填报本项。

表 2－6　　　　　　　　软件、集成电路企业类型代码表

<table>
<tr><th rowspan="2">代码</th><th colspan="3">类型</th></tr>
<tr><th>大类</th><th>中类</th><th>小类</th></tr>
<tr><td>110</td><td rowspan="5">集成电路生产企业</td><td colspan="2">线宽小于 0.8 微米（含）的企业</td></tr>
<tr><td>120</td><td colspan="2">线宽小于 0.25 微米的企业</td></tr>
<tr><td>130</td><td colspan="2">投资额超过 80 亿元的企业</td></tr>
<tr><td>140</td><td colspan="2">线宽小于 130 纳米的企业</td></tr>
<tr><td>150</td><td colspan="2">线宽小于 65 纳米或投资额超过 150 亿元的企业</td></tr>
<tr><td>210</td><td rowspan="3">集成电路设计企业</td><td colspan="2">新办符合条件企业</td></tr>
<tr><td>220</td><td colspan="2">符合规模条件的重点集成电路设计企业</td></tr>
<tr><td>230</td><td colspan="2">符合领域的重点集成电路设计企业</td></tr>
<tr><td>311</td><td rowspan="8">软件企业</td><td rowspan="4">一般软件企业</td><td>新办符合条件企业</td></tr>
<tr><td>312</td><td>符合规模条件的重点软件企业</td></tr>
<tr><td>313</td><td>符合领域条件的重点软件企业</td></tr>
<tr><td>314</td><td>符合出口条件的重点软件企业</td></tr>
<tr><td>321</td><td rowspan="4">嵌入式或信息系统集成软件</td><td>新办符合条件企业</td></tr>
<tr><td>322</td><td>符合规模条件的重点软件企业</td></tr>
<tr><td>323</td><td>符合领域条件的重点软件企业</td></tr>
<tr><td>324</td><td>符合出口条件的重点软件企业</td></tr>
<tr><td>400</td><td colspan="3">集成电路封装测试企业</td></tr>
<tr><td>500</td><td colspan="3">集成电路关键专用材料生产企业</td></tr>
<tr><td>600</td><td colspan="3">集成电路专用设备生产企业</td></tr>
</table>

代码说明：

“集成电路生产企业”：符合《财政部　国家税务总局　发展改革委 工业和信息化部关于软件和集成电路产业企业所得税优惠政策有关问题的通知》（财税〔2016〕49 号）、《财政部　税务总局 国家发展改革委 工业和信息化部关于集成电路生产企业有关企业所得税政策问题的通知》（财税〔2018〕27 号）等文件规定的集成电路生产企业。具体说明如下：

（1）“线宽小于 0.8 微米（含）的企业”是指可以享受第一年至第二年免征企业所得税，第三年至第五年按照 25% 的法定税率减半征收企业所得税

优惠政策的集成电路线宽小于0.8微米（含）的集成电路生产企业。

（2）“线宽小于0.25微米的企业”是指可以享受减按15%的税率征收企业所得税优惠政策，或者第一年至第五年免征企业所得税，第六年至第十年按照25%的法定税率减半征收企业所得税优惠政策的集成电路线宽小于0.25微米的集成电路生产企业。

（3）“投资额超过80亿元的企业”是指可以享受减按15%的税率征收企业所得税优惠政策，或者第一年至第五年免征企业所得税，第六年至第十年按照25%的法定税率减半征收企业所得税优惠政策的投资额超过80亿元的集成电路生产企业。

（4）“线宽小于130纳米的企业”是指可以享受第一年至第二年免征企业所得税，第三年至第五年按照25%的法定税率减半征收企业所得税优惠政策的集成电路线宽小于130纳米的集成电路生产企业。

（5）“线宽小于65纳米或投资额超过150亿元的企业”是指可以享受第一年至第五年免征企业所得税，第六年至第十年按照25%的法定税率减半征收企业所得税优惠政策的集成电路线宽小于65纳米或投资额超过150亿元的集成电路生产企业。

“集成电路设计企业”：符合《财政部　国家税务总局　发展改革委 工业和信息化部关于软件和集成电路产业企业所得税优惠政策有关问题的通知》（财税〔2016〕49号）、《财政部　税务总局关于集成电路设计和软件产业企业所得税政策的公告》（财政部　税务总局公告2019年第68号）等文件规定的集成电路设计企业、国家规划布局内的重点集成电路设计企业。具体说明如下：

（1）“新办符合条件企业”是指可以享受第一年至第二年免征企业所得税，第三年至第五年按照25%的法定税率减半征收企业所得税优惠政策的集成电路设计企业。

（2）“符合规模条件的重点集成电路设计企业”是指可以享受减按10%的税率征收企业所得税优惠政策的国家规划布局内的重点集成电路设计企业，且其符合财税〔2016〕49号文件第五条第（一）项“汇算清缴年度集成电路设计销售（营业）收入不低于2亿元，年应纳税所得额不低于1 000万元，研究开发人员占月平均职工总数的比例不低于25%”的规定。

（3）“符合领域的重点集成电路设计企业”是指可以享受减按10%的税

率征收企业所得税优惠政策的国家规划布局内的重点集成电路设计企业，且其符合财税〔2016〕49 号文件第五条第（二）项“在国家规定的重点集成电路设计领域内，汇算清缴年度集成电路设计销售（营业）收入不低于 2 000 万元，应纳税所得额不低于 250 万元，研究开发人员占月平均职工总数的比例不低于 35%，企业在中国境内发生的研发开发费用金额占研究开发费用总额的比例不低于 70%”的规定。

“软件企业”：符合《财政部　国家税务总局　发展改革委 工业和信息化部关于软件和集成电路产业企业所得税优惠政策有关问题的通知》（财税〔2016〕49 号）、《财政部　税务总局关于集成电路设计和软件产业企业所得税政策的公告》（财政部　税务总局公告 2019 年第 68 号）等文件规定的软件企业、国家规划布局内的重点软件企业。具体说明如下：

（1）“一般软件企业——新办符合条件企业”是指可以享受第一年至第二年免征企业所得税，第三年至第五年按照 25% 的法定税率减半征收企业所得税优惠政策的符合条件的软件企业，且其符合财税〔2016〕49 号文件第四条第（四）项“汇算清缴年度软件产品开发销售（营业）收入占企业收入总额的比例不低于 50%，其中：软件产品自主开发销售（营业）收入占企业收入总额的比例不低于 40%”的规定。

（2）“一般软件企业——符合规模条件的重点软件企业”是指可以享受减按 10% 的税率征收企业所得税优惠政策的国家规划布局内的重点软件企业，且其符合财税〔2016〕49 号文件第四条第（四）项“汇算清缴年度软件产品开发销售（营业）收入占企业收入总额的比例不低于 50%，其中：软件产品自主开发销售（营业）收入占企业收入总额的比例不低于 40%”和第六条第（一）项“汇算清缴年度软件产品开发销售（营业）收入不低于 2 亿元，应纳税所得额不低于 1 000 万元，研究开发人员占企业月平均职工总数的比例不低于 25%”的规定。

（3）“一般软件企业——符合领域条件的重点软件企业”是指可以享受减按 10% 的税率征收企业所得税优惠政策的国家规划布局内的重点软件企业，且其符合财税〔2016〕49 号文件第四条第（四）项“汇算清缴年度软件产品开发销售（营业）收入占企业收入总额的比例不低于 50%，其中：软件产品自主开发销售（营业）收入占企业收入总额的比例不低于 40%”和第六条第（二）项“在国家规定的重点软件领域内，汇算清缴年度软件产品开发销售

（营业）收入不低于5 000万元，应纳税所得额不低于250万元，研究开发人员占企业月平均职工总数的比例不低于25%，企业在中国境内发生的研究开发费用金额占研究开发费用总额的比例不低于70%”的规定。

（4）“一般软件企业——符合出口条件的重点软件企业”是指可以享受减按10%的税率征收企业所得税优惠政策的国家规划布局内的重点软件企业，且其符合财税〔2016〕49号文件第四条第（四）项“汇算清缴年度软件产品开发销售（营业）收入占企业收入总额的比例不低于50%，其中：软件产品自主开发销售（营业）收入占企业收入总额的比例不低于40%”和第六条第（三）项“汇算清缴年度软件出口收入总额不低于800万美元，软件出口收入总额占本企业年度收入总额比例不低于50%，研究开发人员占企业月平均职工总数的比例不低于25%”的规定。

（5）“嵌入式或信息系统集成软件——新办符合条件企业”是指可以享受第一年至第二年免征企业所得税，第三年至第五年按照25%的法定税率减半征收企业所得税优惠政策的符合条件的软件企业，且其符合财税〔2016〕49号文件第四条第（四）项“汇算清缴年度嵌入式软件产品和信息系统集成产品开发销售（营业）收入占企业收入总额的比例不低于40%，其中：嵌入式软件产品和信息系统集成产品自主开发销售（营业）收入占企业收入总额的比例不低于30%”的规定。

（6）“嵌入式或信息系统集成软件——符合规模条件的重点软件企业”是指可以享受减按10%的税率征收企业所得税优惠政策的国家规划布局内的重点软件企业，且其符合财税〔2016〕49号文件第四条第（四）项“汇算清缴年度嵌入式软件产品和信息系统集成产品开发销售（营业）收入占企业收入总额的比例不低于40%，其中：嵌入式软件产品和信息系统集成产品自主开发销售（营业）收入占企业收入总额的比例不低于30%”和第六条第（一）项“汇算清缴年度软件产品开发销售（营业）收入不低于2亿元，应纳税所得额不低于1 000万元，研究开发人员占企业月平均职工总数的比例不低于25%”的规定。

（7）“嵌入式或信息系统集成软件——符合领域条件的重点软件企业”是指可以享受减按10%的税率征收企业所得税优惠政策的国家规划布局内的重点软件企业，且其符合财税〔2016〕49号文件第四条第（四）项“汇算清缴年度嵌入式软件产品和信息系统集成产品开发销售（营业）收入占企业收入总额的比例不低于40%，其中：嵌入式软件产品和信息系统集成产品自主开发销售（营业）收入占企业收入总额的比例不低于30%”和第六条第（二）项“在国家规定的重点软件领域内，汇算清缴年度软件产品开发销售（营业）收入不低于5 000万元，应纳税所得额不低于250万元，研究开发人员占企业月平均职工总数的比例不低于25%，企业在中国境内发生的研究开发费用金额占研究开发费用总额的比例不低于70%”的规定。

（8）“嵌入式或信息系统集成软件——符合出口条件的重点软件企业”是指可以享受减按10%的税率征收企业所得税优惠政策的国家规划布局内的重点软件企业，且其符合财税〔2016〕49号文件第四条第（四）项“汇算清缴年度嵌入式软件产品和信息系统集成产品开发销售（营业）收入占企业收入总额的比例不低于40%，其中：嵌入式软件产品和信息系统集成产品自主开发销售（营业）收入占企业收入总额的比例不低于30%”和第六条第（三）项“汇算清缴年度软件出口收入总额不低于800万美元，软件出口收入总额占本企业年度收入总额比例不低于50%，研究开发人员占企业月平均职工总数的比例不低于25%”的规定。

“集成电路封装测试企业”：符合《财政部　国家税务总局　发展改革委　工业和信息化部关于进一步鼓励集成电路产业发展企业所得税政策的通知》（财税〔2015〕6号）文件规定可以享受企业所得税优惠政策的集成电路封装、测试企业。

“集成电路关键专用材料生产企业”：符合《财政部　国家税务总局　发展改革委 工业和信息化部关于进一步鼓励集成电路产业发展企业所得税政策的通知》（财税〔2015〕6号）文件规定可以享受企业所得税优惠政策的集成电路关键专用材料生产企业。

“集成电路专用设备生产企业”：符合《财政部　国家税务总局　发展改革委 工业和信息化部关于进一步鼓励集成电路产业发展企业所得税政策的通知》（财税〔2015〕6号）文件规定可以享受企业所得税优惠政策的集成电路专用设备生产企业。

9.“209集成电路生产项目类型”：纳税人投资集成电路线宽小于130纳米或集成电路线宽小于65纳米或投资额超过150亿元的集成电路生产项目，

项目符合《财政部 税务总局 国家发展改革委 工业和信息化部关于集成电路生产企业有关企业所得税政策问题的通知》（财税〔2018〕27号）等文件规定的税收优惠政策条件，且按照项目享受企业所得税优惠政策的，应填报本项。纳税人投资线宽小于130纳米的集成电路生产项目的，选择“130纳米”，投资线宽小于65纳米或投资额超过150亿元的集成电路生产项目的，选择“65纳米”；同时投资上述两类项目的，可同时选择“130纳米”和“65纳米”。

纳税人既符合“208软件、集成电路企业类型”项目又符合“209集成电路生产项目类型”项目填报条件的，应当同时填报。

10. “210科技型中小企业”：纳税人根据申报所属期年度和申报所属期下一年度取得的科技型中小企业入库登记编号情况，填报本项目下的“210－1”“210－2”“210－3”“210－4”。如，纳税人在进行2018年度企业所得税汇算清缴纳税申报时，“210－1 ____（申报所属期年度）入库编号”首先应当填列“2018（申报所属期年度）入库编号”，“210－3 ____（所属期下一年度）入库编号”首先应当填列“2019（所属期下一年度）入库编号”。若纳税人在2018年1月1日至2018年12月31日之间取得科技型中小企业入库登记编号的，将相应的“编号”及“入库时间”分别填入“210－1”和“210－2”项目中；若纳税人在2019年1月1日至2018年度汇算清缴纳税申报日之间取得科技型中小企业入库登记编号的，将相应的“编号”及“入库时间”分别填入“210－3”和“210－4”项目中。纳税人符合上述填报要求的，无论是否享受企业所得税优惠政策，均应填报本项。

11. “211高新技术企业申报所属期年度有效的高新技术企业证书”：纳税人根据申报所属期年度拥有的有效期内的高新技术企业证书情况，填报本项目下的“211－1”“211－2”“211－3”“211－4”。在申报所属期年度，如企业同时拥有两个高新技术企业证书，则两个证书情况均应填报。如：纳税人2015年10月取得高新技术企业证书，有效期3年，2018年再次参加认定并于2018年11月取得新高新技术企业证书，纳税人在进行2018年度企业所得税汇算清缴纳税申报时，应将两个证书的“编号”及“发证时间”分别填入“211－1”“211－2”“211－3”“211－4”项目中。纳税人符合上述填报要求的，无论是否享受企业所得税优惠政策，均应填报本项。

12. “212 重组事项税务处理方式”：纳税人在申报所属期年度发生重组事项的，应填报本项。纳税人重组事项按一般性税务处理的，选择“一般性”；重组事项按特殊性税务处理的，选择“特殊性”。

13. “213 重组交易类型”和“214 重组当事方类型”：填报“212 重组事项税务处理方式”的纳税人，应当同时填报“213 重组交易类型”和“214 重组当事方类型”。纳税人根据重组情况从“重组交易类型和当事方类型代码表”（见表 2－7）中选择相应代码分别填入对应项目中。重组交易类型和当事方类型根据《财政部　国家税务总局关于企业重组业务企业所得税处理若干问题的通知》（财税〔2009〕59 号）、《财政部　税务总局关于促进企业重组有关企业所得税处理问题的通知》（财税（［2014］109 号）、《国家税务总局关于企业重组业务企业所得税征收管理若干问题的公告》（国家税务总局公告 2015 年第 48 号发布，国家税务总局公告 2018 年第 31 号修改）等文件规定判断。

表 2－7　重组交易类型和当事方类型代码表

重组交易		重组当事方	
代码	类型	代码	类型
100	法律形式改变	—	—
200	债务重组	210	债务人
		220	债权人
300	股权收购	310	收购方
		320	转让方
		330	被收购企业
400	资产收购	410	收购方
		420	转让方
500	合并	510	合并企业
		520	被合并企业
		530	被合并企业股东
600	分立	610	分立企业
		620	被分立企业
		630	被分立企业股东

14. “215 政策性搬迁开始时间”：纳税人发生政策性搬迁事项且申报所

属期年度处在搬迁期内的，填报政策性搬迁开始的时间。

15“216 发生政策性搬迁且停止生产经营无所得年度”：纳税人的申报所属期年度处于政策性搬迁期内，且停止生产经营无所得的，选择“是”。

16. “217 政策性搬迁损失分期扣除年度”：纳税人发生政策性搬迁事项出现搬迁损失，按照《企业政策性搬迁所得税管理办法》（国家税务总局公告 2012 年第 40 号发布）等有关规定选择自搬迁完成年度起分 3 个年度均匀在税前扣除的，且申报所属期年度处在分期扣除期间的，选择“是”。

17. “218 发生非货币性资产对外投资递延纳税事项”：纳税人在申报所属期年度发生非货币性资产对外投资递延纳税事项的，选择“是”。

18. “219 非货币性资产对外投资转让所得递延纳税年度”：纳税人以非货币性资产对外投资确认的非货币性资产转让所得，按照《财政部　国家税务总局关于非货币性资产投资企业所得税政策问题的通知》（财税〔2014〕116 号）、《国家税务总局关于非货币性资产投资企业所得税有关征管问题的公告》（国家税务总局公告 2015 年第 33 号）等文件规定，在不超过 5 年期限内分期均匀计入相应年度的应纳税所得额的，且申报所属期年度处在递延纳税期间的，选择“是”。

19. “220 发生技术成果投资入股递延纳税事项”：纳税人在申报所属期年度发生技术入股递延纳税事项的，选择“是”。

20. “221 技术成果投资入股递延纳税年度”：纳税人发生技术入股事项，按照《财政部　国家税务总局关于完善股权激励和技术入股有关所得税政策的通知》（财税〔2016〕101 号）、《国家税务总局关于股权激励和技术入股所得税征管问题的公告》（国家税务总局公告 2016 年第 62 号）等文件规定选择适用递延纳税政策，即在投资入股当期暂不纳税，递延至转让股权时按股权转让收入减去技术成果原值和合理税费后的差额计算缴纳所得税的，且申报所属期年度为转让股权年度的，选择“是”。

21. “222 发生资产（股权）划转特殊性税务处理事项”：纳税人在申报所属期年度发生《财政部　国家税务总局关于促进企业重组有关企业所得税处理问题的通知》（财税〔2014〕109 号）、《国家税务总局关于资产（股权）划转企业所得税征管问题的公告》（国家税务总局公告 2015 年第 40 号）等文件规定的资产（股权）划转特殊性税务处理事项的，选择“是”。

22. “223 债务重组所得递延纳税年度”：纳税人债务重组确认的应纳税所得额按照《财政部　国家税务总局关于企业重组业务企业所得税处理若干问题的通知》（财税〔2009〕59 号）、《财政部　税务总局关于促进企业重组有关企业所得税处理问题的通知》（财税［2014］109 号）等文件规定，在 5 个纳税年度的期间内，均匀计入各年度的应纳税所得额的，且申报所属期年度处在递延纳税期间的，选择“是”。

（三）主要股东及分红情况

纳税人填报本企业投资比例位列前 10 位 的股东情况。包括股东名称，证件种类（营业执照、税务登记证、组织机构代码证、身份证、护照等），证件号码（统一社会信用代码、纳税人识别号、组织机构代码号、身份证号、护照号等），投资比例，当年（决议日）分配的股息、红利等权益性投资收益金额，国籍（注册地址）。纳税人股东数量超过 10 位的，应将其余股东有关数据合计后填入“其余股东合计”行次。

纳税人股东为非居民企业的，证件种类和证件号码可不填报。

二、相关政策

1.《中华人民共和国企业所得税法》（中华人民共和国主席令第 63 号）。

2.《中华人民共和国企业所得税法实施条例》（中华人民共和国国务院令第 512 号）。

3.《财政部　国家税务总局关于企业重组业务企业所得税处理若干问题的通知》（财税〔2009〕59 号）。

4.《国家税务总局关于发布〈企业政策性搬迁所得税管理办法〉的公告》（国家税务总局公告 2012 年第 40 号）。

5.《国家税务总局关于印发〈跨地区经营汇总纳税企业所得税征收管理办法〉的公告》（国家税务总局公告 2012 年第 57 号）。

6.《财政部　国家税务总局关于促进企业重组有关企业所得税处理问题的通知》（财税〔2014〕109 号）。

7.《财政部　国家税务总局关于非货币性资产投资企业所得税政策问题

的通知》（财税〔2014〕116号）。

8.《国家税务总局关于非货币性资产投资企业所得税有关征管问题的公告》（国家税务总局公告2015年第33号）。

9.《国家税务总局关于资产（股权）划转企业所得税征管问题的公告》（国家税务总局公告2015年第40号）。

10.《国家税务总局关于企业重组业务企业所得税征收管理若干问题的公告》（国家税务总局公告2015年第48号，《国家税务总局关于修改部分税收规范性文件的公告》国家税务总局公告2018年第31号修改）。

11.《财政部　国家税务总局　发展改革委　工业和信息化部关于软件和集成电路产业企业所得税优惠政策有关问题的通知》（财税〔2016〕49号）。

12.《财政部　税务总局关于完善企业境外所得税收抵免政策问题的通知》（财税〔2017〕84号）。

13.《财政部关于修订印发2018年度金融企业财务报表格式的通知》（财会〔2018〕36号）。

14.《财政部关于修订印发2019年度一般企业财务报表格式的通知》（财会〔2019〕6号）。

15.《财政部　税务总局关于实施小微企业普惠性税收减免政策的通知》（财税〔2019〕13号）。

16.《财政部　税务总局关于集成电路设计和软件产业企业所得税政策的公告》（财政部　税务总局公告2019年第68号）。

第四节　企业所得税年度纳税申报表（A类）主表（A100000）

企业所得税年度纳税申报表（A类）（A100000）为企业所得税年度纳税申报表的主表（如表2-8所示），纳税人应当根据《中华人民共和国企业所得税法》及其实施条例、相关税收政策，以及国家统一会计制度（企业会计准则、小企业会计准则、企业会计制度、事业单位会计准则和民间非营利组织会计制度等）的规定，计算填报利润总额、应纳税所得额和应纳税额等有关项目。

纳税人在计算企业所得税应纳税所得额及应纳税额时，会计处理与税收规定不一致的，应当按照税收规定计算。税收规定不明确的，在没有明确规定之前，暂按国家统一会计制度计算。

表2-8　A100000　　中华人民共和国企业所得税年度纳税申报表（A类）

行次	类别	项　目	金额
1	利润总额计算	一、营业收入（填写A101010\101020\103000）	
2		减：营业成本（填写A102010\102020\103000）	
3		减：税金及附加	
4		减：销售费用（填写A104000）	
5		减：管理费用（填写A104000）	
6		减：财务费用（填写A104000）	
7		减：资产减值损失	
8		加：公允价值变动收益	
9		加：投资收益	
10		二、营业利润（1-2-3-4-5-6-7+8+9）	
11		加：营业外收入（填写A101010\101020\103000）	
12		减：营业外支出（填写A102010\102020\103000）	
13		三、利润总额（10+11-12）	
14	应纳税所得额计算	减：境外所得（填写A108010）	
15		加：纳税调整增加额（填写A105000）	
16		减：纳税调整减少额（填写A105000）	
17		减：免税、减计收入及加计扣除（填写A107010）	
18		加：境外应税所得抵减境内亏损（填写A108000）	
19		四、纳税调整后所得（13-14+15-16-17+18）	
20		减：所得减免（填写A107020）	
21		减：弥补以前年度亏损（填写A106000）	
22		减：抵扣应纳税所得额（填写A107030）	
23		五、应纳税所得额（19-20-21-22）	

续表

行次	类别	项　　目	金额
24	应纳税额计算	税率（25%）	
25		六、应纳所得税额（23×24）	
26		减：减免所得税额（填写A107040）	
27		减：抵免所得税额（填写A107050）	
28		七、应纳税额（25－26－27）	
29		加：境外所得应纳所得税额（填写A108000）	
30		减：境外所得抵免所得税额（填写A108000）	
31		八、实际应纳所得税额（28＋29－30）	
32		减：本年累计实际已缴纳的所得税额	
33		九、本年应补（退）所得税额（31－32）	
34		其中：总机构分摊本年应补（退）所得税额（填写A109000）	
35		财政集中分配本年应补（退）所得税额（填写A109000）	
36		总机构主体生产经营部门分摊本年应补（退）所得税额（填写A109000）	

一、项目填报说明

第1－13行参照国家统一会计制度规定填写。

1. 第1行“营业收入”：填报纳税人主要经营业务和其他经营业务取得的收入总额。本行根据“主营业务收入”和“其他业务收入”的数额填报。一般企业纳税人根据“一般企业收入明细表”（A101010）填报；金融企业纳税人根据“金融企业收入明细表”（A101020）填报；事业单位、社会团体、民办非企业单位、非营利组织等纳税人根据“事业单位、民间非营利组织收入、支出明细表”（A103000）填报。

2. 第2行“营业成本”项目：填报纳税人主要经营业务和其他经营业务发生的成本总额。本行根据“主营业务成本”和“其他业务成本”的数额填报。一般企业纳税人根据“一般企业成本支出明细表”（A102010）填报；金融企业纳税人根据“金融企业支出明细表”（A102020）填报；事业单位、社会团体、民办非企业单位、非营利组织等纳税人根据“事业单位、民间非营利组织收入、支出明细表”（A103000）填报。

3. 第 3 行“税金及附加”：填报纳税人经营活动发生的消费税、城市维护建设税、资源税、土地增值税和教育费附加等相关税费。本行根据纳税人相关会计科目填报。纳税人在其他会计科目核算的税金不得重复填报。

4. 第 4 行“销售费用”：填报纳税人在销售商品和材料、提供劳务的过程中发生的各种费用。本行根据“期间费用明细表”（A104000）中对应的“销售费用”填报。

5. 第 5 行“管理费用”：填报纳税人为组织和管理企业生产经营发生的管理费用。本行根据“期间费用明细表”（A104000）中对应的“管理费用”填报。

本表未设“研发费用”项目，对于已执行《财政部关于修订印发 2018 年度一般企业财务报表格式的通知》（财会〔2018〕15 号）的纳税人，在“利润表”中归集的“研发费用”通过“期间费用明细表”（A104000）第 19 行“十九、研究费用”的管理费用相应列次填报。

6. 第 6 行“财务费用”：填报纳税人为筹集生产经营所需资金等发生的筹资费用。本行根据“期间费用明细表”（A104000）中对应的“财务费用”填报。

7. 第 7 行“资产减值损失”：填报纳税人计提各项资产准备发生的减值损失。本行根据企业“资产减值损失”科目上的数额填报。实行其他会计制度的比照填报。

8. 第 8 行“公允价值变动收益”：填报纳税人在初始确认时划分为以公允价值计量且其变动计入当期损益的金融资产或金融负债（包括交易性金融资产或负债，直接指定为以公允价值计量且其变动计入当期损益的金融资产或金融负债），以及采用公允价值模式计量的投资性房地产、衍生工具和套期业务中公允价值变动形成的应计入当期损益的利得或损失。本行根据企业“公允价值变动损益”科目的数额填报，损失以“－”号填列。

9. 第 9 行“投资收益”：填报纳税人以各种方式对外投资所取得的收益或发生的损失。根据企业“投资收益”科目的数额计算填报，实行事业单位会计准则的纳税人根据“其他收入”科目中的投资收益金额分析填报，损失以“－”号填列。实行其他会计制度的纳税人比照填报。

10. 第 10 行“营业利润”：填报纳税人当期的营业利润。根据上述项目计算填报。已执行《财政部关于修订印发 2018 年度一般企业财务报表格式的通知》（财会〔2018〕15号）的纳税人，根据《利润表》对应项目填列。

本表未设“其他收益”“资产处置收益”等项目，对于已执行《财政部关于修订印发2018年度一般企业财务报表格式的通知》（财会〔2018〕15号）的纳税人，在“利润表”中归集的“其他收益”“资产处置收益”“信用减值损失”“净敞口套期收益”项目则无须填报，同时第10行“二、营业利润”不执行“第10行=第1-2-3-4-5-6-7+8+9行”的表内关系，按照“利润表”“营业利润”项目直接填报。

11. 第11行“营业外收入”：填报纳税人取得的与其经营活动无直接关系的各项收入的金额。一般企业纳税人根据“一般企业收入明细表”（A101010）填报；金融企业纳税人根据“金融企业收入明细表”（A101020）填报；实行事业单位会计准则或民间非营利组织会计制度的纳税人根据“事业单位、民间非营利组织收入、支出明细表”（A103000）填报。

12. 第12行“营业外支出”：填报纳税人发生的与其经营活动无直接关系的各项支出的金额。一般企业纳税人根据“一般企业成本支出明细表”（A102010）填报；金融企业纳税人根据“金融企业支出明细表”（A102020）填报；实行事业单位会计准则或民间非营利组织会计制度的纳税人根据“事业单位、民间非营利组织收入、支出明细表”（A103000）填报。

13. 第13行“利润总额”：填报纳税人当期的利润总额。根据上述项目计算填报。

“利润总额计算”中的项目，按照国家统一会计制度规定计算填报。实行企业会计准则、小企业会计准则、企业会计制度、分行业会计制度的纳税人，其数据直接取自“利润表”（另有说明的除外）；实行事业单位会计准则的纳税人，其数据取自“收入支出表”；实行民间非营利组织会计制度的纳税人，其数据取自“业务活动表”；实行其他国家统一会计制度的纳税人，根据本表项目进行分析填报。

14. 第14行“境外所得”：填报纳税人取得的境外所得且已计入利润总额的金额。本行根据“境外所得纳税调整后所得明细表”（A108010）填报。

15. 第15行“纳税调整增加额”：填报纳税人会计处理与税收规定不一致，进行纳税调整增加的金额。本行根据“纳税调整项目明细表”（A105000）“调增金额”列填报。

16. 第16行“纳税调整减少额”：填报纳税人会计处理与税收规定不一致，进行纳税调整减少的金额。本行根据“纳税调整项目明细表”（A105000）“调减金额”列填报。

17. 第17行“免税、减计收入及加计扣除”：填报属于税收规定免税收入、减计收入、加计扣除金额。本行根据“免税、减计收入及加计扣除优惠明细表”（A107010）填报。

18. 第18行“境外应税所得抵减境内亏损”：当纳税人选择不用境外所得抵减境内亏损时，填报0；当纳税人选择用境外所得抵减境内亏损时，填报境外所得抵减当年度境内亏损的金额。用境外所得弥补以前年度境内亏损的，还需填报“企业所得税弥补亏损明细表”（A106000）和“境外所得税收抵免明细表”（A108000）。

19. 第19行“纳税调整后所得”：填报纳税人经过纳税调整、税收优惠、境外所得计算后的所得额。

20. 第20行“所得减免”：填报属于税收规定的所得减免金额。本行根据“所得减免优惠明细表”（A107020）填报。

21. 第21行“弥补以前年度亏损”：填报纳税人按照税收规定可在税前弥补的以前年度亏损数额。本行根据“企业所得税弥补亏损明细表”（A106000）填报。

22. 第22行“抵扣应纳税所得额”：填报根据税收规定应抵扣的应纳税所得额。本行根据“抵扣应纳税所得额明细表”（A107030）填报。

23. 第23行“应纳税所得额”：填报第19－20－21－22行金额。按照上述行次顺序计算结果为负数的，本行按0填报。

“应纳税所得额计算”项目，除根据主表逻辑关系计算以外，通过附表相应栏次填报。

24. 第24行“税率”：填报税收规定的税率25%。

不论企业是否享受低税率（15%或20%）优惠，第24行“税率”应填报税法规定的税率25%。

25. 第25行“应纳所得税额”：填报第23×24行金额。

26. 第26行“减免所得税额”：填报纳税人按税收规定实际减免的企业所得税额。本行根据“减免所得税优惠明细表”（A107040）填报。

27. 第27行“抵免所得税额”：填报企业当年的应纳所得税额中抵免的金额。本行根据“税额抵免优惠明细表”（A107050）填报。

28. 第28行“应纳税额”：填报第25－26－27行金额。

29. 第29行“境外所得应纳所得税额”：填报纳税人来源于中国境外的所得，按照我国税收规定计算的应纳所得税额。本行根据“境外所得税收抵免明细表”（A108000）填报。

30. 第30行“境外所得抵免所得税额”：填报纳税人来源于中国境外所得依照中国境外税收法律以及相关规定应缴纳并实际缴纳（包括视同已实际缴纳）的企业所得税性质的税款（准予抵免税款）。本行根据“境外所得税收抵免明细表”（A108000）填报。

31. 第31行“实际应纳所得税额”：填报第28＋29－30行金额。其中，跨地区经营企业类型为“分支机构（须进行完整年度申报并按比例纳税）”的纳税人，填报（第28＋29－30行）×“分支机构就地纳税比例”金额。

32. 第32行“本年累计实际已缴纳的所得税额”：填报纳税人按照税收规定本纳税年度已在月（季）度累计预缴的所得税额，包括按照税收规定的特定业务已预缴（征）的所得税额，建筑企业总机构直接管理的跨地区设立的项目部按规定向项目所在地主管税务机关预缴的所得税额。

33. 第33行“本年应补（退）的所得税额”：填报第31－32行金额。

34. 第34行“总机构分摊本年应补（退）所得税额”：填报汇总纳税的总机构按照税收规定在总机构所在地分摊本年应补（退）所得税额。本行根据“跨地区经营汇总纳税企业年度分摊企业所得税明细表”（A109000）填报。

35. 第35行“财政集中分配本年应补（退）所得税额”：填报汇总纳税的总机构按照税收规定财政集中分配本年应补（退）所得税款。本行根据“跨地区经营汇总纳税企业年度分摊企业所得税明细表”（A109000）填报。

36. 第36行“总机构主体生产经营部门分摊本年应补（退）所得税额”：填报汇总纳税的总机构所属的具有主体生产经营职能的部门按照税收规定应分摊的本年应补（退）所得税额。本行根据“跨地区经营汇总纳税企业年度分摊企业所得税明细表”（A109000）填报。

“应纳税额计算”项目，除根据主表逻辑关系计算以外，通过附表相应栏次填报。

二、表内、表间关系

1. 表内关系：

（1）第 10 行 = 第 1 - 2 - 3 - 4 - 5 - 6 - 7 + 8 + 9 行。已执行财会〔2018〕15 号的纳税人，不执行本规则。

（2）第 13 行 = 第 10 + 11 - 12 行。

（3）第 19 行 = 第 13 - 14 + 15 - 16 - 17 + 18 行。

（4）第 23 行 = 第 19 - 20 - 21 - 22 行。

（5）第 25 行 = 第 23 × 24 行。

（6）第 28 行 = 第 25 - 26 - 27 行。

（7）第 31 行 = 第 28 + 29 - 30 行。其中，跨地区经营企业类型为“分支机构（须进行完整年度申报并按比例纳税）”的纳税人，第 31 行 =（第 28 + 29 - 30 行）× 表 A000000“102 分支机构就地纳税比例”。

（8）第 33 行 = 第 31 - 32 行。

2. 表间关系：

（1）第 1 行 = 表 A101010 第 1 行或表 A101020 第 1 行或表 A103000 第 2 + 3 + 4 + 5 + 6 行或表 A103000 第 11 + 12 + 13 + 14 + 15 行。

（2）第 2 行 = 表 A102010 第 1 行或表 A102020 第 1 行或表 A103000 第 19 + 20 + 21 + 22 行或表 A103000 第 25 + 26 + 27 行。

（3）第 4 行 = 表 A104000 第 26 行第 1 列。

（4）第 5 行 = 表 A104000 第 26 行第 3 列。

（5）第 6 行 = 表 A104000 第 26 行第 5 列。

（6）第 9 行 = 表 A103000 第 8 行或者第 16 行（仅限于填报表 A103000 的纳税人，其他纳税人根据财务核算情况自行填写）。

（7）第 11 行 = 表 A101010 第 16 行或表 A101020 第 35 行或表 A103000 第 9 行或第 17 行。

（8）第 12 行 = 表 A102010 第 16 行或表 A102020 第 33 行或表 A103000 第 23 行或第 28 行。

（9）第 14 行 = 表 A108010 第 14 列合计 - 第 11 列合计。

（10）第15行=表A105000第45行第3列。

（11）第16行=表A105000第45行第4列。

（12）第17行=表A107010第31行。

（13）第18行：

①当第13－14+15－16－17行≥0，第18行=0；

②当第13－14+15－16－17<0且表A108000第5列合计行≥0，表A108000第6列合计行>0时，第18行=表A108000第5列合计行与表A100000第13－14+15－16－17行绝对值的孰小值；

③当第13－14+15－16－17<0且表A108000第5列合计行≥0，表A108000第6列合计行=0时，第18行=0。

（14）第20行：

当第19行≤0时，第20行=0；

当第19行>0时，

①第19行≥表A107020合计行第11列，第20行=表A107020合计行第11列；

②第19行<表A107020合计行第11列，第20行=第19行。

（15）第21行=表A106000第11行第9列。

（16）第22行=表A107030第15行第1列。

（17）第26行=表A107040第33行。

（18）第27行=表A107050第7行第11列。

（19）第29行=表A108000合计行第9列。

（20）第30行=表A108000合计行第19列。

（21）第34行=表A109000第12+16行。

（22）第35行=表A109000第13行。

（23）第36行=表A109000第15行。

三、相关政策

1.《中华人民共和国企业所得税法》（中华人民共和国主席令第63号）。

2.《中华人民共和国企业所得税法实施条例》（中华人民共和国国务院令第512号）。

第三章

一般企业收入、成本支出、期间费用纳税申报表

第一节　一般企业收入明细表（A101010）

企业以货币形式和非货币形式从各种来源取得的收入，为收入总额。其中，货币形式包括现金、存款、应收账款、应收票据、准备持有至到期的债券投资以及债务的豁免等；非货币形式包括固定资产、生物资产、无形资产、股权投资、存货、不准备持有至到期的债券投资、劳务以及有关权益等。

根据《企业所得税法》的规定，企业收入包括销售货物收入，提供劳务收入，转让财产收入，股息、红利等权益性投资收益，利息收入，租金收入，特许权使用费收入，接受捐赠收入及其他收入。

“一般企业收入明细表”（A101010）适用于除金融企业、事业单位和民间非营利组织外的企业填报，如表 3－1 所示。应当注意的是，本表根据会计核算口径填报，不涉及税收与会计差异项目，也不涉及视同销售和税收优惠

项目对收入的影响，相关影响分别在“纳税调整项目明细表”（A105000）、“视同销售和房地产开发企业特定业务纳税调整明细表”（A105010）、“免税、减计收入及加计扣除优惠明细表”（A107010）及其附表进行纳税调整。不同纳税人因执行的会计准则或会计制度不同导致填报的内容有所差异，企业应根据所执行的国家统一会计制度，填报“主营业务收入”“其他业务收入”和“营业外收入”，而“投资收益”“公允价值变动收益”和“利息收入”等项目不在本表中反映。

根据《国家税务总局关于简化小型微利企业所得税年度纳税申报有关措施的公告》（国家税务总局公告2018年第58号），小型微利企业免于填报“一般企业收入明细表”（A101010）。

表3-1 A101010 一般企业收入明细表

行次	项　目	金额
1	一、营业收入（2+9）	
2	（一）主营业务收入（3+5+6+7+8）	
3	1. 销售商品收入	
4	其中：非货币性资产交换收入	
5	2. 提供劳务收入	
6	3. 建造合同收入	
7	4. 让渡资产使用权收入	
8	5. 其他	
9	（二）其他业务收入（10+12+13+14+15）	
10	1. 销售材料收入	
11	其中：非货币性资产交换收入	
12	2. 出租固定资产收入	
13	3. 出租无形资产收入	
14	4. 出租包装物和商品收入	
15	5. 其他	
16	二、营业外收入（17+18+19+20+21+22+23+24+25+26）	
17	（一）非流动资产处置利得	

续表

行次	项　　目	金额
18	（二）非货币性资产交换利得	
19	（三）债务重组利得	
20	（四）政府补助利得	
21	（五）盘盈利得	
22	（六）捐赠利得	
23	（七）罚没利得	
24	（八）确实无法偿付的应付款项	
25	（九）汇兑收益	
26	（十）其他	

一、项目填报说明

1. 第 1 行“营业收入”：根据主营业务收入、其他业务收入的数额计算填报。

执行《企业会计准则》的企业，应设置主营业务收入和其他业务收入科目，根据《企业会计准则应用指南》附录——会计科目和主要账务处理的规定，主营业务收入科目核算企业确认的销售商品、提供劳务等主营业务的收入，其他业务收入科目核算企业确认的除主营业务活动以外的其他经营活动实现的收入，包括出租固定资产、出租无形资产、出租包装物和商品、销售材料、用材料进行非货币性交换（非货币性资产交换具有商业实质且公允价值能够可靠计量）或债务重组等实现的收入，主营业务收入和其他业务收入均可按收入种类进行明细核算。

2. 第 2 行“主营业务收入”：根据不同行业的业务性质分别填报纳税人核算的主营业务收入。

3. 第 3 行“销售商品收入”：填报纳税人从事工业制造、商品流通、农业生产以及其他商品销售活动取得的主营业务收入。房地产开发企业销售开发产品（销售未完工开发产品除外）取得的收入也在此行填报。

房地产开发企业销售未完工开发产品，根据企业会计准则，取得的预售收入记入“预收账款”科目，一般不确认销售商品收入，但根据《国家税务总局关于印发〈房地产开发经营业务企业所得税处理办法〉的通知》（国税发〔2009〕31号）第六条规定，企业通过正式签订《房地销售合同》或《房地产预售合同》所取得的收入，应确认为销售收入的实现，导致税会差异，该预售收入不在本表中反映，应在“视同销售和房地产开发企业特定业务纳税调整明细表”（A105010）中进行纳税调整。

4. 第4行“其中：非货币性资产交换收入”：填报纳税人发生的非货币性资产交换按照国家统一会计制度应确认的销售商品收入。

根据《企业会计准则第7号——非货币性资产交换》（财会〔2019〕8号）的规定，非货币性资产交换存在两种模式，当非货币性资产交换同时满足具有商业实质且换入资产或换出资产的公允价值能够可靠计量的，应当以公允价值为基础计量，对于换出资产，应当在终止确认时，将换出资产的公允价值与其账面价值之间的差额计入当期损益。不具有商业实质或公允价值不能可靠计量的非货币性资产交换，应当以账面价值为基础计量，对于换出资产，终止确认时不确认损益。

因此，当非货币性资产交换以公允价值为基础计量，且换出的是存货时，此处应填列会计核算上确认的主营业务收入。

5. 第5行“提供劳务收入”：填报纳税人从事建筑安装、修理修配、交通运输、仓储租赁、邮电通信、咨询经纪、文化体育、科学研究、技术服务、教育培训、餐饮住宿、中介代理、卫生保健、社区服务、旅游、娱乐、加工以及其他劳务活动取得的主营业务收入。

6. 第6行“建造合同收入”：填报纳税人建造房屋、道路、桥梁、水坝等建筑物，以及生产船舶、飞机、大型机械设备等取得的主营业务收入。

企业应按照《企业会计准则第15号——建造合同》的规定核算和填报建造合同收入，已执行新收入准则的企业应按照《企业会计准则第14号——收入》的规定核算和填报建造合同收入。

7. 第7行“让渡资产使用权收入”：填报纳税人在主营业务收入核算的，让渡无形资产使用权而取得的使用费收入以及出租固定资产、无形资产、投资性房地产取得的租金收入。

8. 第8行“其他”：填报纳税人按照国家统一会计制度核算、上述未列举的其他主营业务收入。

9. 第9行：“其他业务收入”：填报根据不同行业的业务性质分别填报纳税人核算的其他业务收入。

10. 第10行“销售材料收入”：填报纳税人销售材料、下脚料、废料、废旧物资等取得的收入。

11. 第11行“其中：非货币性资产交换收入”：填报纳税人发生的非货币性资产交换按照国家统一会计制度应确认的其他业务收入。

12. 第12行“出租固定资产收入”：填报纳税人将固定资产使用权让与承租人获取的其他业务收入。

13. 第13行“出租无形资产收入”：填报纳税人让渡无形资产使用权取得的其他业务收入。

14. 第14行“出租包装物和商品收入”：填报纳税人出租、出借包装物和商品取得的其他业务收入 。

15. 第15行“其他”：填报纳税人按照国家统一会计制度核算，上述未列举的其他业务收入。

16. 第16行“营业外收入”：填报纳税人计入本科目核算的与生产经营无直接关系的各项收入。

17. 第17行“非流动资产处置利得”：填报纳税人处置固定资产、无形资产等取得的净收益。

18. 第18行“非货币性资产交换利得”：填报纳税人发生非货币性资产交换应确认的净收益。

19. 第19行“债务重组利得”：填报纳税人发生的债务重组业务确认的净收益。

20. 第20行“政府补助利得”：填报纳税人从政府无偿取得货币性资产或非货币性资产应确认的净收益。

21. 第21行“盘盈利得”：填报纳税人在清查财产过程中查明的各种财产盘盈应确认的净收益。

22. 第22行“捐赠利得”：填报纳税人接受的来自企业、组织或个人无偿给予的货币性资产、非货币性资产捐赠应确认的净收益。

23. 第23行“罚没利得”：填报纳税人在日常经营管理活动中取得的罚款、没收收入应确认的净收益。

24. 第24行“确实无法偿付的应付款项”：填报纳税人因确实无法偿付的应付款项而确认的收入。

25. 第25行“汇兑收益”：填报纳税人取得企业外币货币性项目因汇率变动形成的收益应确认的收入。（该项目为执行小企业会计准则企业填报）

26. 第26行“其他”：填报纳税人取得的上述项目未列举的其他营业外收入，包括执行企业会计准则纳税人按权益法核算长期股权投资对初始投资成本调整确认的收益，执行小企业会计准则纳税人取得的出租包装物和商品的租金收入、逾期未退包装物押金收益等。

二、表内、表间关系

1. 表内关系：

（1）第1行=第2+9行。

（2）第2行=第3+5+6+7+8行。

（3）第9行=第10+12+13+14+15行。

（4）第16行=第17+18+19+20+21+22+23+24+25+26行。

2. 表间关系：

（1）第1行=表A100000第1行。

（2）第16行=表A100000第11行。

三、相关政策

1.《中华人民共和国企业所得税法》（中华人民共和国主席令第63号）。

2.《中华人民共和国企业所得税法实施条例》（中华人民共和国国务院令第512号）。

3.《国家税务总局关于简化小型微利企业所得税年度纳税申报有关措施的公告》（国家税务总局公告2018年第58号）。

第二节　一般企业成本支出明细表（A102010）

“一般企业成本支出明细表”（A102010）适用于除金融企业、事业单位和民间非营利组织外的企业填报，如表 3－2 所示。纳税人应根据国家统一会计制度的规定，填报“主营业务成本”“其他业务成本”“营业外支出”。

根据企业所得税法的规定，成本是指企业在生产经营活动中发生的销售成本、销货成本、业务支出以及其他耗费。

根据《国家税务总局关于简化小型微利企业所得税年度纳税申报有关措施的公告》（国家税务总局公告 2018 年第 58 号），小型微利企业免于填报《一般企业成本支出明细表》（A102010）。

表 3－2　A102010　　一般企业成本支出明细表

行次	项　　目	金额
1	一、营业成本（2＋9）	
2	（一）主营业务成本（3＋5＋6＋7＋8）	
3	1. 销售商品成本	
4	其中：非货币性资产交换成本	
5	2. 提供劳务成本	
6	3. 建造合同成本	
7	4. 让渡资产使用权成本	
8	5. 其他	
9	（二）其他业务成本（10＋12＋13＋14＋15）	
10	1. 销售材料成本	
11	其中：非货币性资产交换成本	
12	2. 出租固定资产成本	
13	3. 出租无形资产成本	
14	4. 包装物出租成本	
15	5. 其他	

续表

行次	项　　目	金额
16	二、营业外支出（17＋18＋19＋20＋21＋22＋23＋24＋25＋26）	
17	（一）非流动资产处置损失	
18	（二）非货币性资产交换损失	
19	（三）债务重组损失	
20	（四）非常损失	
21	（五）捐赠支出	
22	（六）赞助支出	
23	（七）罚没支出	
24	（八）坏账损失	
25	（九）无法收回的债券股权投资损失	
26	（十）其他	

一、项目填报说明

1. 第1行“营业成本”：填报纳税人主要经营业务和其他经营业务发生的成本总额。本行根据“主营业务成本”和“其他业务成本”的数额计算填报。

2. 第2行“主营业务成本”：根据不同行业的业务性质分别填报纳税人核算的主营业务成本。

3. 第3行“销售商品成本”：填报纳税人从事工业制造、商品流通、农业生产以及其他商品销售活动发生的主营业务成本。房地产开发企业销售开发产品（销售未完工开发产品除外）发生的成本也在此行填报。

4. 第4行“其中：非货币性资产交换成本”：填报纳税人发生的非货币性资产交换按照国家统一会计制度应确认的销售商品成本。

5. 第5行“提供劳务成本”：填报纳税人从事建筑安装、修理修配、交通运输、仓储租赁、邮电通信、咨询经纪、文化体育、科学研究、技术服务、教育培训、餐饮住宿、中介代理、卫生保健、社区服务、旅游、娱乐、加工以及其他劳务活动发生的主营业务成本。

6. 第6行“建造合同成本”：填报纳税人建造房屋、道路、桥梁、水坝等建筑物，以及生产船舶、飞机、大型机械设备等发生的主营业务成本。

7. 第7行“让渡资产使用权成本”：填报纳税人在主营业务成本核算的，让渡无形资产使用权而发生的使用费成本以及出租固定资产、无形资产、投资性房地产发生的租金成本。

8. 第8行“其他”：填报纳税人按照国家统一会计制度核算、上述未列举的其他主营业务成本。

9. 第9行“其他业务成本”：根据不同行业的业务性质分别填报纳税人按照国家统一会计制度核算的其他业务成本。

10. 第10行“销售材料成本”：填报纳税人销售材料、下脚料、废料、废旧物资等发生的成本。

11. 第11行“其中：非货币性资产交换成本”：填报纳税人发生的非货币性资产交换按照国家统一会计制度应确认的材料销售成本。

12. 第12行“出租固定资产成本”：填报纳税人将固定资产使用权让与承租人形成的出租固定资产成本。

13. 第13行“出租无形资产成本”：填报纳税人让渡无形资产使用权形成的出租无形资产成本。

14. 第14行“包装物出租成本”：填报纳税人出租、出借包装物形成的包装物出租成本。

15. 第15行“其他”：填报纳税人按照国家统一会计制度核算，上述未列举的其他业务成本。

16. 第16行“营业外支出”：填报纳税人计入本科目核算的与生产经营无直接关系的各项支出。

17. 第17行“非流动资产处置损失”：填报纳税人处置非流动资产形成的净损失。

18. 第18行“非货币性资产交换损失”：填报纳税人发生非货币性资产交换应确认的净损失。

19. 第19行“债务重组损失”：填报纳税人进行债务重组应确认的净损失。

20. 第20行“非常损失”：填报纳税人在营业外支出中核算的各项非正

常的财产损失 。

21. 第21行“捐赠支出”：填报纳税人无偿给予其他企业、组织或个人的货币性资产、非货币性资产的捐赠支出。

22. 第22行“赞助支出”：填报纳税人发生的货币性资产、非货币性资产赞助支出。

23. 第23行“罚没支出”：填报纳税人在日常经营管理活动中对外支付的各项罚款、没收收入的支出。

24. 第24行“坏帐损失”：填报纳税人发生的各项坏帐损失。（该项目为使用小企业会计准则企业填报）

25. 第25行“无法收回的债券股权投资损失”：填报纳税人各项无法收回的债券股权投资损失。（该项目为使用小企业会计准则企业填报）

26. 第26行“其他”：填报纳税人本期实际发生的在营业外支出核算的其他损失及支出。

二、表内、表间关系

1. 表内关系：

（1）第1行=第2+9行。

（2）第2行=第3+5+6+7+8行。

（3）第9行=第10+12+13+14+15行。

（4）第16行=第17+18+…+26行。

2. 表间关系：

（1）第1行=表A100000第2行。

（2）第16行=表A100000第12行。

三、相关政策

1.《中华人民共和国企业所得税法》（中华人民共和国主席令第63号）。

2.《中华人民共和国企业所得税法实施条例》（中华人民共和国国务院令第512号）。

3.《国家税务总局关于简化小型微利企业所得税年度纳税申报有关措施的公告》（国家税务总局公告 2018 年第 58 号）。

第三节 期间费用明细表（A104000）

“期间费用明细表”（A104000）适用于执行企业会计准则、小企业会计准则、企业会计制度、分行业会计制度的查账征收居民纳税人填报，如表 3－3 所示。纳税人应根据企业会计准则、小企业会计准则、企业会计、分行业会计制度规定，填报“销售费用”“管理费用”和“财务费用”等项目。

“销售费用”科目核算企业销售商品和材料、提供劳务的过程中发生的各种费用，包括保险费、包装费、展览费和广告费、商品维修费、预计产品质量保证损失、运输费、装卸费等以及为销售本企业商品而专设的销售机构（含销售网点、售后服务网点等）的职工薪酬、业务费、折旧费等经营费用。

“管理费用”科目核算企业为组织和管理企业生产经营所发生的管理费用，包括企业在筹建期间内发生的开办费、董事会和行政管理部门在企业的经营管理中发生的或者应由企业统一负担的公司经费（包括行政管理部门职工工资及福利费、物料消耗、低值易耗品摊销、办公费和差旅费）、工会经费、董事会费（包括董事会成员津贴、会议费和差旅费等）、聘请中介机构费、咨询费（含顾问费）、诉讼费、业务招待费、技术转让费、矿产资源补偿费、研究费用、排污费。

“财务费用”科目核算企业为筹建生产经营所需资金等而发生的筹资费用，包括利息支出（减利息收入）、汇兑损益以及相关的手续费、企业发生的现金折扣或收到的现金折扣等。

根据《国家税务总局关于简化小型微利企业所得税年度纳税申报有关措施的公告》（国家税务总局公告 2018 年第 58 号），小型微利企业免于填报“期间费用明细表”（A104000）。

表 3－3　A104000　　　　期间费用明细表

行次	项　目	销售费用	其中：境外支付	管理费用	其中：境外支付	财务费用	其中：境外支付
		1	2	3	4	5	6
1	一、职工薪酬		*		*	*	*
2	二、劳务费					*	*
3	三、咨询顾问费					*	*
4	四、业务招待费		*		*	*	*
5	五、广告费和业务宣传费		*		*	*	*
6	六、佣金和手续费						
7	七、资产折旧摊销费		*		*	*	*
8	八、财产损耗、盘亏及毁损损失		*		*	*	*
9	九、办公费		*		*	*	*
10	十、董事会费		*		*	*	*
11	十一、租赁费					*	*
12	十二、诉讼费		*		*	*	*
13	十三、差旅费		*		*	*	*
14	十四、保险费		*		*	*	*
15	十五、运输、仓储费					*	*
16	十六、修理费					*	*
17	十七、包装费		*		*	*	*
18	十八、技术转让费					*	*
19	十九、研究费用					*	*
20	二十、各项税费		*		*	*	*
21	二十一、利息收支	*	*	*	*		
22	二十二、汇兑差额	*	*	*	*		
23	二十三、现金折扣	*	*	*	*		*
24	二十四、党组织工作经费	*	*		*	*	*
25	二十五、其他						
26	合计（1＋2＋3＋…25）						

一、项目填报说明

1. 第 1 列“销售费用”：填报在销售费用科目进行核算的相关明细项目的金额，其中金融企业填报在业务及管理费科目进行核算的相关明细项目的金额。

2. 第 2 列“其中：境外支付”：填报在销售费用科目进行核算的向境外支付的相关明细项目的金额，其中金融企业填报在业务及管理费科目进行核算的相关明细项目的金额。

3. 第 3 列“管理费用”：填报在管理费用科目进行核算的相关明细项目的金额。

已执行《财政部关于修订印发 2018 年度一般企业财务报表格式的通知》（财会〔2018〕15 号）的纳税人，在“利润表”中归集的“研发费用”通过“期间费用明细表”（A104000）第 19 行“十九、研究费用”的管理费用相应列次填报。

4. 第 4 列“其中：境外支付”：填报在管理费用科目进行核算的向境外支付的相关明细项目的金额。

5. 第 5 列“财务费用”：填报在财务费用科目进行核算的有关明细项目的金额。

6. 第 6 列“其中：境外支付”：填报在财务费用科目进行核算的向境外支付的有关明细项目的金额。

7. 第 1 行至第 25 行：根据费用科目核算的具体项目金额进行填报，如果贷方发生额大于借方发生额，应填报负数。

8. 第 26 行第 1 列：填报第 1 行至第 25 行第 1 列的合计金额。

9. 第 26 行第 2 列：填报第 1 行至第 25 行第 2 列的合计金额。

10. 第 26 行第 3 列：填报第 1 行至第 25 行第 3 列的合计金额。

11. 第 26 行第 4 列：填报第 1 行至第 25 行第 4 列的合计金额。

12. 第 26 行第 5 列：填报第 1 行至第 25 行第 5 列的合计金额。

13. 第 26 行第 6 列：填报第 1 行至第 25 行第 6 列的合计金额。

二、表内、表间关系

1. 表内关系

（1）第26行第1列 = 第1列第1 + 2 + … + 20 + 25行。

（2）第26行第2列 = 第2列第2 + 3 + 6 + 11 + 15 + 16 + 18 + 19 + 25行。

（3）第26行第3列 = 第3列第1 + 2 + … + 20 + 24 + 25行。

（4）第26行第4列 = 第4列第2 + 3 + 6 + 11 + 15 + 16 + 18 + 19 + 25行。

（5）第26行第5列 = 第5列第6 + 21 + 22 + 23 + 25行。

（6）第26行第6列 = 第6列第6 + 21 + 22 + 25行。

2. 表间关系

（1）第26行第1列 = 表A100000第4行。

（2）第26行第3列 = 表A100000第5行。

（3）第26行第5列 = 表A100000第6行。

三、相关政策

1.《中华人民共和国企业所得税法》（中华人民共和国主席令第63号）。

2.《中华人民共和国企业所得税法实施条例》（中华人民共和国国务院令第512号）。

3.《国家税务总局关于修订〈中华人民共和国企业所得税年度纳税申报表（A类，2017年版）〉部分表单样式及填报说明的公告》（国家税务总局公告2018年第57号）。

4.《国家税务总局关于简化小型微利企业所得税年度纳税申报有关措施的公告》（国家税务总局公告2018年第58号）。

第四章

纳税调整项目明细表（A105000）

“纳税调整项目明细表”（A105000）由纳税人根据税法、相关税收规定以及国家统一会计制度的规定，填报企业所得税涉税事项的会计处理、税务处理以及纳税调整情况，如表4-1所示。

表4-1　A105000　　纳税调整项目明细表

行次	项　目	账载金额	税收金额	调增金额	调减金额
		1	2	3	4
1	一、收入类调整项目（2+3+…8+10+11）	*	*		
2	（一）视同销售收入（填写A105010）	*			*
3	（二）未按权责发生制原则确认的收入（填写A105020）				
4	（三）投资收益（填写A105030）				
5	（四）按权益法核算长期股权投资对初始投资成本调整确认收益	*	*	*	
6	（五）交易性金融资产初始投资调整	*	*		*
7	（六）公允价值变动净损益		*		
8	（七）不征税收入	*	*		
9	其中：专项用途财政性资金（填写A105040）	*	*		

续表

行次	项　　目	账载金额	税收金额	调增金额	调减金额
		1	2	3	4
10	（八）销售折扣、折让和退回				
11	（九）其他				
12	二、扣除类调整项目（13＋14＋…24＋26＋27＋28＋29＋30）	*	*		
13	（一）视同销售成本（填写 A105010）	*		*	
14	（二）职工薪酬（填写 A105050）				
15	（三）业务招待费支出				*
16	（四）广告费和业务宣传费支出（填写A105060）	*	*		
17	（五）捐赠支出（填写 A105070）				
18	（六）利息支出				
19	（七）罚金、罚款和被没收财物的损失		*		*
20	（八）税收滞纳金、加收利息		*		*
21	（九）赞助支出		*		*
22	（十）与未实现融资收益相关在当期确认的财务费用				
23	（十一）佣金和手续费支出（保险企业填写 105060）				*
24	（十二）不征税收入用于支出所形成的费用	*	*		*
25	其中：专项用途财政性资金用于支出所形成的费用（填写 A105040）	*	*		*
26	（十三）跨期扣除项目				
27	（十四）与取得收入无关的支出		*		*
28	（十五）境外所得分摊的共同支出	*	*		*
29	（十六）党组织工作经费				
30	（十七）其他				

续表

行次	项　　目	账载金额	税收金额	调增金额	调减金额
		1	2	3	4
31	三、资产类调整项目（32+33+34+35）	*	*		
32	（一）资产折旧、摊销（填写A105080）				
33	（二）资产减值准备金		*		
34	（三）资产损失（填写A105090）				
35	（四）其他				
36	四、特殊事项调整项目（37+38+…+43）	*	*		
37	（一）企业重组及递延纳税事项（填写A105100）				
38	（二）政策性搬迁（填写A105110）	*	*		
39	（三）特殊行业准备金（填写A105120）				
40	（四）房地产开发企业特定业务计算的纳税调整额（填写A105010）	*			
41	（五）合伙企业法人合伙人应分得的应纳税所得额				
42	（六）发行永续债利息支出				
43	（七）其他	*	*		
44	五、特别纳税调整应税所得	*	*		
45	六、其他	*	*		
46	合计（1+12+31+36+44+45）	*	*		

纳税人按照“收入类调整项目”“扣除类调整项目”“资产类调整项目”“特殊事项调整项目”“特别纳税调整应税所得”“其他”六类分项填报，汇总计算出纳税“调增金额”和“调减金额”的合计金额。

数据栏分别设置“账载金额”“税收金额”“调增金额”“调减金额”四个栏次。“账载金额”是指纳税人按照国家统一会计制度规定核算的项目金额；“税收金额”是指纳税人按照税收规定计算的项目金额。

对需填报下级明细表的纳税调整项目，其“账载金额”“税收金额”“调增金额”“调减金额”根据相应附表进行计算填报。

第一节　纳税调整项目明细表收入类调整项目

一、纳税调整项目明细表（收入类调整项目）

表 4-2　A105000　　纳税调整项目明细表（收入类调整项目）

行次	项　　目	账载金额	税收金额	调增金额	调减金额
		1	2	3	4
1	一、收入类调整项目（2+3+…8+10+11）	*	*		
2	（一）视同销售收入（填写 A105010）	*			*
3	（二）未按权责发生制原则确认的收入（填写 A105020）				
4	（三）投资收益（填写 A105030）				
5	（四）按权益法核算长期股权投资对初始投资成本调整确认收益	*	*	*	
6	（五）交易性金融资产初始投资调整	*	*		*
7	（六）公允价值变动净损益		*		
8	（七）不征税收入	*	*		
9	其中：专项用途财政性资金（填写 A105040）	*	*		
10	（八）销售折扣、折让和退回				
11	（九）其他				

（一）项目填报说明

1. 第 1 行“一、收入类调整项目”：根据第 2 行至第 11 行（不含第 9 行）进行填报。

2. 第 2 行“（一）视同销售收入”：根据“视同销售和房地产开发企业特定业务纳税调整明细表”（A105010）填报。第 2 列“税收金额”填报表

A105010 第 1 行第 1 列金额。第 3 列“调增金额”填报表 A105010 第 1 行第 2 列金额。

3. 第 3 行“（二）未按权责发生制原则确认的收入”：根据“未按权责发生制确认收入纳税调整明细表”（A105020）填报。第 1 列“账载金额”填报表 A105020 第 14 行第 2 列金额。第 2 列“税收金额”填报表 A105020 第 14 行第 4 列金额。若表 A105020 第 14 行第 6 列≥0，第 3 列“调增金额”填报表 A105020 第 14 行第 6 列金额。若表 A105020 第 14 行第 6 列 <0，第 4 列“调减金额”填报表 A105020 第 14 行第 6 列金额的绝对值。

4. 第 4 行“（三）投资收益”：根据“投资收益纳税调整明细表”（A105030）填报。第 1 列“账载金额”填报表 A105030 第 10 行第 1 +8 列的合计金额。第 2 列“税收金额”填报表 A105030 第 10 行第 2 +9 列的合计金额。若表 A105030 第 10 行第 11 列≥0，第 3 列“调增金额”填报表 A105030 第 10 行第 11 列金额。若表 A105030 第 10 行第 11 列 <0，第 4 列“调减金额”填报表 A105030 第 10 行第 11 列金额的绝对值。

5. 第 5 行“（四）按权益法核算长期股权投资对初始投资成本调整确认收益”：第 4 列“调减金额”填报纳税人采取权益法核算，初始投资成本小于取得投资时应享有被投资单位可辩认净资产公允价值份额的差额计入取得投资当期营业外收入的金额。

6. 第 6 行“（五）交易性金融资产初始投资调整”：第 3 列“调增金额”填报纳税人根据税收规定确认交易性金融资产初始投资金额与会计核算的交易性金融资产初始投资账面价值的差额。

7. 第 7 行“（六）公允价值变动净损益”：第 1 列“账载金额”填报纳税人会计核算的以公允价值计量的金融资产、金融负债以及投资性房地产类项目，计入当期损益的公允价值变动金额。若第 1 列≤0，第 3 列“调增金额”填报第 1 列金额的绝对值。若第 1 列 >0，第 4 列“调减金额”填报第 1 列金额。

8. 第 8 行“（七）不征税收入”：填报纳税人计入收入总额但属于税收规定不征税的财政拨款、依法收取并纳入财政管理的行政事业性收费以及政府性基金和国务院规定的其他不征税收入。第 3 列“调增金额”填报纳税人以前年度取得财政性资金且已作为不征税收入处理，在 5 年（60 个月）内未发生支出且未缴回财政部门或其他拨付资金的政府部门，应计入应税收入额的金额。第4列“调减金额”填报符合税收规定不征税收入条件并作为不征税收入处理，且已计入当期损益的金额。

9. 第9行“专项用途财政性资金”：根据“专项用途财政性资金纳税调整明细表”（A105040）填报。第3列“调增金额”填报表A105040第7行第14列金额。第4列“调减金额”填报表A105040第7行第4列金额。

10. 第10行“（八）销售折扣、折让和退回”：填报不符合税收规定的销售折扣、折让应进行纳税调整的金额和发生的销售退回因会计处理与税收规定有差异需纳税调整的金额。第1列“账载金额”填报纳税人会计核算的销售折扣、折让金额和销货退回的追溯处理的净调整额。第2列“税收金额”填报根据税收规定可以税前扣除的折扣、折让的金额和销货退回业务影响当期损益的金额。若第1列≥第2列，第3列“调增金额”填报第1－2列金额。若第1列＜第2列，第4列“调减金额”填报第1－2列金额的绝对值，第4列仅为销货退回影响损益的跨期时间性差异。

11. 第11行“（九）其他”：填报其他因会计处理与税收规定有差异需纳税调整的收入类项目金额。若第2列≥第1列，第3列“调增金额”填报第2－1列金额。若第2列＜第1列，第4列“调减金额”填报第2－1列金额的绝对值。

（二）表内、表间关系

1. 表内关系：

（1）第1行＝第2＋3＋4＋5＋6＋7＋8＋10＋11行。

2. 表间关系：

（1）第2行第2列＝表A105010第1行第1列；第2行第3列＝表A105010第1行第2列。

（2）第3行第1列＝表A105020第14行第2列；第3行第2列＝表A105020第14行第4列；若表A105020第14行第6列≥0，第3行第3列＝表A105020第14行第6列；若表A105020第14行第6列＜0，第3行第4列＝表A105020第14行第6列的绝对值。

（3）第4行第1列＝表A105030第10行第1＋8列；第4行第2列＝表A105030第10行第2＋9列；若表A105030第10行第11列≥0，第4行第3

列=表A105030第10行第11列；若表A105030第10行第11列<0，第4行第4列=表A105030第10行第11列的绝对值。

（4）第9行第3列=表A105040第7行第14列；第9行第4列=表A105040第7行第4列。

二、视同销售收入（填写A105010）

“视同销售和房地产开发企业特定业务纳税调整明细表”（A105010）适用于发生视同销售、房地产企业特定业务纳税调整项目的纳税人填报，如表4-3所示。纳税人根据《中华人民共和国企业所得税法》（中华人民共和国主席令第六十三号）、《国家税务总局关于企业处置资产所得税处理问题的通知》（国税函〔2008〕828号）、《国家税务总局关于印发〈房地产开发经营业务企业所得税处理办法〉的通知》（国税发〔2009〕31号）、《国家税务总局关于企业所得税有关问题的公告》（国家税务总局公告2016年第80号）等相关规定，以及国家统一企业会计制度，填报视同销售行为、房地产企业销售未完工产品、未完工产品转完工产品特定业务的税收规定及纳税调整情况。

表4-3　A105010　视同销售和房地产开发企业特定业务纳税调整明细表

行次	项　目	税收金额	纳税调整金额
		1	2
1	一、视同销售（营业）收入（2+3+4+5+6+7+8+9+10）		
2	（一）非货币性资产交换视同销售收入		
3	（二）用于市场推广或销售视同销售收入		
4	（三）用于交际应酬视同销售收入		
5	（四）用于职工奖励或福利视同销售收入		
6	（五）用于股息分配视同销售收入		
7	（六）用于对外捐赠视同销售收入		
8	（七）用于对外投资项目视同销售收入		
9	（八）提供劳务视同销售收入		
10	（九）其他		

（一）项目填报说明

1. 第1行“一、视同销售收入”：填报会计处理不确认销售收入，而税收规定确认为应税收入的金额，本行为第2行至第10行小计数。第1列“税收金额”填报税收确认的应税收入金额；第2列“纳税调整金额”等于第1列“税收金额”。

企业发生非货币性资产交换，以及将货物、财产、劳务用于捐赠、偿债、赞助、集资、广告、样品、职工福利或者利润分配等用途的，应当视同销售货物、转让财产或者提供劳务，但国务院财政、税务主管部门另有规定的除外。

企业将资产移送他人的下列情形，因资产所有权属已发生改变而不属于内部处置资产，应按规定视同销售确定收入。

①用于市场推广或销售；

②用于交际应酬；

③用于职工奖励或福利；

④用于股息分配；

⑤用于对外捐赠；

⑥其他改变资产所有权属的用途。

企业发生上述情形，除另有规定外，应按照被移送资产的公允价值确定销售收入。

视同销售收入应作为业务招待费、广告费和业务宣传费的扣除基数。

2. 第2行“（一）非货币性资产交换视同销售收入”：填报发生非货币性资产交换业务，会计处理不确认销售收入，而税收规定确认为应税收入的金额。第1列“税收金额”填报税收确认的应税收入金额；第2列“纳税调整金额”等于第1列“税收金额”。

根据《企业会计准则第7号——非货币性资产交换》规定，非货币性资产交换可分为具有商业实质和不具有商业实质两类，分别进行会计处理和税务处理及填制纳税申报表。

【例4-1】具有商业实质的非货币性资产交换。

甲企业执行企业会计准则，2018年12月以A设备交换乙企业的B设备。A设备账面原值为30万元，在交换日累计折旧为24万元，公允价值为8万元；B 设备账面原值为 18 万元，在交换日累计折旧为 11 万元，公允价值为 8 万元。该交换具有商业实质。

分析：对于具有商业实质且换入资产或换出资产的公允价值能够可靠计量的非货币性资产交换，会计上采用公允价值计量原则，不存在税会差异，无须填报“视同销售和房地产开发企业特定业务纳税调整明细表”。

【例 4－2】不具有商业实质的非货币性资产交换。

接例 4－1，假设该交换不具有商业实质。会计上未确认损益，而税法应分解为按公允价值销售和购进处理，确认视同销售收入 8 万元，视同销售成本 6 万元，应调增应纳税所得额 2 万元，同时换入 B 设备的会计成本为 6 万元，计税基础为 8 万元，其差异在以后使用过程中或出售时予以转回。甲企业申报表填写如表 4－4 所示：

表 4－4　A105010　视同销售和房地产开发企业特定业务纳税调整明细表

单位：万元

行次	项　　目	税收金额	纳税调整金额
		1	2
1	一、视同销售（营业）收入（2＋3＋4＋5＋6＋7＋8＋9＋10）	8	8
2	（二）用于市场推广或销售视同销售收入	8	8

3. 第 3 行“（二）用于市场推广或销售视同销售收入”：填报发生将货物、财产用于市场推广、广告、样品、集资、销售等，会计处理不确认销售收入，而税收规定确认为应税收入的金额。填列方法同第 2 行。

【例 4－3】甲企业执行企业会计准则，2018 年将自产产品用于市场推广及业务宣传，该产品成本 60 万元，公允价值 80 万元。

分析：甲企业将自产产品用于市场推广，企业所得税应视同销售，确认视同销售收入 80 万元，视同销售成本 60 万元，甲企业申报表填写如表 4－5 所示：

表 4－5　A105010　视同销售和房地产开发企业特定业务纳税调整明细表

单位：万元

行次	项　　目	税收金额	纳税调整金额
		1	2
1	一、视同销售（营业）收入（2＋3＋4＋5＋6＋7＋8＋9＋10）	80	80
2	（二）用于市场推广或销售视同销售收入	80	80

4. 第4行“（三）用于交际应酬视同销售收入”：填报发生将货物、财产用于交际应酬，会计处理不确认销售收入，而税收规定确认为应税收入的金额。填列方法同第2行。

【例4-4】甲企业执行企业会计准则，2018年将自产产品用于交际应酬，该产品成本80万元，公允价值100万元。

分析：甲企业将自产产品用于交际应酬，企业所得税应视同销售，确认视同销售收入100万元，视同销售成本80万元，甲企业申报表填写如表4-6所示：

表4-6　A105010　视同销售和房地产开发企业特定业务纳税调整明细表

单位：万元

行次	项　　目	税收金额	纳税调整金额
		1	2
1	一、视同销售（营业）收入（2+3+4+5+6+7+8+9+10）	100	100
2	（三）用于交际应酬视同销售收入	100	100

5. 第5行“（四）用于职工奖励或福利视同销售收入”：填报发生将货物、财产用于职工奖励或福利，会计处理不确认销售收入，而税收规定确认为应税收入的金额。企业外购资产或服务不以销售为目的，用于替代职工福利费用支出，且购置后在一个纳税年度内处置的，以公允价值确定视同销售收入。填列方法同第2行。

【例4-5】甲企业将外购商品用于发放职工福利（行政管理人员），产品成本40万元，公允价值50万元。

分析：甲企业将外购商品用于发放职工福利，会计上不确认销售收入，而企业所得税应视同销售，确认视同销售收入50万元，视同销售成本40万元，甲企业申报表填写如表4-7所示：

表4-7　A105010　视同销售和房地产开发企业特定业务纳税调整明细表

单位：万元

行次	项　　目	税收金额	纳税调整金额
		1	2
1	一、视同销售（营业）收入（2+3+4+5+6+7+8+9+10）	50	50
2	（四）用于职工奖励或福利视同销售收入	50	50

6. 第 6 行“（五）用于股息分配视同销售收入”：填报发生将货物、财产用于股息分配，会计处理不确认销售收入，而税收规定确认为应税收入的金额。填列方法同第 2 行。

【例 4－6】 甲企业将自产的一批产品作为股息分配给股东，该产品成本 25 万元，公允价值 28 万元。

分析：甲企业将自产产品用于股息分配，会计上已经确认收入，企业所得税不进行视同销售纳税调整。

7. 第 7 行“（六）用于对外捐赠视同销售收入”：填报发生将货物、财产用于对外捐赠或赞助，会计处理不确认销售收入，而税收规定确认为应税收入的金额。填列方法同第 2 行。

【例 4－7】 甲企业通过当地公益性团体将自产的设备捐赠给灾区，该批设备成本为 15 万元，公允价值为 20 万元。

分析：甲企业将自产设备用于对外捐赠，会计上不确认销售收入，而企业所得税应视同销售，确认视同销售收入 20 万元，视同销售成本 15 万元，甲企业申报表填写如表 4－8 所示。

表 4－8　A105010　视同销售和房地产开发企业特定业务纳税调整明细表

单位：万元

行次	项　目	税收金额	纳税调整金额
		1	2
1	一、视同销售（营业）收入（2+3+4+5+6+7+8+9+10）	20	20
2	（六）用于对外捐赠视同销售收入	20	20

8. 第 8 行“（七）用于对外投资项目视同销售收入”：填报发生将货物、财产用于对外投资，会计处理不确认销售收入，而税收规定确认为应税收入的金额。填列方法同第 2 行。

【例 4－8】 甲、乙企业同属于丙企业的子公司。甲企业于 2018 年 3 月 1 日以存货交换的方式取得乙企业 60% 的股份。用于交换存货的账面价值 1 000 万元，公允价值 1 200 万元（不含税）。乙企业 2018 年 3 月 1 日所有者权益在最终控制方合并财务报表账面价值为 2 000 万元；甲企业 2018 年 3 月 1 日资本公积为 180 万元、盈余公积 100 万元、未分配利润 200 万元。

分析：该合并为同一控制下控股合并，初始投资成本 = 2 000 × 60% = 1 200 万元，甲企业付出资产账面价值与初始投资成本之间的差额应调整资本公积，资本公积不足冲减的，调整留存收益。该合并会计上不确认销售收入，而企业所得税应视同销售，确认视同销售收入 1 200 万元，视同销售成本 1 000 万元，甲企业申报表填写如表 4 - 9 所示：

表 4 - 9 A105010 视同销售和房地产开发企业特定业务纳税调整明细表

单位：万元

行次	项　目	税收金额	纳税调整金额
		1	2
1	一、视同销售（营业）收入（2 + 3 + 4 + 5 + 6 + 7 + 8 + 9 + 10）	1 200	1 200
2	（七）用于对外投资项目视同销售收入	1 200	1 200

9. 第 9 行“（八）提供劳务视同销售收入”：填报发生对外提供劳务，会计处理不确认销售收入，而税收规定确认为应税收入的金额。填列方法同第 2 行。

10. 第 10 行“（九）其他”：填报发生除上述列举情形外，会计处理不作为销售收入核算，而税收规定确认为应税收入的金额。填列方法同第 2 行。

（二）表内、表间关系

1. 表内关系：

第 1 行 = 第 2 + 3 + … + 10 行。

2. 表间关系：

（1）第 1 行第 1 列 = 表 A105000 第 2 行第 2 列。

（2）第 1 行第 2 列 = 表 A105000 第 2 行第 3 列。

（三）相关政策

1. 《中华人民共和国企业所得税法》（中华人民共和国主席令第 63 号）。

2. 《中华人民共和国企业所得税法实施条例》（中华人民共和国国务院令第 512 号）。

3. 《国家税务总局关于企业处置资产所得税处理问题的通知》（国税函〔2008〕828 号）。

4. 《国家税务总局关于印发〈房地产开发经营业务企业所得税处理办法〉

的通知》（国税发〔2009〕31号）。

5.《国家税务总局关于企业所得税有关问题的公告》（国家税务总局公告2016年第80号）。

三、未按权责发生制原则确认的收入（填写A105020）

表A105000第3行“（二）未按权责发生制原则确认的收入”应根据“未按权责发生制确认收入纳税调整明细表”（A105020）填报，如表4-10所示。该行第1列“账载金额”填报表A105020第14行第2列金额。第2列“税收金额”填报表A105020第14行第4列金额。若表A105020第14行第6列≥0，第3列“调增金额”填报表A105020第14行第6列金额。若表A105020第14行第6列<0，第4列“调减金额”填报表A105020第14行第6列金额的绝对值。

“未按权责发生制确认收入纳税调整明细表”（A105020）适用于会计处理按权责发生制确认收入、税收规定未按权责发生制确认收入需纳税调整的纳税人填报。纳税人根据《中华人民共和国企业所得税法》（中华人民共和国主席令第六十三号）、《国家税务总局关于贯彻落实企业所得税法若干税收问题的通知》（国税函〔2010〕79号）、《国家税务总局关于确认企业所得税收入若干问题的通知》（国税函〔2008〕875号）等相关规定，以及国家统一企业会计制度，填报会计处理按照权责发生制确认收入、税收规定未按权责发生制确认收入的会计处理、税收规定，以及纳税调整情况。符合税收规定不征税收入条件的政府补助收入，本表不作调整，在“专项用途财政性资金纳税调整明细表”（A105040）中纳税调整。

表4-10　A105020　未按权责发生制确认收入纳税调整明细表

行次	项　目	合同金额（交易金额）	账载金额		税收金额		纳税调整金额
			本年	累计	本年	累计	
		1	2	3	4	5	6（4-2）
1	一、跨期收取的租金、利息、特许权使用费收入（2+3+4）						
2	（一）租金						
3	（二）利息						

续表

行次	项目	合同金额（交易金额）	账载金额		税收金额		纳税调整金额
			本年	累计	本年	累计	
		1	2	3	4	5	6（4－2）
4	（三）特许权使用费						
5	二、分期确认收入（6＋7＋8）						
6	（一）分期收款方式销售货物收入						
7	（二）持续时间超过12个月的建造合同收入						
8	（三）其他分期确认收入						
9	三、政府补助递延收入（10＋11＋12）						
10	（一）与收益相关的政府补助						
11	（二）与资产相关的政府补助						
12	（三）其他						
13	四、其他未按权责发生制确认收入						
14	合计（1＋5＋9＋13）						

（一）项目填报说明

1. 行次填报：

（1）第1行"跨期收取的租金、利息、特许权使用费收入"。

◆租金收入，按照合同约定的承租人应付租金的日期确认收入的实现。利息收入，按照合同约定的债务人应付利息的日期确认收入的实现。特许权使用费收入，按照合同约定的特许权使用人应付特许权使用费的日期确认收入的实现。而会计规定租金、利息、特许权使用费收入应按照权责发生制确认收入，从而产生税会差异。

◆企业提供固定资产、包装物或者其他有形资产的使用权取得的租金收入，应按交易合同或协议规定的承租人应付租金的日期确认收入的实现。其中，如果交易合同或协议中规定租赁期限跨年度，且租金提前一次性支付的，根据收入与费用配比原则，出租人可对上述已确认的收入，在租赁期内，分期均匀计入相关年度收入。

【例4-9】 甲企业签订房屋租赁合同，将自有的一幢房屋出租给承租人，约定租赁期为2018年7月1日至2019年6月30日，年租金20万元，租金提前在合同签订日一次性支付，假设不考虑增值税。

分析：会计上应按权责发生制确认收入，而税法规定，对于提前一次性收取租金的：

（1）出租方可以选择在合同规定的租赁期内按收入与费用配比原则，分期均匀计入相关年度，此时不存在税会差异，无须调整；

（2）出租方也可以选择按合同或协议规定的承租人应付租金的日期确认收入，此时需要纳税调整。甲企业2018年和2019年申报表填写分别如表4-11和表4-12所示：

表4-11 A105020 未按权责发生制确认收入纳税调整明细表（2018年）

单位：万元

行次	项目	合同金额（交易金额）	账载金额		税收金额		纳税调整金额
			本年	累计	本年	累计	
		1	2	3	4	5	6（4-2）
1	一、跨期收取的租金、利息、特许权使用费收入（2+3+4）	20	10	10	20	20	10
2	（一）租金	20	10	10	20	20	10

表4-12 A105020 未按权责发生制确认收入纳税调整明细表（2019年）

单位：万元

行次	项目	合同金额（交易金额）	账载金额		税收金额		纳税调整金额
			本年	累计	本年	累计	
		1	2	3	4	5	6（4-2）
1	一、跨期收取的租金、利息、特许权使用费收入（2+3+4）	20	10	20	0	20	-10
2	（一）租金	20	10	20	0	20	-10

（2）第5行“分期确认收入”。

◆企业的下列生产经营业务可以分期确认收入的实现：

（1）以分期收款方式销售货物的，按照合同约定的收款日期确认收入的实现；

（2）企业受托加工制造大型机械设备、船舶、飞机，以及从事建筑、安装、装配工程业务或者提供其他劳务等，持续时间超过12个月的，按照纳税年度内完工进度或者完成的工作量确认收入的实现。

【例4－10】 2018年1月1日，甲企业采用分期收款方式销售产品，合同中约定总价款1 000万元，分5期于每年12月31日等额收取200万元，该产品成本为700万元，在现销方式下售价为800万元，假设不考虑增值税。

分析：会计上2018年应确认销售收入800万元，而企业所得税规定应按分期确认销售收入200万元，其差异应进行纳税调整。甲企业2018年申报表填写如表4－13所示：

表4－13　A105020　未按权责发生制确认收入纳税调整明细表（2018年）

单位：万元

行次	项　目	合同金额（交易金额）	账载金额		税收金额		纳税调整金额
			本年	累计	本年	累计	
		1	2	3	4	5	6（4－2）
5	二、分期确认收入（6＋7＋8）	1 000	800	800	200	200	－600
6	（一）分期收款方式销售货物收入	1 000	800	800	200	200	－600

2019、2020、2021、2022年度企业所得税应分别确认销售收入200万元，会计上未确认销售收入，各年分别纳税调增200万元。

（3）第9行“政府补助递延收入”。

【例4－11】 甲企业采用总额法对政府补助进行会计处理，2018年12月，甲企业获得政府补助400万元用于补偿企业以后发生的相关费用或损失，该项补助不符合不征税收入条件。2019年，甲企业将补助所得款项全部用于日常活动所发生的费用支出。

分析：会计上2018年收到补助时应计入递延收益，待实际使用时计入损益，而企业所得税规定在收到时应计入收入总额，其差异应进行纳税调整。甲企业2018年、2019年申报表填写分别如表4－14和表4－15所示：

表 4－14　A105020　未按权责发生制确认收入纳税调整明细表（2018 年）

单位：万元

行次	项　　目	合同金额（交易金额）	账载金额		税收金额		纳税调整金额
			本年	累计	本年	累计	
		1	2	3	4	5	6（4－2）
9	三、政府补助递延收入（10＋11＋12）	400	0	0	400	400	400
10	（一）与收益相关的政府补助	400	0	0	400	400	400

表 4－15　A105020　未按权责发生制确认收入纳税调整明细表（2019 年）

单位：万元

行次	项　　目	合同金额（交易金额）	账载金额		税收金额		纳税调整金额
			本年	累计	本年	累计	
		1	2	3	4	5	6（4－2）
9	三、政府补助递延收入（10＋11＋12）	400	400	400	0	0	－400
10	（一）与收益相关的政府补助	400	400	400	0	0	－400

2. 列次填报：

（1）第 1 列“合同金额或交易金额”：填报会计处理按照权责发生制确认收入、税收规定未按权责发生制确认收入的项目的合同总额或交易总额。

（2）第 2 列“账载金额－本年”：填报纳税人会计处理按权责发生制在本期确认金额。

（3）第 3 列“账载金额－累计”：填报纳税人会计处理按权责发生制累计确认金额（含本年）。

（4）第 4 列“税收金额－本年”：填报纳税人按税收规定未按权责发生制在本期确认金额。

（5）第 5 列“税收金额－累计”：填报纳税人按税收规定未按权责发生制累计确认金额（含本年）。

（6）第 6 列“纳税调整金额”：填报纳税人会计处理按权责发生制确认收

入、税收规定未按权责发生制确认收入的差异需纳税调整金额，为第4－2列的余额。

（二）表内、表间关系

1. 表内关系

（1）第1行＝第2＋3＋4行。

（2）第5行＝第6＋7＋8行。

（3）第9行＝第10＋11＋12行。

（4）第14行＝第1＋5＋9＋13行。

（5）第6列＝第4－2列。

2. 表间关系

（1）第14行第2列＝表A105000第3行第1列。

（2）第14行第4列＝表A105000第3行第2列。

（3）若第14行第6列≥0，第14行第6列＝表A105000第3行第3列；若第14行第6列＜0，第14行第6列绝对值＝表A105000第3行第4列。

（三）相关政策

1.《中华人民共和国企业所得税法》（中华人民共和国主席令第63号）。

2.《中华人民共和国企业所得税法实施条例》（中华人民共和国国务院令第512号）。

3.《国家税务总局关于确认企业所得税收入若干问题的通知》（国税函〔2008〕875号）。

4.《国家税务总局关于贯彻落实企业所得税法若干税收问题的通知》（国税函〔2010〕79号）。

四、投资收益（填写A105030）

“投资收益纳税调整明细表”（A105030）适用于发生投资收益纳税调整项目的纳税人及从事股权投资业务的纳税人填报，如表4－16所示。纳税人根据《中华人民共和国企业所得税法》（中华人民共和国主席令第六十三

表 4－16　A105030

投资收益纳税调整明细表

行次	项目	持有收益			处置收益							纳税调整金额
		账载金额	税收金额	纳税调整金额	会计确认的处置收入	税收计算的处置收入	处置投资的账面价值	处置投资的计税基础	会计确认的处置所得或损失	税收计算的处置所得	纳税调整金额	
		1	2	3（2－1）	4	5	6	7	8（4－6）	9（5－7）	10（9－8）	11（3＋10）
1	一、交易性金融资产											
2	二、可供出售金融资产											
3	三、持有至到期投资											
4	四、衍生工具											
5	五、交易性金融负债											
6	六、长期股权投资											
7	七、短期投资											
8	八、长期债券投资											
9	九、其他											
10	合计（1＋2＋3＋4＋5＋6＋7＋8＋9）											

号）、《国家税务总局关于贯彻落实企业所得税法若干税收问题的通知》（国税函〔2010〕79号）等相关规定，以及国家统一企业会计制度，填报投资收益的会计处理、税收规定，以及纳税调整情况。

发生持有期间投资收益，并按税收规定为减免税收入的（如国债利息收入等），本表不作调整。处置投资项目按税收规定确认为损失的，本表不作调整，在"资产损失税前扣除及纳税调整明细表"（A105090）进行纳税调整。处置投资项目符合企业重组且适用特殊性税务处理规定的，本表不作调整，在"企业重组及递延纳税事项纳税调整明细表"（A105100）进行纳税调整。

已执行《企业会计准则第22号——金融工具确认和计量》（财会〔2017〕7号发布）、《企业会计准则第23号——金融资产转移》（财会〔2017〕8号发布）、《企业会计准则第24号——套期会计》（财会〔2017〕9号发布）、《企业会计准则第37号——金融工具列报》（财会〔2017〕14号发布）的纳税人，若投资收益的项目类别不为本表第1行至第8行的，则在第9行"九、其他"中填报相关会计处理、税收规定，以及纳税调整情况。

（一）项目填报说明

1. 行次填报

（1）第1行"一、交易性金融资产"。

【例4－12】甲企业2018年12月31日以1 000万元购入某上市公司股票，分类为以公允价值计量且其变动计入当期损益的金融资产，另支付交易费用5万元，2019年12月31日公允价值为1 200万元，2020年1月20日，将该股票以1 250万元出售。

分析：会计上该交易性金融资产应当以公允价值进行后续计量，而税法规定其计税基础在持有期间维持不变，公允价值变动的差异应在"纳税调整项目明细表"收入类调整项目第六行"（六）公允价值变动净损益"中进行调整。在处置时，会计上计入当期损益的金额为50万元，而企业所得税确认处置收益为250万元，其差异应进行纳税调整。甲企业2020年申报表填写如表4－17所示：

表 4－17　A105030　**投资收益纳税调整明细表**

单位：万元

行次	项目	持有收益			处置收益							纳税调整金额
		账载金额	税收金额	纳税调整金额	会计确认的处置收入	税收计算的处置收入	处置投资的账面价值	处置投资的计税基础	会计确认的处置所得或损失	税收计算的处置所得	纳税调整金额	
		1	2	3（2－1）	4	5	6	7	8（4－6）	9（5－7）	10（9－8）	11（3＋10）
1	一、交易性金融资产				1 250	1 250	1 200	1 000	50	250	200	200

（2）第6行"六、长期股权投资"。

列次填报：

1. 第1列"账载金额"：填报纳税人持有投资项目，会计核算确认的投资收益。

2. 第2列"税收金额"：填报纳税人持有投资项目，按照税收规定确认的投资收益。

3. 第3列"纳税调整金额"：填报纳税人持有投资项目，会计核算确认投资收益与税收规定投资收益的差异需纳税调整金额，为第2－1列金额。

4. 第4列"会计确认的处置收入"：填报纳税人收回、转让或清算处置投资项目，会计核算确认的扣除相关税费后的处置收入金额。

5. 第5列"税收计算的处置收入"：填报纳税人收回、转让或清算处置投资项目，按照税收规定计算的扣除相关税费后的处置收入金额。

6. 第6列"处置投资的账面价值"：填报纳税人收回、转让或清算处置的投资项目，会计核算的处置投资的账面价值。

7. 第7列"处置投资的计税基础"：填报纳税人收回、转让或清算处置的投资项目，按税收规定计算的处置投资的计税金额。

8. 第8列"会计确认的处置所得或损失"：填报纳税人收回、转让或清算处置投资项目，会计核算确认的处置所得或损失，按第4－6列金额填报（损失以"－"号填列）。

9. 第9列"税收计算的处置所得"：填报纳税人收回、转让或清算处置投资项目，按照税收规定计算的处置所得，按第5－7列金额填报。

10. 第10列"纳税调整金额"：填报纳税人收回、转让或清算处置投资项目，会计处理与税收规定不一致需纳税调整金额，按第9－8列金额填报。

11. 第11列"纳税调整金额"：填报第3＋10列金额。

（二）表内、表间关系

1. 表内关系：

（1）第10行＝第1＋2＋3＋4＋5＋6＋7＋8＋9行。

（2）第3列＝第2－1列。

（3）第8列=第4-6列。

（4）第9列=第5-7列。

（5）第10列=第9-8列。

（6）第11列=第3+10列。

2. 表间关系：

（1）第10行第1+8列=表A105000第4行第1列。

（2）第10行第2+9列=表A105000第4行第2列。

（3）若第10行第11列≥0，第10行第11列=表A105000第4行第3列；若第10行第11列<0，第10行第11列绝对值=表A105000第4行第4列。

（三）相关政策

1.《中华人民共和国企业所得税法》（中华人民共和国主席令第63号）。

2.《中华人民共和国企业所得税法实施条例》（中华人民共和国国务院令第512号）。

3.《国家税务总局关于贯彻落实企业所得税法若干税收问题的通知》（国税函〔2010〕79号）。

五、按权益法核算长期股权投资对初始投资成本调整确认收益

企业会计准则规定，按权益法核算长期股权投资初始投资成本小于取得投资时应享有被投资单位可辨认净资产公允价值份额的差额，计入当期损益（营业外收入），同时调整长期股权投资的成本。而税法规定企业各项资产应以历史成本为计税基础，不应确认营业外收入，应纳税调减。

反之，如果按权益法核算长期股权投资初始投资成本大于取得投资时应享有被投资单位可辨认净资产公允价值份额时，不调整已确认的初始投资成本。税收与会计一致，不作调整。

表A105000第5行（见表4-18）应填报纳税人采取权益法核算，初始投资成本小于取得投资时应享有被投资单位可辩认净资产公允价值份额的差

额计入取得投资当期营业外收入的金额。

表 4－18 A105000 纳税调整项目明细表

行次	项 目	账载金额	税收金额	调增金额	调减金额
		1	2	3	4
1	一、收入类调整项目（2＋3＋…8＋10＋11）	*	*		
5	（四）按权益法核算长期股权投资对初始投资成本调整确认收益	*	*	*	

（一）项目填报说明

1. 第5行“（四）按权益法核算长期股权投资对初始投资成本调整确认收益”：第4列“调减金额”填报纳税人采取权益法核算，初始投资成本小于取得投资时应享有被投资单位可辨认净资产公允价值份额的差额计入取得投资当期营业外收入的金额。

【例 4－13】 甲企业 2019 年 1 月支付 6 000 万元取得乙企业 30% 的股权，此时乙企业净资产账面价值为 24 000 万元（假设乙企业各项可辨认资产、负债的公允价值与账面价值相同）。甲企业取得股权后能够对乙企业施加重大影响，因此采用权益法核算该长期股权投资。

分析：会计上甲企业长期股权投资初始投资成本 6 000 万元小于投资时应享有被投资单位可辨认净资产公允价值份额的差额 1 200 万元应计入营业外收入，而税收规定不调整长期股权投资成本，应调减应纳税所得额，如表 4－19 所示。

表 4－19 A105000 纳税调整项目明细表 单位：万元

行次	项 目	账载金额	税收金额	调增金额	调减金额
		1	2	3	4
1	一、收入类调整项目（2＋3＋…8＋10＋11）	*	*		1 200
5	（四）按权益法核算长期股权投资对初始投资成本调整确认收益	*	*	*	1 200

（二）相关政策

1.《中华人民共和国企业所得税法》（中华人民共和国主席令第63号）。

2.《中华人民共和国企业所得税法实施条例》（中华人民共和国国务院令第512号）。

六、交易性金融资产初始投资调整

企业会计准则规定，企业取得的以公允价值计量且其变动计入当期损益的金融资产，应当按照取得时的公允价值作为初始确认金额，相关的交易费用在发生时计入当期损益。而税法规定，投资资产按照以下方法确定成本：

1. 通过支付现金方式取得的投资资产，以购买价款为成本；

2. 通过支付现金以外的方式取得的投资资产，以该资产的公允价值和支付的相关税费为成本。

由于会计上将交易费用计入当期损益，减少了利润总额，而税法规定以历史成本作为计税基础，交易费用应计入相关金融资产或金融负债成本，因此，所得税纳税调整申报表上需要纳税调整增加，如表4－20所示。

表4－20　A105000　　　纳税调整项目明细表

行次	项　目	账载金额	税收金额	调增金额	调减金额
		1	2	3	4
1	一、收入类调整项目（2+3+…8+10+11）	*	*		
6	（五）交易性金融资产初始投资调整	*	*		*

（一）项目填报说明

1. 表A105000第6行“（五）交易性金融资产初始投资调整”：第3列“调增金额”填报纳税人根据税收规定确认交易性金融资产初始投资金额与会计核算的交易性金融资产初始投资账面价值的差额。

【例4－14】接例4－12，甲企业购入某上市公司股票的账面价值为1 000万元，而计税基础为1 005万元，其差异应进行纳税调整，甲企业申报表填写如表4－21所示：

表4－21 A105000 纳税调整项目明细表 单位：万元

行次	项　目	账载金额	税收金额	调增金额	调减金额
		1	2	3	4
1	一、收入类调整项目（2＋3＋…8＋10＋11）	*	*	5	
6	（五）交易性金融资产初始投资调整	*	*	5	*

（二）相关政策

1.《中华人民共和国企业所得税法》（中华人民共和国主席令第63号）。

2.《中华人民共和国企业所得税法实施条例》（中华人民共和国国务院令第512号）。

七、公允价值变动净损益

企业会计准则规定，按公允价值计量且其变动计入当期损益的金融资产或金融负债在资产负债表日应当按照公允价值进行计量，公允价值与账面价值之间的差额计入当期损益。采用公允价值模式进行后续计量的投资性房地产，在资产负债表日应当以公允价值为基础调整其账面价值，公允价值与原账面价值之间的差额计入当期损益。

《企业所得税法实施条例》第五十六条规定，企业的各项资产，包括固定资产、生物资产、无形资产、长期待摊费用、投资资产、存货等，以历史成本为计税基础。企业持有各项资产期间资产增值或者减值，除国务院财政、税务主管部门规定可以确认损益外，不得调整该资产的计税基础。

税收规定资产持有期间的增值或减值不得调整其计税基础；而会计规定交易性金融资产或金融负债以及采用公允价值模式进行后续计量的投资性房地产，公允价值变动计入当期损益，因此应调增或调减应纳税所得额，如表4－22所示。

表 4－22　A105000　　纳税调整项目明细表

行次	项　　目	账载金额	税收金额	调增金额	调减金额
		1	2	3	4
1	一、收入类调整项目（2＋3＋…8＋10＋11）	*	*		
7	（六）公允价值变动净损益		*		

（一）项目填报说明

1. 表 A105000 第 7 行“（六）公允价值变动净损益”：第 1 列“账载金额”填报纳税人会计核算的以公允价值计量的金融资产、金融负债以及投资性房地产类项目，计入当期损益的公允价值变动金额。若第 1 列≤0，第 3 列“调增金额”填报第 1 列金额的绝对值。若第 1 列＞0，第 4 列“调减金额”填报第 1 列金额。

◆企业持有各项资产期间资产增值或者减值，除国务院财政、税务主管部门规定可以确认损益外，不得调整该资产的计税基础。

【例 4－15】接例 4－12，甲企业购入上市公司股票在 2019 年公允价值增加 200 万元，而计税基础仍保持不变，其差异应进行纳税调整，甲企业 2019 年申报表填写如表 4－23 所示：

表 4－23　A105000　　纳税调整项目明细表　　单位：万元

行次	项　　目	账载金额	税收金额	调增金额	调减金额
		1	2	3	4
1	一、收入类调整项目（2＋3＋…8＋10＋11）	*	*		200
7	（六）公允价值变动净损益	200	*		200

（二）相关政策

1.《中华人民共和国企业所得税法》（中华人民共和国主席令第 63 号）。

2.《中华人民共和国企业所得税法实施条例》（中华人民共和国国务院令第 512 号）。

八、不征税收入（其中专项用途财政性资金填写 A105040）

“专项用途财政性资金纳税调整明细表”（A105040）适用于发生符合不

征税收入条件的专项用途财政性资金纳税调整项目的纳税人填报。纳税人根据《中华人民共和国企业所得税法》（中华人民共和国主席令第六十三号）、《财政部　国家税务总局关于专项用途财政性资金企业所得税处理问题的通知》（财税〔2011〕70号）等相关规定，以及国家统一企业会计制度，填报纳税人专项用途财政性资金会计处理、税收规定，以及纳税调整情况。表A105040对不征税收入用于费用化的支出进行调整，资本化支出通过“资产折旧、摊销及纳税调整明细表”（A105080）进行纳税调整。

（一）纳税调整项目明细表填报

表4-24　A105000　　纳税调整项目明细表

行次	项　　目	账载金额	税收金额	调增金额	调减金额
		1	2	3	4
1	一、收入类调整项目（2+3+…8+10+11）	*	*		
8	（七）不征税收入	*	*		
9	其中：专项用途财政性资金（填写A105040）	*	*		

1. 项目填报说明。

（1）表A105000第8行“（七）不征税收入”：填报纳税人计入收入总额但属于税收规定不征税的财政拨款、依法收取并纳入财政管理的行政事业性收费以及政府性基金和国务院规定的其他不征税收入。第3列“调增金额”填报纳税人以前年度取得财政性资金且已作为不征税收入处理，在5年（60个月）内未发生支出且未缴回财政部门或其他拨付资金的政府部门，应计入应税收入额的金额。第4列“调减金额”填报符合税收规定不征税收入条件并作为不征税收入处理，且已计入当期损益的金额。

（2）表A105000第9行“专项用途财政性资金”：根据“专项用途财政性资金纳税调整明细表”（A105040）填报。第3列“调增金额”填报表A105040第7行第14列金额。第4列“调减金额”填报表A105040第7行第4列金额。

2. 表间关系。

第9行第3列=表A105040第7行第14列；第9行第4列=表A105040第7行第4列。

（二）专项用途财政性资金纳税调整表填报

表 4－25　A105040　　专项用途财政性资金纳税调整明细表

行次	项　　目	取得年度	财政性资金	其中：符合不征税收入条件的财政性资金		以前年度支出情况					本年支出情况		本年结余情况		
				金额	其中：计入本年损益的金额	前五年度	前四年度	前三年度	前二年度	前一年度	支出金额	其中：费用化支出金额	结余金额	其中：上缴财政金额	应计入本年应税收入金额
		1	2	3	4	5	6	7	8	9	10	11	12	13	14
1	前五年度														
2	前四年度					*									
3	前三年度					*	*								
4	前二年度					*	*	*							
5	前一年度					*	*	*	*						
6	本　　年					*	*	*	*	*					
7	合计（1＋2＋…＋6）	*				*	*	*	*	*					

1. 项目填报说明。

（1）第1列“取得年度”：填报取得专项用途财政性资金的公历年度。第5行至第1行依次从6行往前倒推，第6行为申报年度。

（2）第2列“财政性资金”：填报纳税人相应年度实际取得的财政性资金金额。

（3）第3列“其中：符合不征税收入条件的财政性资金”：填报纳税人相应年度实际取得的符合不征税收入条件且已作不征税收入处理的财政性资金金额。

◆企业从县级以上各级人民政府财政部门及其他部门取得的应计入收入总额的财政性资金，凡同时符合以下条件的，可以作为不征税收入，在计算应纳税所得额时从收入总额中减除：

①企业能够提供规定资金专项用途的资金拨付文件；

②财政部门或其他拨付资金的政府部门对该资金有专门的资金管理办法或具体管理要求；

③企业对该资金以及以该资金发生的支出单独进行核算。

（4）第4列“其中：计入本年损益的金额”：填报第3列“其中：符合不征税收入条件的财政性资金”中，会计处理时计入本年（申报年度）损益的金额。本列第7行金额为“纳税调整项目明细表”（A105000）第9行“其中：专项用途财政性资金”的第4列“调减金额”。

（5）第5列至第9列“以前年度支出情况”：填报纳税人作为不征税收入处理的符合条件的财政性资金，在申报年度的以前的5个纳税年度发生的支出金额。前一年度，填报本年的上一纳税年度，以此类推。

（6）第10列“支出金额”：填报纳税人历年作为不征税收入处理的符合条件的财政性资金，在本年（申报年度）用于支出的金额。

（7）第11列“其中：费用化支出金额”：填报纳税人历年作为不征税收入处理的符合条件的财政性资金，在本年（申报年度）用于支出计入本年损益的费用金额，本列第7行金额为“纳税调整项目明细表”（A105000）第25行“其中：专项用途财政性资金用于支出所形成的费用”的第3列“调增金额”。

（8）第12列“结余金额”：填报纳税人历年作为不征税收入处理的符合

条件的财政性资金，减除历年累计支出（包括费用化支出和资本化支出）后尚未使用的不征税收入余额。

（9）第13列“其中：上缴财政金额”：填报第12列“结余金额”中向财政部门或其他拨付资金的政府部门缴回的金额。

（10）第14列“应计入本年应税收入金额”：填报企业以前年度取得财政性资金且已作为不征税收入处理后，在5年（60个月）内未发生支出且未缴回财政部门或其他拨付资金的政府部门，应计入本年应税收入的金额。本列第7行金额为“纳税调整项目明细表”（A105000）第9行“其中：专项用途财政性资金”的第3列“调增金额”。

【例4－16】甲企业进行技术改造更新，因其产业属于国家鼓励类产业，经企业申请在2018年取得当地省级经信委的技改补贴资金12万元。该补贴资金要求用于技改项目的设备购置。该补贴资金符合不征税收入的条件。甲企业在2018年6月购置并投入使用了一台不需要安装的设备，价值15万元（不考虑增值税），设备使用期限10年，直线折旧法，预计净残值为0。

分析：会计上2018年计入其他收益0.6万元，而企业所得税规定属于不征税收入，其差异应进行纳税调整，甲企业2018年申报表填写如表4－26、表4－27所示：

2. 表内、表间关系。

（1）表内关系：

①第1行第12列＝第1行第3－5－6－7－8－9－10列。

②第2行第12列＝第2行第3－6－7－8－9－10列。

③第3行第12列＝第3行第3－7－8－9－10列。

④第4行第12列＝第4行第3－8－9－10列。

⑤第5行第12列＝第5行第3－9－10列。

⑥第6行第12列＝第6行第3－10列。

⑦第7行＝第1＋2＋3＋4＋5＋6行。

（2）表间关系：

①第7行第4列＝表A105000第9行第4列。

②第7行第11列＝表A105000第25行第3列。

③第7行第14列＝表A105000第9行第3列。

表 4-26 A105040 专项用途财政性资金纳税调整明细表（2018 年）

行次	项目	取得年度	财政性资金	其中：符合不征税收入条件的财政性资金		以前年度支出情况					本年支出情况		本年结余情况		
				金额	其中：计入本年损益的金额	前五年度	前四年度	前三年度	前二年度	前一年度	支出金额	其中：费用化支出金额	结余金额	其中：上缴财政金额	应计入本年应税收入金额
		1	2	3	4	5	6	7	8	9	10	11	12	13	14
1	前五年度														
2	前四年度					*									
3	前三年度					*	*								
4	前二年度					*	*	*							
5	前一年度					*	*	*	*						
6	本年	2018 年度	12	12	0.6	*	*	*	*	*	12				
7	合计（1+2+…+6）	*	12	12	0.6	*	*	*	*	*	12				

表4-27 A105000 纳税调整项目明细表（2018年）

行次	项目	账载金额	税收金额	调增金额	调减金额
		1	2	3	4
1	一、收入类调整项目（2+3+…8+10+11）	*	*		0.6
8	（七）不征税收入	*	*		0.6
9	其中：专项用途财政性资金（填写A105040）	*	*		0.6

3. 相关政策。

（1）《中华人民共和国企业所得税法》（中华人民共和国主席令第63号）。

（2）《中华人民共和国企业所得税法实施条例》（中华人民共和国国务院令第512号）。

（3）《财政部　国家税务总局关于专项用途财政性资金企业所得税处理问题的通知》（财税〔2011〕70号）。

九、销售折扣、折让和退回

企业会计准则规定，销售折让是指企业因售出商品的质量不合格等原因而在售价上给予的减让。销售退回是指企业售出的商品由于质量、品种不符合要求等原因而发生的退货。企业已经确认销售商品收入的售出商品发生销售折让或销售退回的，应当在发生时冲减当期销售商品收入。销售折让或销售退回属于资产负债表日后事项的，适用《企业会计准则第29号——资产负债表日后事项》。

《国家税务总局关于确认企业所得税收入若干问题的通知》（国税函〔2008〕875号）规定，企业因售出商品质量、品种不符合要求等原因而发生的退货属于销售退回；企业因售出商品的质量不合格等原因而在售价上给的减除属于销售折让。企业已经确认销售收入的售出商品发生销售折让和销售退回，应当在发生当期冲减当期销售商品收入。

因此，对属于资产负债表日后事项的销售退回，会计与税法的处理不同。税法不考虑资产负债表日后事项，企业已经确认销售收入的售出商品发生销售折让和销售退回，应当在发生当期冲减当期销售商品收入和增值税销项税额。无论报告年度企业所得税汇算清缴前后发生的属于资产负债表日后事项的销售退回，都调整退回或折让年度的应纳税所得额，不调整报告年度应纳税所得额和应纳税额，从而使得该销售退回的会计处理同税务处理存在暂时性差异，需要进行纳税调整，如表 4－28 所示。

表 4－28 A105000 纳税调整项目明细表

行次	项目	账载金额	税收金额	调增金额	调减金额
		1	2	3	4
1	一、收入类调整项目（2＋3＋…8＋10＋11）	*	*		
10	（八）销售折扣、折让和退回				

（一）项目填报说明

1. 表 A105000 第 10 行“（八）销售折扣、折让和退回”：填报不符合税收规定的销售折扣、折让应进行纳税调整的金额和发生的销售退回因会计处理与税收规定有差异需纳税调整的金额。第 1 列“账载金额”填报纳税人会计核算的销售折扣、折让金额和销货退回的追溯处理的净调整额。第 2 列“税收金额”填报根据税收规定可以税前扣除的折扣、折让的金额和销货退回业务影响当期损益的金额。若第 1 列≥第 2 列，第 3 列“调增金额”填报第 1－2 列金额。若第 1 列＜第 2 列，第 4 列“调减金额”填报第 1－2 列金额的绝对值，第 4 列仅为销货退回影响损益的跨期时间性差异。

【例 4－17】甲企业 2018 年 12 月销售一批产品，成本 40 万元，不含税价 50 万元，后因客户发现产品质量存在问题，在 2019 年 3 月 20 日将其全部退回，甲企业于当月开具了红字发票，该销售退回属于资产负债表日后调整事项。

分析：会计上应作为日后调整事项，分别冲减 2018 年度销售收入和成本，而企业所得税规定销售退回应当在发生当期冲减收入和成本，不确认资产负债表日后销售退回事项对报告年度应纳税所得额的影响，甲企业 2018 年申报表填写如表 4－29 所示：

表 4－29　A105000　　纳税调整项目明细表（2018 年）

行次	项　　目	账载金额	税收金额	调增金额	调减金额
		1	2	3	4
1	一、收入类调整项目（2+3+…8+10+11）	*	*		
10	（八）销售折扣、折让和退回	10	0	10	

（二）相关政策

1.《中华人民共和国企业所得税法》（中华人民共和国主席令第 63 号）。

2.《中华人民共和国企业所得税法实施条例》（中华人民共和国国务院令第 512 号）。

3.《国家税务总局关于确认企业所得税收入若干问题的通知》（国税函〔2008〕875 号）。

十、其他

表 4－30　A105000　　纳税调整项目明细表

行次	项　　目	账载金额	税收金额	调增金额	调减金额
		1	2	3	4
1	一、收入类调整项目（2+3+…8+10+11）	*	*		
11	（九）其他				

（一）项目填报说明

1. 第 11 行“（九）其他”：填报其他因会计处理与税收规定有差异需纳税调整的收入类项目金额。若第 2 列≥第 1 列，第 3 列“调增金额”填报第 2－1 列金额。若第 2 列<第 1 列，第 4 列“调减金额”填报第 2－1 列金额的绝对值。

（二）相关政策

1.《中华人民共和国企业所得税法》（中华人民共和国主席令第 63 号）。

2.《中华人民共和国企业所得税法实施条例》（中华人民共和国国务院令第 512 号）。

第二节 纳税调整项目明细表扣除类调整项目

一、纳税调整项目明细表（扣除类调整项目）

表4-31 A105000 纳税调整项目明细表（扣除类调整项目）

行次	项目	账载金额	税收金额	调增金额	调减金额
		1	2	3	4
12	二、扣除类调整项目（13+14+…24+26+27+28+29+30）	*	*		
13	（一）视同销售成本（填写A105010）	*		*	
14	（二）职工薪酬（填写A105050）				
15	（三）业务招待费支出				*
16	（四）广告费和业务宣传费支出（填写A105060）	*	*		
17	（五）捐赠支出（填写A105070）				
18	（六）利息支出				
19	（七）罚金、罚款和被没收财物的损失		*		*
20	（八）税收滞纳金、加收利息		*		*
21	（九）赞助支出		*		*
22	（十）与未实现融资收益相关在当期确认的财务费用				
23	（十一）佣金和手续费支出				*
24	（十二）不征税收入用于支出所形成的费用	*	*		*
25	其中：专项用途财政性资金用于支出所形成的费用（填写A105040）	*	*		*
26	（十三）跨期扣除项目				
27	（十四）与取得收入无关的支出		*		*

续表

行次	项　　目	账载金额	税收金额	调增金额	调减金额
		1	2	3	4
28	（十五）境外所得分摊的共同支出	*	*		*
29	（十六）党组织工作经费				
30	（十七）其他				

（一）项目填报说明

1. 表 A105000 第 12 行“二、扣除类调整项目”：根据第 13 行至第 30 行（不含第 25 行）填报。

2. 第 13 行“（一）视同销售成本”：根据“视同销售和房地产开发企业特定业务纳税调整明细表”（A105010）填报。第 2 列“税收金额”填报表 A105010 第 11 行第 1 列金额。第 4 列“调减金额”填报表 A105010 第 11 行第 2 列的绝对值。

3. 第 14 行“（二）职工薪酬”：根据“职工薪酬支出及纳税调整明细表”（A105050）填报。第 1 列“账载金额”填报表 A105050 第 13 行第 1 列金额。第 2 列“税收金额”填报表 A105050 第 13 行第 5 列金额。若表 A105050 第 13 行第 6 列≥0，第 3 列“调增金额”填报表 A105050 第 13 行第 6 列金额。若表 A105050 第 13 行第 6 列<0，第 4 列“调减金额”填报表 A105050 第 13 行第 6 列金额的绝对值。

4. 第 15 行“（三）业务招待费支出”：第 1 列“账载金额”填报纳税人会计核算计入当期损益的业务招待费金额。第 2 列“税收金额”填报按照税收规定允许税前扣除的业务招待费支出的金额。第 3 列“调增金额”填报第 1－2 列金额。

5. 第 16 行“（四）广告费和业务宣传费支出”：根据“广告费和业务宣传费等跨年度纳税调整明细表”（A105060）填报。若表 A105060 第 12 行第 1 列≥0，第 3 列“调增金额”填报表 A105060 第 12 行金额。若表 A105060 第 12 行第 1 列<0，第 4 列“调减金额”填报表 A105060 第 12 行金额的绝对值。

6. 第 17 行“（五）捐赠支出”：根据“捐赠支出及纳税调整明细表”（A105070）填报。第 1 列“账载金额”填报表 A105070 第 8 行第 1 列金额。

第 2 列“税收金额”填报表 A105070 第 8 行第 4 列金额。第 3 列“调增金额”填报表 A105070 第 8 行第 5 列金额。第 4 列“调减金额”填报表 A105070 第 8 行第 6 列金额。

7. 第 18 行“（六）利息支出”：第 1 列“账载金额”填报纳税人向非金融企业借款，会计核算计入当期损益的利息支出的金额。发行永续的利息支出不在本行填报。第 2 列“税收金额”填报按照税收规定允许税前扣除的利息支出的金额。若第 1 列≥第 2 列，第 3 列“调增金额”填报第 1－2 列金额。若第 1 列＜第 2 列，第 4 列“调减金额”填报第 1－2 列金额的绝对值。

8. 第 19 行“（七）罚金、罚款和被没收财物的损失”：第 1 列“账载金额”填报纳税人会计核算计入当期损益的罚金、罚款和被没收财物的损失，不包括纳税人按照经济合同规定支付的违约金（包括银行罚息）、罚款和诉讼费。第 3 列“调增金额”填报第 1 列金额。

9. 第 20 行“（八）税收滞纳金、加收利息”：第 1 列“账载金额”填报纳税人会计核算计入当期损益的税收滞纳金、加收利息。第 3 列“调增金额”填报第 1 列金额。

10. 第 21 行“（九）赞助支出”：第 1 列“账载金额”填报纳税人会计核算计入当期损益的不符合税收规定的公益性捐赠的赞助支出的金额，包括直接向受赠人的捐赠、赞助支出等（不含广告性的赞助支出，广告性的赞助支出在表 A105060 中填报）。第 3 列“调增金额”填报第 1 列金额。

11. 第 22 行“（十）与未实现融资收益相关在当期确认的财务费用”：第 1 列“账载金额”填报纳税人会计核算的与未实现融资收益相关并在当期确认的财务费用的金额。第 2 列“税收金额”填报按照税收规定允许税前扣除的金额。若第 1 列≥第 2 列，第 3 列“调增金额”填报第 1－2 列金额。若第 1 列＜第 2 列，第 4 列“调减金额”填报第 1－2 列金额的绝对值。

12. 第 23 行“（十一）佣金和手续费支出”：除保险企业之外的其他企业直接填报本行，第 1 列“账载金额”填报纳税人会计核算计入当期损益的佣金和手续费金额，第 2 列“税收金额”填报按照税收规定允许税前扣除的佣金和手续费支出金额，第 3 列“调增金额”填报第 1－2 列金额，第 4 列“调减金额”不可填报。保险企业根据《广告费和业务宣传费等跨年度纳税调整明细表》（A105060）填报，第 1 列“账载金额”填报表 A105060 第 1 行第 2

列。若表 A105060 第 3 行第 2 列≥第 6 行第 2 列，第 2 列“税收金额”填报 A105060 第 6 行第 2 列的金额；若表 A105060 第 3 行第 2 列<第 6 行第 2 列，第 2 列“税收金额”填报 A105060 第 3 行第 2 列+第 9 行第 2 列的金额。若表 A105060 第 12 行第 2 列≥0，第 3 列“调增金额”填报表 A105060 第 12 行第 2 列金额。若表 A105060 第 12 行第 2 列<0，第 4 列“调减金额”填报表 A105060 第 12 行第 2 列金额的绝对值。

13. 第 24 行“（十二）不征税收入用于支出所形成的费用”：第 3 列“调增金额”填报符合条件的不征税收入用于支出所形成的计入当期损益的费用化支出金额。

14. 第 25 行“专项用途财政性资金用于支出所形成的费用”：根据“专项用途财政性资金纳税调整明细表”（A105040）填报。第 3 列“调增金额”填报表 A105040 第 7 行第 11 列金额。

15. 第 26 行“（十三）跨期扣除项目”：填报维简费、安全生产费用、预提费用、预计负债等跨期扣除项目调整情况。第 1 列“账载金额”填报纳税人会计核算计入当期损益的跨期扣除项目金额。第 2 列“税收金额”填报按照税收规定允许税前扣除的金额。若第 1 列≥第 2 列，第 3 列“调增金额”填报第 1－2 列金额。若第 1 列<第 2 列，第 4 列“调减金额”填报第 1－2 列金额的绝对值。

16. 第 27 行“（十四）与取得收入无关的支出”：第 1 列“账载金额”填报纳税人会计核算计入当期损益的与取得收入无关的支出的金额。第 3 列“调增金额”填报第 1 列金额。

17. 第 28 行“（十五）境外所得分摊的共同支出”：根据“境外所得纳税调整后所得明细表”（A108010）填报。第 3 列“调增金额”填报表 A108010 合计行第 16+17 列金额。

18. 第 29 行“（十六）党组织工作经费”：填报纳税人根据有关文件规定，为创新基层党建工作、建立稳定的经费保障制度发生的党组织工作经费及纳税调整情况。

19. 第 30 行“（十七）其他 ”：填报其他因会计处理与税收规定有差异需纳税调整的扣除类项目金额，企业将货物、资产、劳务用于捐赠、广告等用途时，进行视同销售纳税调整后，对应支出的会计处理与税收规定有差异需纳税调整的金额填报在本行。若第 1 列≥第 2 列，第 3 列“调增金额”填报第 1－2 列金额。若第 1 列 < 第 2 列，第 4 列“调减金额”填报第 1 – 2 列金额的绝对值。

（二）表内、表间关系

1. 表内关系：

（1）第 12 行 = 第 13 + 14 + … + 23 + 24 + 26 + 27 + 28 + 29 + 30 行。

2. 表间关系：

（1）第 13 行第 2 列 = 表 A105010 第 11 行第 1 列；第 13 行第 4 列 = 表 A105010 第 11 行第 2 列的绝对值。

（2）第 14 行第 1 列 = 表 A105050 第 13 行第 1 列；第 14 行第 2 列 = 表 A105050 第 13 行第 5 列；若表 A105050 第 13 行第 6 列 ≥ 0，第 14 行第 3 列 = 表 A105050 第 13 行第 6 列；若表 A105050 第 13 行第 6 列 < 0，第 14 行第 4 列 = 表 A105050 第 13 行第 6 列的绝对值。

（3）若表 A105060 第 12 行 ≥ 0，第 16 行第 3 列 = 表 A105060 第 12 行，若表 A105060 第 12 行 < 0，第 16 行第 4 列 = 表 A105060 第 12 行的绝对值。

（4）第 17 行第 1 列 = 表 A105070 第 8 行第 1 列；第 17 行第 2 列 = 表 A105070 第 8 行第 4 列；第 17 行第 3 列 = 表 A105070 第 8 行第 5 列；第 17 行第 4 列 = 表 A105070 第 8 行第 6 列。

（5）第 25 行第 3 列 = 表 A105040 第 7 行第 11 列。

（6）第 28 行第 3 列 = 表 A108010 第 10 行第 16 + 17 列。

二、视同销售成本（填写表 A105010）

“视同销售和房地产开发企业特定业务纳税调整明细表”（A105010）适用于发生视同销售、房地产企业特定业务纳税调整项目的纳税人填报如表 4 – 32 所示。纳税人根据《中华人民共和国企业所得税法》（中华人民共和国主席令第六十三号）、《国家税务总局关于企业处置资产所得税处理问题的通知》（国税函〔2008〕828 号）、《国家税务总局关于印发〈房地产开发经营业务企业所得税处理办法〉的通知》（国税发〔2009〕31 号）、《国家税务总局关于企业所得税有关问题的公告》（国家税务总局公告 2016 年第 80 号）等相关规定，以及国家统一企业会计制度，填报视同销售行为、房地产企业销售未完工产品、未完工产品转完工产品特定业务的税收规定及纳税调整情况。

表 4－32 A105010 视同销售和房地产开发企业特定业务纳税调整明细表

行次	项目	税收金额	纳税调整金额
		1	2
11	二、视同销售（营业）成本（12+13+14+15+16+17+18+19+20）		
12	（一）非货币性资产交换视同销售成本		
13	（二）用于市场推广或销售视同销售成本		
14	（三）用于交际应酬视同销售成本		
15	（四）用于职工奖励或福利视同销售成本		
16	（五）用于股息分配视同销售成本		
17	（六）用于对外捐赠视同销售成本		
18	（七）用于对外投资项目视同销售成本		
19	（八）提供劳务视同销售成本		
20	（九）其他		

（一）项目填报说明

1. 第 11 行“一、视同销售成本”：填报会计处理不确认销售收入，税收规定确认为应税收入对应的视同销售成本金额。本行为第 12 行至第 20 行小计数。第 1 列“税收金额”填报予以税前扣除的视同销售成本金额；将第 1 列税收金额以负数形式填报第 2 列“纳税调整金额”。

2. 第 12 行“（一）非货币性资产交换视同销售成本”：填报发生非货币性资产交换业务，会计处理不确认销售收入，税收规定确认为应税收入所对应的应予以税前扣除的视同销售成本金额。第 1 列“税收金额”填报予以扣除的视同销售成本金额；将第 1 列税收金额以负数形式填报第 2 列“纳税调整金额”。

【例 4－18】接例 4－2，该非货币性资产交换属于不具有商业实质的非货币性资产交换，会计上未确认损益，而税法应分解为按公允价值销售和购进处理，因此甲企业除确认视同销售收入 8 万元外，还应确认视同销售成本 6 万元，甲企业申报表填写如表 4－33 所示：

表 4－33　A105010　视同销售和房地产开发企业特定业务

纳税调整明细表

单位：万元

行次	项　　目	税收金额	纳税调整金额
		1	2
11	二、视同销售（营业）成本（12＋13＋14＋15＋16＋17＋18＋19＋20）	6	－6
12	（二）用于市场推广或销售视同销售成本	6	－6

3. 第 13 行“（二）用于市场推广或销售视同销售成本”：填报发生将货物、财产用于市场推广、广告、样品、集资、销售等，会计处理不确认销售收入，税收规定确认为应税收入时，其对应的应予以税前扣除的视同销售成本金额。填列方法同第 12 行。

【例 4－19】 接例 4－3，甲企业除确认视同销售收入 80 万元外，还应确认视同销售成本 60 万元，甲企业申报表填写如表 4－34 所示：

表 4－34　A105010　视同销售和房地产开发企业特定业务

纳税调整明细表

单位：万元

行次	项　　目	税收金额	纳税调整金额
		1	2
11	二、视同销售（营业）成本（12＋13＋14＋15＋16＋17＋18＋19＋20）	60	－60
12	（二）用于市场推广或销售视同销售成本	60	－60

4. 第 14 行“（三）用于交际应酬视同销售成本”：填报发生将货物、财产用于交际应酬，会计处理不确认销售收入，税收规定确认为应税收入时，其对应的应予以税前扣除的视同销售成本金额。填列方法同第 12 行。

【例 4－20】 接例 4－4，甲企业除确认视同销售收入 100 万元外，还应确认视同销售成本 80 万元，甲企业申报表填写如表 4－35 所示：

表 4－35　A105010　视同销售和房地产开发企业特定

业务纳税调整明细表

单位：万元

行次	项　　目	税收金额	纳税调整金额
		1	2
11	二、视同销售（营业）成本（12＋13＋14＋15＋16＋17＋18＋19＋20）	80	－80
12	（三）用于交际应酬视同销售成本	80	－80

5. 第15行“（四）用于职工奖励或福利视同销售成本”：填报发生将货物、财产用于职工奖励或福利，会计处理不确认销售收入，税收规定确认为应税收入时，其对应的应予以税前扣除的视同销售成本金额。填列方法同第12行。

【例4-21】接例4-5，甲企业除确认视同销售收入50万元外，还应确认视同销售成本40万元，甲企业申报表填写如表4-36所示：

表4-36　A105010　　视同销售和房地产开发企业特定业务纳税调整明细表

单位：万元

行次	项　　目	税收金额	纳税调整金额
		1	2
11	二、视同销售（营业）成本（12+13+14+15+16+17+18+19+20）	40	-40
12	（四）用于职工奖励或福利视同销售成本	40	-40

6. 第16行“（五）用于股息分配视同销售成本”：填报发生将货物、财产用于股息分配，会计处理不确认销售收入，税收规定确认为应税收入时，其对应的应予以税前扣除的视同销售成本金额。填列方法同第12行。

7. 第17行“（六）用于对外捐赠视同销售成本”：填报发生将货物、财产用于对外捐赠或赞助，会计处理不确认销售收入，税收规定确认为应税收入时，其对应的应予以税前扣除的视同销售成本金额。填列方法同第12行。

【例4-22】接例4-7，甲企业除确认视同销售收入20万元外，还应确认视同销售成本15万元，甲企业申报表填写如表4-37所示：

表4-37　A105010　　视同销售和房地产开发企业特定业务纳税调整明细表

单位：万元

行次	项　　目	税收金额	纳税调整金额
		1	2
11	二、视同销售（营业）成本（12+13+14+15+16+17+18+19+20）	15	-15
12	（六）用于对外捐赠视同销售成本	15	-15

8. 第18行“（七）用于对外投资项目视同销售成本”：填报会计处理发

生将货物、财产用于对外投资，会计处理不确认销售收入，税收规定确认为应税收入时，其对应的应予以税前扣除的视同销售成本金额。填列方法同第12行。

【例4－23】接例4－8，甲企业除确认视同销售收入1 200万元外，还应确认视同销售成本1 000万元，甲企业申报表填写如表4－38所示：

表4－38 A105010 视同销售和房地产开发企业特定业务纳税调整明细表

单位：万元

行次	项目	税收金额	纳税调整金额
		1	2
11	二、视同销售（营业）成本（12＋13＋14＋15＋16＋17＋18＋19＋20）	1 000	－1 000
12	（七）用于对外投资项目视同销售成本	1 000	－1 000

9. 第19行“（八）提供劳务视同销售成本”：填报会计处理发生对外提供劳务，会计处理不确认销售收入，税收规定确认为应税收入时，其对应的应予以税前扣除视同销售成本金额。填列方法同第12行。

10. 第20行“（九）其他”：填报发生除上述列举情形外，会计处理不确认销售收入，税收规定确认为应税收入的同时，予以税前扣除视同销售成本金额。填列方法同第12行。

（二）表内、表间关系

1. 表内关系：

（1）第11行＝第12＋13＋…＋20行。

2. 表间关系：

（1）第11行第1列＝表A105000第13行第2列。

（2）第11行第2列的绝对值＝表A105000第13行第4列。

（三）相关政策

1.《中华人民共和国企业所得税法》（中华人民共和国主席令第63号）。

2.《中华人民共和国企业所得税法实施条例》（中华人民共和国国务院令

第 512 号）。

3.《国家税务总局关于企业处置资产所得税处理问题的通知》（国税函〔2008〕828 号）。

4.《国家税务总局关于印发〈房地产开发经营业务企业所得税处理办法〉的通知》（国税发〔2009〕31 号）。

5.《国家税务总局关于企业所得税有关问题的公告》（国家税务总局公告 2016 年第 80 号）。

三、职工薪酬（填写 A105050）

纳税人根据《中华人民共和国企业所得税法》（中华人民共和国主席令第六十三号）、《国家税务总局关于企业工资薪金及职工福利费扣除问题的通知》（国税函〔2009〕3 号）、《财政部　国家税务总局关于扶持动漫产业发展有关税收政策问题的通知》（财税〔2009〕65 号）、《财政部　国家税务总局关于进一步鼓励软件产业和集成电路产业发展企业所得税政策的通知》（财税〔2012〕27 号）、《国家税务总局关于我国居民企业实行股权激励计划有关企业所得税处理问题的公告》（国家税务总局公告 2012 年第 18 号）、《财政部　国家税务总局　商务部 科技部 国家发展改革委关于完善技术先进型服务企业有关企业所得税政策问题的通知》（财税〔2014〕59 号）、《国家税务总局关于企业工资薪金和职工福利费等支出税前扣除问题的公告》（国家税务总局公告 2015 年第 34 号）、《财政部　税务总局关于企业职工教育经费税前扣除政策的通知》（财税〔2018〕51 号）等相关规定，以及国家统一企业会计制度，填报纳税人职工薪酬会计处理、税收规定，以及纳税调整情况。纳税人只要发生职工薪酬相关支出，不论是否纳税调整，均需填报“职工薪酬支出及纳税调整明细表”（A105050），如表 4－39 所示。

（一）项目填报说明

1. 第 1 行“一、工资薪金支出”：填报纳税人本年度支付给在本企业任职或者受雇的员工的所有现金形式或非现金形式的劳动报酬及其会计核算、纳税调整等金额，具体如下：

表 4－39　A105050　　职工薪酬支出及纳税调整明细表

行次	项　　目	账载金额	实际发生额	税收规定扣除率	以前年度累计结转扣除额	税收金额	纳税调整金额	累计结转以后年度扣除额
		1	2	3	4	5	6（1－5）	7（2＋4－5）
1	一、工资薪金支出			*	*			*
2	其中：股权激励			*	*			*
3	二、职工福利费支出				*			*
4	三、职工教育经费支出			*				
5	其中：按税收规定比例扣除的职工教育经费							
6	按税收规定全额扣除的职工培训费用				*			*
7	四、工会经费支出				*			*
8	五、各类基本社会保障性缴款			*	*			*
9	六、住房公积金			*	*			*
10	七、补充养老保险				*			*
11	八、补充医疗保险				*			*
12	九、其他			*	*			*
13	合计（1＋3＋4＋7＋8＋9＋10＋11＋12）			*				

（1）第1列“账载金额”：填报纳税人会计核算计入成本费用的职工工资、奖金、津贴和补贴金额。

（2）第2列“实际发生额”：分析填报纳税人“应付职工薪酬”会计科目借方发生额（实际发放的工资薪金）。

（3）第5列“税收金额”：填报纳税人按照税收规定允许税前扣除的金额，按照第1列和第2列分析填报。

（4）第6列“纳税调整金额”：填报第1－5列金额。

◆企业发生的合理的工资薪金支出，准予扣除。工资薪金，是指企业每一纳税年度支付给在本企业任职或者受雇的员工的所有现金形式或者非现金形式的劳动报酬，包括基本工资、奖金、津贴、补贴、年终加薪、加班工资，以及与员工任职或者受雇有关的其他支出。

◆合理工资薪金是指企业按照股东大会、董事会、薪酬委员会或相关管理机构制定的工资薪金制度规定实际发放给员工的工资薪金。在对工资薪金进行合理性确认时，可按以下原则掌握：

①企业制定了较为规范的员工工资薪金制度；

②企业所制定的工资薪金制度符合行业及地区水平；

③企业在一定时期所发放的工资薪金是相对固定的，工资薪金的调整是有序进行的；

④企业对实际发放的工资薪金，已依法履行了代扣代缴个人所得税义务；

⑤有关工资薪金的安排，不以减少或逃避税款为目的。

列入企业员工工资薪金制度、固定与工资薪金一起发放的福利性补贴，符合上述规定的，可作为企业发生的工资薪金支出，按规定在税前扣除。

◆企业因雇用季节工、临时工、实习生、返聘离退休人员所实际发生的费用，应区分为工资薪金支出和职工福利费支出，并按规定在企业所得税前扣除。

◆企业接受外部劳务派遣用工所实际发生的费用，应分两种情况按规定在税前扣除：按照协议（合同）约定直接支付给劳务派遣公司的费用，应作为劳务费支出；直接支付给员工个人的费用，应作为工资薪金支出和职工福利费支出。其中属于工资薪金支出的，准予计入企业工资薪金总额的基数，作为计算其他各项相关费用扣除的依据。

◆企业在年度汇算清缴结束前向员工实际支付的已预提汇缴年度工资薪金，准予在汇缴年度按规定扣除，在汇算清缴结束前仍未实际支付的部分不得在计算应纳税所得额时扣除。

【例 4－24】 甲企业 2018 年度共计提应付职工薪酬——职工工资 480 万元，当年实际发放 400 万元，2019 年 1 月发放 50 万元，剩余 30 万元直到 2018 年度企业所得税汇算清缴结束时仍未发放。

分析：企业在 2018 年度企业所得税汇算清缴时，应对尚未实际发放的工资薪金进行纳税调增，甲企业 2018 年申报表填写如表 4－40 所示：

表 4－40　A105050　　职工薪酬支出及纳税调整明细表

（2018 年）

行次	项　　目	账载金额	实际发生额	税收规定扣除率	以前年度累计结转扣除额	税收金额	纳税调整金额	累计结转以后年度扣除额
		1	2	3	4	5	6（1－5）	7（2＋4－5）
1	一、工资薪金支出	480	450	*	*	450	30	*
13	合计（1＋3＋4＋7＋8＋9＋10＋11＋12）	480	450	*		450	30	

2. 第 2 行"股权激励"：适用于执行《上市公司股权激励管理办法》（中国证券监督管理委员会令第 126 号，以下简称《管理办法》）的纳税人填报，具体如下：

（1）第 1 列"账载金额"：填报纳税人按照国家有关规定建立职工股权激励计划，会计核算计入成本费用的金额。

（2）第 2 列"实际发生额"：填报纳税人根据本年实际行权时股权的公允价格与激励对象实际行权支付价格的差额和数量计算确定的金额。

（3）第 5 列"税收金额"：填报行权时按照税收规定允许税前扣除的金额，按第 2 列金额填报。

（4）第 6 列"纳税调整金额"：填报第 1－5 列金额。

◆上市公司依照《管理办法》要求建立的职工股权激励计划，按以下规定执行：

①对股权激励计划实行后立即可以行权的，上市公司可以根据实际行权

时该股票的公允价格与激励对象实际行权支付价格的差额和数量，计算确定作为当年上市公司工资薪金支出，依照税法规定进行税前扣除。

②对股权激励计划实行后，需待一定服务年限或者达到规定业绩条件（以下简称等待期）方可行权的。上市公司等待期内会计上计算确认的相关成本费用，不得在对应年度计算缴纳企业所得税时扣除。在股权激励计划可行权后，上市公司方可根据该股票实际行权时的公允价格与当年激励对象实际行权支付价格的差额及数量，计算确定作为当年上市公司工资薪金支出，依照税法规定进行税前扣除。

股票实际行权时的公允价格，以实际行权日该股票的收盘价格确定。

3. 第3行“二、职工福利费支出”：填报纳税人本年度发生的职工福利费及其会计核算、纳税调整等金额，具体如下：

（1）第1列“账载金额”：填报纳税人会计核算计入成本费用的职工福利费的金额。

（2）第2列“实际发生额”：分析填报纳税人“应付职工薪酬”会计科目下的职工福利费实际发生额。

（3）第3列“税收规定扣除率”：填报税收规定的扣除比例。

（4）第5列“税收金额”：填报按照税收规定允许税前扣除的金额，按第1行第5列“工资薪金支出\税收金额”×税收规定扣除率与第1列、第2列三者孰小值填报。

（5）第6列“纳税调整金额”：填报第1－5列金额。

◆企业发生的职工福利费支出，不超过工资薪金总额14%的部分，准予扣除。

◆工资薪金总额是指企业按照规定实际发放的工资薪金总和，不包括企业的职工福利费、职工教育经费、工会经费以及养老保险费、医疗保险费、失业保险费、工伤保险费、生育保险费等社会保险费和住房公积金。

◆企业职工福利费，包括以下内容：

①尚未实行分离办社会职能的企业，其内设福利部门所发生的设备、设施和人员费用，包括职工食堂、职工浴室、理发室、医务所、托儿所、疗养院等集体福利部门的设备、设施及维修保养费用和福利部门工作人员的工资薪金、社会保险费、住房公积金、劳务费等。

②为职工卫生保健、生活、住房、交通等所发放的各项补贴和非货币性福利，包括企业向职工发放的因公外地就医费用、未实行医疗统筹企业职工医疗费用、职工供养直系亲属医疗补贴、供暖费补贴、职工防暑降温费、职工困难补贴、救济费、职工食堂经费补贴、职工交通补贴等。

③按照其他规定发生的其他职工福利费，包括丧葬补助费、抚恤费、安家费、探亲假路费等。

4. 第4行“三、职工教育经费支出”：填报第5行金额或者第5+6行金额。

◆企业职工教育培训经费列支范围包括：

①上岗和转岗培训；

②各类岗位适应性培训；

③岗位培训、职业技术等级培训、高技能人才培训；

④专业技术人员继续教育；

⑤特种作业人员培训；

⑥企业组织的职工外送培训的经费支出；

⑦职工参加的职业技能鉴定、职业资格认证等经费支出；

⑧购置教学设备与设施；

⑨职工岗位自学成才奖励费用；

⑩职工教育培训管理费用；

⑪有关职工教育的其他开支。

◆企业职工参加社会上的学历教育以及个人为取得学位而参加的在职教育，所需费用应由个人承担，不能计入职工教育培训经费。

◆企业高层管理人员的境外培训和考察，其一次性单项支出较高的费用应从其他管理费用中支出，不能计入职工教育培训经费。

5. 第5行“按税收规定比例扣除的职工教育经费”：适用于按照税收规定职工教育经费按比例税前扣除的纳税人填报，填报纳税人本年度发生的按税收规定比例扣除的职工教育经费及其会计核算、纳税调整等金额，具体如下：

（1）第1列“账载金额”填报纳税人会计核算计入成本费用的按税收规定比例扣除的职工教育经费金额，不包括第6行“按税收规定全额扣除的职工培训费用”金额。

（2）第2列“实际发生额”：分析填报纳税人“应付职工薪酬”会计科目下的职工教育经费实际发生额，不包括第6行“按税收规定全额扣除的职工培训费用”金额。

（3）第3列“税收规定扣除率”：填报税收规定的扣除比例。

（4）第4列“以前年度累计结转扣除额”：填报纳税人以前年度累计结转准予扣除的职工教育经费支出余额。

（5）第5列“税收金额”：填报纳税人按照税收规定允许税前扣除的金额（不包括第6行“按税收规定全额扣除的职工培训费用”金额），按第1行第5列“工资薪金支出\税收金额”×税收规定扣除率与第2+4列的孰小值填报。

（6）第6列“纳税调整金额”：填报第1-5列金额。

（7）第7列“累计结转以后年度扣除额”：填报第2+4-5列金额。

◆企业发生的职工教育经费支出，不超过工资薪金总额8%的部分，准予在计算企业所得税应纳税所得额时扣除；超过部分，准予在以后纳税年度结转扣除。

6. 第6行“按税收规定全额扣除的职工培训费用”：适用于按照税收规定职工培训费用允许全额税前扣除的纳税人填报，填报纳税人本年度发生的按税收规定全额扣除的职工培训费用及其会计核算、纳税调整等金额，具体如下：

（1）第1列“账载金额”：填报纳税人会计核算计入成本费用的按税收规定全额扣除的职工培训费用金额。

（2）第2列“实际发生额”：分析填报纳税人“应付职工薪酬”会计科目下的职工教育经费本年实际发生额中可全额扣除的职工培训费用金额。

（3）第3列“税收规定扣除率”：填报税收规定的扣除比例（100%）。

（4）第5列“税收金额”：填报按照税收规定允许税前扣除的金额，按第2列金额填报。

（5）第6列“纳税调整金额”：填报第1-5列金额。

◆集成电路设计企业和符合条件软件企业的职工培训费用，应单独进行核算并按实际发生额在计算应纳税所得额时扣除。

◆软件生产企业发生的职工教育经费中的职工培训费用，可以全额在企业所得税前扣除。软件生产企业应准确划分职工教育经费中的职工培训费支出，对于不能准确划分的，以及准确划分后职工教育经费中扣除职工培训费用的余额，一律按照规定的比例扣除。

◆核力发电企业为培养核电厂操纵员发生的培养费用，可作为企业的发电成本在税前扣除。（企业应将核电厂操纵员培养费与员工的职工教育经费严格区分，单独核算，员工实际发生的职工教育经费支出不得计入核电厂操纵员培养费直接扣除。

◆航空企业实际发生的飞行员养成费、飞行训练费、乘务训练费、空中保卫员训练费等空勤训练费用，可以作为航空企业运输成本在税前扣除。

7. 第7行“四、工会经费支出”：填报纳税人本年度拨缴工会经费及其会计核算、纳税调整等金额，具体如下：

（1）第1列“账载金额”：填报纳税人会计核算计入成本费用的工会经费支出金额。

（2）第2列“实际发生额”：分析填报纳税人“应付职工薪酬”会计科目下的工会经费本年实际发生额。

（3）第3列“税收规定扣除率”：填报税收规定的扣除比例。

（4）第5列“税收金额”：填报按照税收规定允许税前扣除的金额，按第1行第5列“工资薪金支出\税收金额”×税收规定扣除率与第1列、第2列三者孰小值填报。

（5）第6列“纳税调整金额”：填报第1－5列金额。

◆企业拨缴的工会经费，不超过工资薪金总额2%的部分，准予扣除。

◆企业应凭工会组织开具的《工会经费收入专用收据》或合法、有效的工会经费代收凭据在企业所得税税前扣除。汇缴当年由于各种原因未能及时取得有效凭证的，可在企业所得税汇算清缴前补充提供相关凭证。

8. 第8行“五、各类基本社会保障性缴款”：填报纳税人依照国务院有关主管部门或者省级人民政府规定的范围和标准为职工缴纳的基本社会保险费及其会计核算、纳税调整等金额，具体如下：

（1）第1列“账载金额”：填报纳税人会计核算的各类基本社会保障性缴款的金额。

（2）第2列“实际发生额”：分析填报纳税人“应付职工薪酬”会计科目下的各类基本社会保障性缴款本年实际发生额。

（3）第5列“税收金额”：填报按照税收规定允许税前扣除的各类基本社

会保障性缴款的金额，按纳税人依照国务院有关主管部门或者省级人民政府规定的范围和标准计算的各类基本社会保障性缴款的金额、第1列及第2列孰小值填报。

（4）第6列“纳税调整金额”：填报第1－5列金额。

◆企业依照国务院有关主管部门或者省级人民政府规定的范围和标准为职工缴纳的基本养老保险费、基本医疗保险费、失业保险费、工伤保险费、生育保险费等基本社会保险费准予扣除。

9. 第9行“六、住房公积金”：填报纳税人依照国务院有关主管部门或者省级人民政府规定的范围和标准为职工缴纳的住房公积金及其会计核算、纳税调整等金额，具体如下：

（1）第1列“账载金额”：填报纳税人会计核算的住房公积金金额。

（2）第2列“实际发生额”：分析填报纳税人“应付职工薪酬”会计科目下的住房公积金本年实际发生额。

（3）第5列“税收金额”：填报按照税收规定允许税前扣除的住房公积金金额，按纳税人依照国务院有关主管部门或者省级人民政府规定的范围和标准计算的住房公积金金额、第1列及第2列三者孰小值填报。

（4）第6列“纳税调整金额”：填报第1－5列金额。

◆企业依照国务院有关主管部门或者省级人民政府规定的范围和标准为职工缴纳的住房公积金准予扣除。

10. 第10行“七、补充养老保险”：填报纳税人为投资者或者职工支付的补充养老保险费及其会计核算、纳税调整等金额，具体如下：

（1）第1列“账载金额”：填报纳税人会计核算的补充养老保险金额。

（2）第2列“实际发生额”：分析填报纳税人“应付职工薪酬”会计科目下的补充养老保险本年实际发生额。

（3）第3列“税收规定扣除率”：填报税收规定的扣除比例。

（4）第5列“税收金额”：填报按照税收规定允许税前扣除的补充养老保险的金额，按第1行第5列“工资薪金支出\税收金额”×税收规定扣除率与第1列、第2列三者孰小值填报。

（5）第6列“纳税调整金额”：填报第1－5列金额。

◆企业根据国家有关政策规定，为在本企业任职或者受雇的全体员工支付的补充养老保险费，不超过职工工资总额5%标准内的部分，在计算应纳税所得额时准予扣除；超过的部分，不予扣除。

11. 第11行“八、补充医疗保险”：填报纳税人为投资者或者职工支付的补充医疗保险费及其会计核算、纳税调整等金额，具体如下：

（1）第1列“账载金额”：填报纳税人会计核算的补充医疗保险金额。

（2）第2列“实际发生额”：分析填报纳税人“应付职工薪酬”会计科目下的补充医疗保险本年实际发生额。

（3）第3列“税收规定扣除率”：填报税收规定的扣除比例。

（4）第5列“税收金额”：填报按照税收规定允许税前扣除的补充医疗保险的金额，按第1行第5列“工资薪金支出\税收金额”×税收规定扣除率与第1列、第2列三者孰小值填报。

（5）第6列“纳税调整金额”：填报第1－5列金额。

◆企业根据国家有关政策规定，为在本企业任职或者受雇的全体员工支付的补充医疗保险费，不超过职工工资总额5%标准内的部分，在计算应纳税所得额时准予扣除；超过的部分，不予扣除。

12. 第12行“九、其他”：填报其他职工薪酬的金额及其会计核算、纳税调整等金额。

◆企业按照辞退计划条款的规定，合理预计并确认辞退福利产生的应付职工薪酬，只有在企业实际发生时允许税前扣除，预提时不得扣除。

13. 第13行“合计”：填报第1＋3＋4＋7＋8＋9＋10＋11＋12行金额。

（二）表内、表间关系

1. 表内关系：

（1）第4行＝第5行或第5＋6行。

（2）第13行＝第1＋3＋4＋7＋8＋9＋10＋11＋12行。

（3）第6列＝第1－5列。

（4）第7列＝第2＋4－5列。

2. 表间关系：

（1）第13行第1列＝表A105000第14行第1列。

（2）第13行第5列＝表A105000第14行第2列。

（3）若第13行第6列≥0，第13行第6列=表A105000第14行第3列；若第13行第6列<0，第13行第6列的绝对值=表A105000第14行第4列。

（三）相关政策

1.《中华人民共和国企业所得税法》（中华人民共和国主席令第63号）。

2.《中华人民共和国企业所得税法实施条例》（中华人民共和国国务院令第512号）。

3.《财政部　全国总工会等部门关于企业职工教育经费提取与使用管理的意见》（财建〔2006〕317号）。

4.《财政部　国家税务总局关于补充养老保险费、补充医疗保险费有关企业所得税政策问题的通知》（财税〔2009〕27号）。

5.《国家税务总局关于企业工资薪金及职工福利费扣除问题的通知》（国税函〔2009〕3号）。

6.《国家税务总局关于企业所得税执行中若干税务处理问题的通知》（国税函〔2009〕202号）。

7.《国家税务总局关于工会经费企业所得税税前扣除凭据问题的公告》（国家税务总局公告2010年第24号）。

8.《国家税务总局关于税务机关代收工会经费企业所得税税前扣除凭据问题的公告》（国家税务总局公告2011年第30号）。

9.《国家税务总局关于企业所得税若干问题的公告》（国家税务总局公告2011年第34号）。

10.《财政部　国家税务总局关于进一步鼓励软件产业和集成电路产业发展企业所得税政策的通知》（财税〔2012〕27号）。

11.《国家税务总局关于企业所得税应纳税所得额若干税务处理问题的公告》（国家税务总局公告2012年第15号）。

12.《国家税务总局关于我国居民企业实行股权激励计划有关企业所得税处理问题的公告》（国家税务总局公告2012年第18号）。

13.《国家税务总局关于企业所得税应纳税所得额若干问题的公告》（国家税务总局公告2014年第29号）。

14.《国家税务总局关于企业工资薪金和职工福利费等支出税前扣除问题

的公告》（国家税务总局公告2015年第34号）。

15.《财政部　税务总局关于企业职工教育经费税前扣除政策的通知》（财税〔2018〕51号）。

四、业务招待费支出

企业发生的与生产经营活动有关的业务招待费支出，按照发生额的60%扣除，但最高不得超过当年销售（营业）收入的5‰。

表4-41　A105000　　纳税调整项目明细表

行次	项　目	账载金额	税收金额	调增金额	调减金额
		1	2	3	4
12	二、扣除类调整项目（13+14+…24+26+27+28+29+30）	*	*		
15	（三）业务招待费支出				*

（一）项目填报说明

1. 表105000第15行“（三）业务招待费支出”：第1列“账载金额”填报纳税人会计核算计入当期损益的业务招待费金额。第2列“税收金额”填报按照税收规定允许税前扣除的业务招待费支出的金额。第3列“调增金额”填报第1-2列金额。

◆企业在计算业务招待费扣除限额时，其销售（营业）收入额应包括《实施条例》第二十五条规定的视同销售（营业）收入额。即销售（营业）收入应包含“一般企业收入明细表”（A101010）第1行“营业收入”+“视同销售和房地产开发企业特定业务纳税调整明细表”（A105010）中“视同销售收入”+“房地产开发企业销售未完工产品收入”-“销售未完工产品转完工产品确认的销售收入”，但不包含“一般企业收入明细表”（A101010）第16行“营业外收入”。

【例4-25】甲企业2018年度发生的与生产经营相关的业务招待费支出30万元，但其中4万元未取得合法有效的凭证，该年度主营业务收入1 000万元，其他业务收入200万元，视同销售收入28万元，营业外收入50万元。

分析：由于发生的业务招待费中 4 万元未取得合法有效凭证，不得税前扣除，剩余 26 万元业务招待费应按照 15.6 万元（26×60%）与 6.14 万元（(1 000+200+28)×0.5‰）两者中孰低作为税前扣除限额，业务招待费应纳税调增金额 =26－6.14=19.86 万元，未取得合法有效凭证的 4 万元应在第 30 行“（十七）其他”中进行纳税调增，如表 4－42 所示。

表 4－42　A105000　　纳税调整项目明细表　　单位：万元

行次	项　目	账载金额	税收金额	调增金额	调减金额
		1	2	3	4
12	二、扣除类调整项目（13+14+…24+26+27+28+29+30）	*	*	23.86	
15	（三）业务招待费支出	26	6.14	19.86	*
30	（十七）其他	4	0	4	

◆对从事股权投资业务的企业（包括集团公司总部、创业投资企业等），其从被投资企业所分配的股息、红利以及股权转让收入，可以按规定的比例计算业务招待费扣除限额。

◆企业在筹建期间，发生的与筹办活动有关的业务招待费支出，可按实际发生额的 60% 计入企业筹办费，并按有关规定在税前扣除，企业可以在开始经营之日的当年一次性扣除，也可以按照企业所得税法有关长期待摊费用的处理规定处理，但一经选定，不得改变。

（二）相关政策

1.《中华人民共和国企业所得税法》（中华人民共和国主席令第 63 号）。

2.《中华人民共和国企业所得税法实施条例》（中华人民共和国国务院令第 512 号）。

3.《国家税务总局关于企业所得税执行中若干税务处理问题的通知》（国税函〔2009〕202 号）。

4.《国家税务总局关于贯彻落实企业所得税法若干税收问题的通知》（国税函〔2010〕79 号）。

5.《国家税务总局关于企业所得税应纳税所得额若干税务处理问题的公告》（国家税务总局公告 2012 年第 15 号）。

五、广告费和业务宣传费支出（填写 A105060）

企业发生的符合条件的广告费和业务宣传费支出，除国务院财政、税务主管部门另有规定外，不超过当年销售（营业）收入15%的部分，准予扣除；超过部分，准予在以后纳税年度结转扣除。对化妆品制造或销售、医药制造和饮料制造（不含酒类制造）企业发生的广告费和业务宣传费支出，不超过当年销售（营业）收入30%的部分，准予扣除；超过部分，准予在以后纳税年度结转扣除。

本表适用于发生广告费和业务宣传费纳税调整项目（含广告费和业务宣传费结转），保险企业手续费及佣金支出纳税调整项目（含保险企业手续费及佣金支出结转）的纳税人填报，如表4-43所示。纳税人根据税法、《财政部　国家税务总局关于广告费和业务宣传费支出税前扣除政策的通知》（财税〔2012〕48号）、《财政部　税务总局关于保险企业手续费及佣金支出税前扣除政策的公告》（财政部　税务总局公告2019年第72号）等相关规定，以及国家统一企业会计制度，填报广告费和业务宣传费、保险企业手续费及佣金支出会计处理、税收规定，以及跨年度纳税调整情况。

表4-43　A105060　广告费和业务宣传费等跨年度纳税调整明细表

行次	项　目	广告费和业务宣传费	保险企业手续费及佣金支出
		1	2
1	一、本年支出		
2	减：不允许扣除的支出		
3	二、本年符合条件的支出（1-2）		
4	三、本年计算扣除限额的基数		
5	乘：税收规定扣除率		
6	四、本企业计算的扣除限额（4×5）		
7	五、本年结转以后年度扣除额（3>6，本行=3-6；3≤6，本行=0）		

续表

行次	项　　目	广告费和业务宣传费	保险企业手续费及佣金支出
		1	2
8	加：以前年度累计结转扣除额		
9	减：本年扣除的以前年度结转额［3 >6，本行 =0；3≤6，本行 =8 与（6 -3）孰小值］		
10	六、按照分摊协议归集至其他关联方的金额（10≤3 与 6 孰小值）		*
11	按照分摊协议从其他关联方归集至本企业的金额		*
12	七、本年支出纳税调整金额（3 >6，本行 =2 +3 -6 +10 -11；3≤6，本行 =2 +10 -11 -9）		
13	八、累计结转以后年度扣除额（7 +8 -9）		

（一）列次填报

1. 第 1 列“广告费和业务宣传费”：填报广告费和业务宣传费会计处理、税收规定，以及跨年度纳税调整情况。

2. 第 2 列“保险企业手续费及佣金支出”：填报保险企业手续费及佣金支出会计处理、税收规定，以及跨年度纳税调整情况。

（二）行次填报

1. 第 1 行“一、本年支出”：填报纳税人计入本年损益的支出金额。

◆企业筹建期间，发生的广告费、业务宣传费，可按实际发生额计入企业筹办费，按规定税前扣除。

2. 第 2 行“减：不允许扣除的支出”：填报税收规定不允许扣除的支出金额。

◆烟草企业的烟草广告费和业务宣传费支出，一律不得在计算应纳税所得额时扣除。

◆计入广告费和业务宣传费的赞助支出不得扣除。

3. 第 3 行“二、本年符合条件的支出”：填报第 1 -2 行的余额。

4. 第 4 行“三、本年计算扣除限额的基数”：填报按照税收规定计算扣除限额的基数。“广告费和业务宣传费”列次填写计算扣除限额的当年销售（营业）收入。“保险企业手续费及佣金支出”列次填报当年保险企业全部保费收入扣除退保金等后余额。

5. 第5行“税收规定扣除率”：填报税收规定的扣除比例。

6. 第6行“四、本企业计算的扣除限额”：填报第4×5行的金额。

◆企业在计算广告费和业务宣传费扣除限额时，其销售（营业）收入额应包括《实施条例》第二十五条规定的视同销售（营业）收入额。即销售（营业）收入应包含“一般企业收入明细表”（A101010）第1行“营业收入”+“视同销售和房地产开发企业特定业务纳税调整明细表”（A105010）中“视同销售收入”+“房地产开发企业销售未完工产品收入”－“销售未完工产品转完工产品确认的销售收入”，但不包含“一般企业收入明细表”（A101010）第16行“营业外收入”。

7. 第7行“五、本年结转以后年度扣除额”：若第3行>第6行，填报第3－6行的余额；若第3行≤第6行，填报0。

8. 第8行“加：以前年度累计结转扣除额”：填报以前年度允许税前扣除但超过扣除限额未扣除、结转扣除的广告费和业务宣传费的金额。

9. 第9行“减：本年扣除的以前年度结转额”：若第3行>第6行，填0；若第3行≤第6行，填报第6－3行与第8行的孰小值。

10. 第10行“六、按照分摊协议归集至其他关联方的金额”：本行第1列填报签订广告费和业务宣传费分摊协议（以下简称分摊协议）的关联企业的一方，按照分摊协议，将其发生的不超过当年销售（营业）收入税前扣除限额比例内的广告费和业务宣传费支出归集至其他关联方扣除的广告费和业务宣传费，本行应≤第3行与第6行的孰小值。本行第2列不可填报。

◆对签订广告费和业务宣传费分摊协议（以下简称分摊协议）的关联企业，其中一方发生的不超过当年销售（营业）收入税前扣除限额比例内的广告费和业务宣传费支出可以在本企业扣除，也可以将其中的部分或全部按照分摊协议归集至另一方扣除。另一方在计算本企业广告费和业务宣传费支出企业所得税税前扣除限额时，可将按照上述办法归集至本企业的广告费和业务宣传费不计算在内。

11. 第11行“按照分摊协议从其他关联方归集至本企业的金额”：本行

第 1 列填报签订广告费和业务宣传费分摊协议（以下简称分摊协议）的关联企业的一方，按照分摊协议，从其他关联方归集至本企业的广告费和业务宣传费。本行第 2 列不可填报。

12. 第 12 行“七、本年支出纳税调整金额”：若第 3 行 > 第 6 行，填报第 2 + 3 − 6 + 10 − 11 行的金额；若第 3 行 ≤ 第 6 行，填报第 2 + 10 − 11 − 9 行的金额。

13. 第 13 行“八、累计结转以后年度扣除额”：填报第 7 + 8 − 9 行的金额。

（二）表内、表间关系

1. 表内关系

（1）第 3 行 = 第 1 − 2 行。

（2）第 6 行 = 第 4 × 5 行。

（3）若第 3 > 6 行，第 7 行 = 第 3 − 6 行；若第 3 ≤ 6 行，第 7 行 = 0。

（4）若第 3 > 6 行，第 9 行 = 0；若第 3 ≤ 6 行，第 9 行 = 第 8 行与第 6 − 3 行的孰小值。

（5）若第 3 > 6 行，第 12 行 = 2 + 3 − 6 + 10 − 11 行；若第 3 ≤ 6 行，第 12 行 = 第 2 − 9 + 10 − 11 行。

（6）第 13 行 = 第 7 + 8 − 9 行。

2. 表间关系

（1）若第 12 行第 1 列 ≥ 0，第 12 行第 1 列 = 表 A105000 第 16 行第 3 列；若第 12 行第 1 列 < 0，第 12 行第 1 列的绝对值 = 表 A105000 第 16 行第 4 列。

（2）保险企业：第 1 行第 2 列 = 表 A105000 第 23 行第 1 列。若第 3 行第 2 列 ≥ 第 6 行第 2 列，第 6 行第 2 列 = 表 A105000 第 23 行第 2 列；若第 3 行第 2 列 < 第 6 行第 2 列，第 3 行第 2 列 + 第 9 行第 2 列 = 表 A105000 第 23 行第 2 列。若第 12 行第 2 列 ≥ 0，第 12 行第 2 列 = 表 A105000 第 23 行第 3 列。若第 12 行第 2 列 < 0，第 12 行第 2 列的绝对值 = 表 A105000 第 23 行第 4 列。

（三）相关政策

1.《中华人民共和国企业所得税法》（中华人民共和国主席令第 63 号）。

2.《中华人民共和国企业所得税法实施条例》（中华人民共和国国务院令第512号）。

3.《国家税务总局关于企业所得税执行中若干税务处理问题的通知》（国税函〔2009〕202号）。

4.《国家税务总局关于企业所得税应纳税所得额若干税务处理问题的公告》（国家税务总局公告2012年第15号）。

5.《财政部　税务总局关于广告费和业务宣传费支出税前扣除政策的通知》（财税〔2017〕41号）。

六、捐赠支出（填写A105070）

企业通过获得公益性捐赠税前扣除资格的公益性社会团体或县级以上人民政府及其组成部门和直属机构，用于公益事业的捐赠支出，可以按规定进行所得税税前扣除。通过公益性社会团体发生的公益性捐赠支出，企业应提供省级以上（含省级）财政部门印制并加盖接受捐赠单位印章的公益性捐赠票据，或加盖接受捐赠单位印章的《非税收入一般缴款书》收据联，方可按规定进行税前扣除。

公益性社会组织，是指同时符合下列条件的慈善组织以及其他社会组织：

1. 依法登记，具有法人资格；
2. 以发展公益事业为宗旨，且不以营利为目的；
3. 全部资产及其增值为该法人所有；
4. 收益和营运结余主要用于符合该法人设立目的的事业；
5. 终止后的剩余财产不归属任何个人或者营利组织；
6. 不经营与其设立目的无关的业务；
7. 有健全的财务会计制度；
8. 捐赠者不以任何形式参与该法人财产的分配；
9. 国务院财政、税务主管部门会同国务院民政部门等登记管理部门规定的其他条件。

公益事业的捐赠支出，是指《中华人民共和国公益事业捐赠法》规定的向公益事业的捐赠支出，具体范围包括：

1. 救助灾害、救济贫困、扶助残疾人等困难的社会群体和个人的活动；

2. 教育、科学、文化、卫生、体育事业；

3. 环境保护、社会公共设施建设；

4. 促进社会发展和进步的其他社会公共和福利事业。

除公益性捐赠以外的其他捐赠支出不得税前扣除。

“捐赠支出及纳税调整明细表”（A105070）适用于发生捐赠支出（含捐赠支出结转）的纳税人填报，如表 4－44 所示。纳税人根据税法、《财政部 国家税务总局关于公益性捐赠税前扣除有关问题的通知》（财税〔2008〕160 号）、《财政部　税务总局关于公益性捐赠支出企业所得税税前结转扣除有关政策的通知》（财税〔2018〕15 号）、《财政部　税务总局　国务院扶贫办关于企业扶贫捐赠所得税税前扣除政策的公告》（财政部　税务总局　国务院扶贫办公告 2019 年第 49 号）、《财政部　税务总局关于公共租赁住房税收优惠政策的公告》（财政部　税务总局公告 2019 年第 61 号）等相关规定，以及国家统一企业会计制度，填报捐赠支出会计处理、税收规定的税前扣除额、捐赠支出结转额以及纳税调整额。纳税人发生相关支出（含捐赠支出结转），无论是否纳税调整，均应填报本表。

（一）项目填报说明

1. 表 A105070 第 1 行“非公益性捐赠支出”：填报纳税人本年发生且已计入本年损益的税收规定公益性捐赠以外的其他捐赠支出及纳税调整情况。具体如下：

（1）第 1 列“账载金额”：填报纳税人计入本年损益的税收规定公益性捐赠以外的其他捐赠支出金额。

（2）第 5 列“纳税调增额”：填报非公益性捐赠支出纳税调整增加额，金额等于第 1 列“账载金额”。

◆企业发生的非公益性捐赠支出和不符合税前扣除条件的公益性捐赠支出填报于本行。

2. 第 2 行“全额扣除的公益性捐赠支出”：填报纳税人发生的可全额税前扣除的公益性捐赠支出。具体如下：

表 4－44　A105070　　**捐赠支出及纳税调整明细表**

行次	项　目	账载金额	以前年度结转可扣除的捐赠额	按税收规定计算的扣除限额	税收金额	纳税调增金额	纳税调减金额	可结转以后年度扣除的捐赠额
		1	2	3	4	5	6	7
1	一、非公益性捐赠		*	*	*		*	*
2	二、全额扣除的公益性捐赠		*	*		*	*	*
3	其中：扶贫捐赠		*	*		*	*	*
4	三、限额扣除的公益性捐赠（5＋6＋7＋8）							
5	前三年度（　　年）	*		*	*	*		*
6	前二年度（　　年）	*		*	*	*		
7	前一年度（　　年）	*		*	*	*		
8	本　　年（　　年）		*				*	
9	合计（1＋2＋4）							
附列资料	2015 年度至本年发生的公益性扶贫捐赠合计金额		*	*		*	*	*

（1）第1列“账载金额”：填报纳税人本年发生的会计核算计入本年损益的按税收规定可全额税前扣除的捐赠支出金额。

（2）第4列“税收金额”：等于第1列“账载金额”。

◆自2019年1月1日至2022年12月31日，企业通过公益性社会组织或者县级（含县级）以上人民政府及其组成部门和直属机构，用于目标脱贫地区的扶贫捐赠支出，准予在计算企业所得税应纳税所得额时据实扣除。企业同时发生扶贫捐赠支出和其他公益性捐赠支出，在计算公益性捐赠支出年度扣除限额时，符合上述条件的扶贫捐赠支出不计算在内。

◆对企业、社会组织和团体赞助、捐赠北京2022年冬奥会、冬残奥会、测试赛的资金、物资、服务支出，在计算企业应纳税所得额时予以全额扣除。

3. 第3行“其中：扶贫捐赠”：填报纳税人发生的可全额税前扣除的扶贫公益性捐赠支出。具体如下：

（1）第1列“账载金额”：填报纳税人本年发生且已计入本年损益的按税收规定可全额税前扣除的扶贫公益性捐赠支出金额。

（2）第4列“税收金额”：等于第1列“账载金额”。

4. 第4行“限额扣除的公益性捐赠支出”：填报纳税人本年发生的限额扣除的公益性捐赠支出、纳税调整额、以前年度结转扣除捐赠支出等。第4行等于第5+6+7+8行。其中本行第4列“税收金额”：当本行第1列+第2列大于第3列时，第4列=第3列；当本行第1列+第2列小于等于第3列时，第4列=第1列+第2列。

◆企业通过公益性社会组织或者县级（含县级）以上人民政府及其组成部门和直属机构，用于慈善活动、公益事业的捐赠支出，在年度利润总额12%以内的部分，准予在计算应纳税所得额时扣除；超过年度利润总额12%的部分，准予结转以后三年内在计算应纳税所得额时扣除。年度利润总额，是指企业依照国家统一会计制度的规定计算的大于零的数额。

5. 第5行“前三年度”：填报纳税人前三年度发生的未税前扣除的公益性捐赠支出在本年度扣除的金额。具体如下：

（1）第2列“以前年度结转可扣除的捐赠额”：填报前三年度发生的尚未税前扣除的公益性捐赠支出金额。

（2）第6列“纳税调减额”：根据本年扣除限额以及前三年度未扣除的公

益性捐赠支出分析填报。

6. 第6行“前二年度”：填报纳税人前二年度发生的未税前扣除的公益性捐赠支出在本年度扣除的捐赠额以及结转以后年度扣除的捐赠额。具体如下：

（1）第2列“以前年度结转可扣除的捐赠额”：填报前二年度发生的尚未税前扣除的公益性捐赠支出金额。

（2）第6列“纳税调减额”：根据本年剩余扣除限额、本年扣除前三年度捐赠支出、前二年度未扣除的公益性捐赠支出分析填报。

（3）第7列“可结转以后年度扣除的捐赠额”：填报前二年度未扣除、结转以后年度扣除的公益性捐赠支出金额。

7. 第7行“前一年度”：填报纳税人前一年度发生的未税前扣除的公益性捐赠支出在本年度扣除的捐赠额以及结转以后年度扣除的捐赠额。具体如下：

（1）第2列“以前年度结转可扣除的捐赠额”：填报前一年度发生的尚未税前扣除的公益性捐赠支出金额。

（2）第6列“纳税调减额”：根据本年剩余扣除限额、本年扣除前三年度捐赠支出、本年扣除前二年度捐赠支出、前一年度未扣除的公益性捐赠支出分析填报。

（3）第7列“可结转以后年度扣除的捐赠额”：填报前一年度未扣除、结转以后年度扣除的公益性捐赠支出金额。

8. 第8行“本年”：填报纳税人本年度发生、本年税前扣除、本年纳税调增以及结转以后年度扣除的公益性捐赠支出。具体如下：

（1）第1列“账载金额”：填报本年会计核算计入本年损益的公益性捐赠支出金额。

（2）第3列“按税收规定计算的扣除限额”：填报按照本年利润总额乘以12%的金额，若利润总额为负数，则以0填报。

（3）第4列“税收金额”：填报本年实际发生的公益性捐赠支出以及结转扣除以前年度公益性捐赠支出情况分析填报。

（4）第5列“纳税调增额”：填报本年公益性捐赠支出账载金额超过税收规定的税前扣除额的部分。

（5）第 7 列“可结转以后年度扣除的捐赠额”：填报本年度未扣除、结转以后年度扣除的公益性捐赠支出金额。

◆企业当年发生及以前年度结转的公益性捐赠支出，准予在当年税前扣除的部分，不能超过企业当年年度利润总额的 12%。企业发生的公益性捐赠支出未在当年税前扣除的部分，准予向以后年度结转扣除，但结转年限自捐赠发生年度的次年起计算最长不得超过三年。企业在对公益性捐赠支出计算扣除时，应先扣除以前年度结转的捐赠支出，再扣除当年发生的捐赠支出。

9. 第 9 行“合计”：填报第 1 +2 +4 行的合计金额。

10. 附列资料“2015 年度至本年发生的公益性扶贫捐赠合计金额”：填报企业按照《财政部　税务总局　国务院扶贫办关于企业扶贫捐赠所得税税前扣除政策的公告》（财政部　税务总局　国务院扶贫办公告 2019 年第 49 号）规定，企业在 2015 年 1 月 1 日至本年度发生的可全额税前扣除的扶贫公益性捐赠支出合计金额。具体如下：

（1）第 1 列“账载金额”：填报纳税人 2015 年 1 月 1 日至本年度发生的且已计入损益的按税收规定可全额税前扣除的扶贫公益性捐赠支出合计金额。

（2）第 4 列“税收金额”：填报纳税人 2015 年 1 月 1 日至本年度发生的且已计入损益的按税收规定已在税前扣除的扶贫公益性捐赠支出合计金额。

（二）表内、表间关系

1. 表内关系：

（1）第 1 行第 5 列 = 第 1 行第 1 列。

（2）第 2 行第 4 列 = 第 2 行第 1 列。

（3）第 4 行 = 第 5 +6 +7 +8 行。

（4）第 9 行 = 第 1 +2 +4 行。

2. 表间关系：

（1）第 8 行第 3 列 = 表 A100000 第 13 行 ×12%（当表 A100000 第 13 行 ≤0，第 8 行第 3 列 =0）。

（2）第 9 行第 1 列 = 表 A105000 第 17 行第 1 列；第 9 行第 4 列 = 表 A105000 第 17 行第 2 列；第 9 行第 5 列 = 表 A105000 第 17 行第 3 列；第 9 行第 6 列 = 表 A105000 第 17 行第 4 列。

（三）相关政策

1.《中华人民共和国企业所得税法》（中华人民共和国主席令第 63 号）。

2.《中华人民共和国企业所得税法实施条例》（中华人民共和国国务院令第 512 号）。

3.《财政部　国家税务总局　民政部关于公益性捐赠税前扣除有关问题的通知》（财税〔2008〕160 号）。

4.《财政部　国家税务总局　民政部关于公益性捐赠税前扣除有关问题的补充通知》（财税〔2010〕45 号）。

5.《财政部　税务总局　海关总署关于北京 2022 年冬奥会和冬残奥会税收政策的通知》（财税〔2017〕60 号）。

6.《财政部　税务总局关于公益性捐赠支出企业所得税税前结转扣除有关政策的通知》（财税〔2018〕15 号）。

7.《财政部　税务总局　国务院扶贫办关于企业扶贫捐赠所得税税前扣除政策的公告》（财政部　税务总局　国务院扶贫办公告 2019 年第 49 号）。

七、利息支出

非金融企业向非金融企业借款的利息支出，不超过按照金融企业同期同类贷款利率计算的数额的部分准予扣除。企业在按照合同要求首次支付利息并进行税前扣除时，应提供“金融企业的同期同类贷款利率情况说明”，以证明其利息支出的合理性。“金融企业的同期同类贷款利率情况说明”中，应包括在签订该借款合同当时，本省任何一家金融企业提供同期同类贷款利率情况。该金融企业应为经政府有关部门批准成立的可以从事贷款业务的企业，包括银行、财务公司、信托公司等金融机构。“同期同类贷款利率”是指在贷款期限、贷款金额、贷款担保以及企业信誉等条件基本相同下，金融企业提供贷款的利率。既可以是金融企业公布的同期同类平均利率，也可以是金融企业对某些企业提供的实际贷款利率。

企业实际支付给关联方的利息支出，如果能够按照税法及其实施条例的有关规定提供相关资料，并证明相关交易活动符合独立交易原则的，或者该企业的实际税负不高于境内关联方的，其实际支付给境内关联方的利息支出，在计算应纳税所得额时准予扣除。除此之外，不超过接受关联方债权性投资与其权益性投资比例（金融企业为5∶1，其他企业为2∶1）和按照金融企业同期同类贷款利率计算的数额的部分，准予扣除，超过的部分不得在发生当期和以后年度扣除。企业向股东或其他与企业有关联关系的自然人借款的利息支出比照上述规定。

企业向除股东或其他与企业有关联关系的自然人以外的内部职工或其他人员借款的利息支出，同时满足企业与个人之间的借贷是真实、合法、有效的，并且不具有非法集资目的或其他违反法律、法规的行为，企业与个人之间签订了借款合同的，其利息支出在不超过按照金融企业同期同类贷款利率计算的数额的部分，准予扣除。

表4－45　A105000　　　　纳税调整项目明细表

行次	项　　目	账载金额	税收金额	调增金额	调减金额
		1	2	3	4
12	二、扣除类调整项目（13＋14＋…24＋26＋27＋28＋29＋30）	*	*		
18	（六）利息支出				

（一）项目填报说明

1. 第18行“（六）利息支出”：第1列“账载金额”填报纳税人向非金融企业借款，会计核算计入当期损益的利息支出的金额。第2列“税收金额”填报按照税收规定允许税前扣除的利息支出的金额。若第1列≥第2列，第3列“调增金额”填报第1－2列金额。若第1列＜第2列，第4列“调减金额”填报第1－2列金额的绝对值。

◆企业所得税前允许扣除的利息支出应当实际支付，会计上计提而未实际支付的利息不得税前扣除，应纳税调增，待实际支付时纳税调减。

【例4－26】甲企业2018年7月1日从乙公司（无关联关系）借入一年期短期借款400万元，年利率6%，金融企业同期同类贷款利率为4.5%，借款合同中约定1年后到期时一次还本付息。

分析：2018年末甲企业计提半年利息＝400×6%×6÷12＝12万元，该利息支出尚未支付，2018年度不得税前扣除，应纳税调增；2019年7月1日计提半年利息12万元，并支付利息合计24万元，企业所得税前允许扣除的利息支出＝400×4.5%＝18万元，2018年、2019年申报表填写分别如表4－46、表4－47所示：

表4－46　A105000　　纳税调整项目明细表　　单位：万元

行次	项　目	账载金额	税收金额	调增金额	调减金额
		1	2	3	4
12	二、扣除类调整项目（13＋14＋…24＋26＋27＋28＋29＋30）	*	*	12	
18	（六）利息支出	12	0	12	

表4－47　A105000　　纳税调整项目明细表　　单位：万元

行次	项　目	账载金额	税收金额	调增金额	调减金额
		1	2	3	4
12	二、扣除类调整项目（13＋14＋…24＋26＋27＋28＋29＋30）	*	*		6
18	（六）利息支出	12	18		6

（二）相关政策

1.《中华人民共和国企业所得税法》（中华人民共和国主席令第63号）。

2.《中华人民共和国企业所得税法实施条例》（中华人民共和国国务院令第512号）。

3.《财政部　国家税务总局关于企业关联方利息支出税前扣除标准有关税收政策问题的通知》（财税〔2008〕121号）。

4.《国家税务总局关于企业向自然人借款的利息支出企业所得税税前扣除问题的通知》（国税函〔2009〕777号）。

5.《国家税务总局关于企业所得税若干问题的公告》（国家税务总局公告2011年第34号）。

八、罚金、罚款和被没收财物的损失

在计算应纳税所得额时，罚金、罚款和被没收财物的损失不得扣除。罚金属于财产刑，是指法院判处犯罪人向国家缴纳一定数额金钱的刑罚方法。没收财物是指行政主体实施的将行政违法行为人的部分或全部违法收入、物品或其他非法占有的财物收归国家所有的处罚方式。罚款是一种行政处罚，是指行为人的行为没有违反刑法的规定，而是违反了治安管理、工商、行政、税务等各行政法规的规定，行政执法部门依据行政法规的规定和程序决定对行为人采取的一种行政处罚，罚款不由人民法院判决，因此在性质上与没收财产、罚金有本质上的区别。

以上损失本质上均属于违反国家相关法律、法规或行政性规定所导致的，不属于与生产经营相关的支出，不允许在企业所得税前扣除。

表 4-48　A105000　　纳税调整项目明细表

行次	项　　目	账载金额	税收金额	调增金额	调减金额
		1	2	3	4
12	二、扣除类调整项目（13+14+…24+26+27+28+29+30）	*	*		
19	（七）罚金、罚款和被没收财物的损失		*		*

（一）项目填报说明

1. 表 A105000 第 19 行“（七）罚金、罚款和被没收财物的损失”：第 1 列“账载金额”填报纳税人会计核算计入当期损益的罚金、罚款和被没收财物的损失，不包括纳税人按照经济合同规定支付的违约金（包括银行罚息）、罚款和诉讼费。第 3 列“调增金额”填报第 1 列金额。

◆企业应填报违反国家相关法律、法规或行政性规定所导致的罚金、罚款和被没收财物的损失，企业违反经济合同规定而支付的违约金（包括银行罚息）、罚款等支出可以在企业所得税前扣除，无须填报。

【例 4-27】甲企业 2018 年因违反环境保护法被处以行政罚款 10 万元；因产品发生质量事故被工商部门罚没，成本 30 万元，相关进项税额 2 万元；因违反合同约定而支付违约金 25 万元。

分析：甲企业被处行政罚款和罚没损失均不得税前扣除，应纳税调增，而违反合同支付的违约金可以税前扣除，甲企业 2018 年申报表填写如表 4－49 所示：

表 4－49 A105000 纳税调整项目明细表 单位：万元

行次	项 目	账载金额	税收金额	调增金额	调减金额
		1	2	3	4
12	二、扣除类调整项目（13＋14＋…24＋26＋27＋28＋29＋30）	*	*	42	
19	（七）罚金、罚款和被没收财物的损失	42	*	42	*

（二）相关政策

1.《中华人民共和国企业所得税法》（中华人民共和国主席令第 63 号）。

2.《中华人民共和国企业所得税法实施条例》（中华人民共和国国务院令第 512 号）。

九、税收滞纳金、加收利息

在计算应纳税所得额时，税收滞纳金不得扣除。

税务机关根据税收法律、行政法规的规定，对企业作出特别纳税调整的，应当对补征的税款，自税款所属纳税年度的次年 6 月 1 日起至补缴税款之日止的期间，按日加收利息。加收的利息，不得在计算应纳税所得额时扣除。

表 4－50 A105000 纳税调整项目明细表

行次	项 目	账载金额	税收金额	调增金额	调减金额
		1	2	3	4
12	二、扣除类调整项目（13＋14＋…24＋26＋27＋28＋29＋30）	*	*		
20	（八）税收滞纳金、加收利息		*		*

（一）项目填报说明

表 A105000 第 20 行“（八）税收滞纳金、加收利息”：第 1 列“账载金额”填报纳税人会计核算计入当期损益的税收滞纳金、加收利息。第 3 列

“调增金额”填报第 1 列金额。

◆企业应取得加盖财政票据监制章的政府非税收入票据作为税前扣除凭证。

【例 4－28】 甲企业在2018 年税务稽查中被税务机关发现未及时申报房产税和城镇土地使用税，需缴纳税收滞纳金 3.2 万元，计入营业外支出。

分析：甲企业发生的税收滞纳金支出不得税前扣除，应纳税调增，甲企业 2018 年申报表填写如表 4－51 所示：

表 4－51　A105000　　纳税调整项目明细表　　单位：万元

行次	项　　目	账载金额	税收金额	调增金额	调减金额
		1	2	3	4
12	二、扣除类调整项目（13＋14＋…24＋26＋27＋28＋29＋30）	*	*	3.2	
20	（八）税收滞纳金、加收利息	3.2	*	3.2	*

（二）相关政策

1.《中华人民共和国企业所得税法》（中华人民共和国主席令第 63 号）。

2.《中华人民共和国企业所得税法实施条例》（中华人民共和国国务院令第 512 号）。

十、赞助支出

赞助支出，是指企业发生的与生产经营活动无关的各种非广告性质支出。在计算应纳税所得额时，赞助支出不得扣除。

表 4－52　A105000　　纳税调整项目明细表

行次	项　　目	账载金额	税收金额	调增金额	调减金额
		1	2	3	4
12	二、扣除类调整项目（13＋14＋…24＋26＋27＋28＋29＋30）	*	*		
21	（九）赞助支出		*		*

（一）项目填报说明

表A105000第21行“（九）赞助支出”：第1列“账载金额”填报纳税人会计核算计入当期损益的不符合税收规定的公益性捐赠的赞助支出的金额，包括直接向受赠人的捐赠、赞助支出等（不含广告性的赞助支出，广告性的赞助支出在表A105060中填报）。第3列“调增金额”填报第1列金额。

◆企业非公益性捐赠一般包括两种情况，通过不具有公益性捐赠税前扣除资格的公益性社会团体或县级以下人民政府及其部门进行捐赠应在“捐赠支出及纳税调整明细表”（A105070）中填报；直接向受赠人的捐赠在本行填报。

◆企业支付的具有广告性质的赞助支出应在“广告费和业务宣传费跨年度纳税调整明细表”（表A105060）中填报。

【例4－29】甲企业2018年向当地10位贫困学生资助大学学费合计8万元。

分析：甲企业直接向个人的捐赠属于赞助支出，不得税前扣除，应纳税调增，甲企业2018年申报表填写如表4－53所示：

表4－53　A105000　纳税调整项目明细表　单位：万元

行次	项　目	账载金额	税收金额	调增金额	调减金额
		1	2	3	4
12	二、扣除类调整项目（13＋14＋…24＋26＋27＋28＋29＋30）	*	*	8	
21	（九）赞助支出	8	*	8	*

（二）相关政策

1.《中华人民共和国企业所得税法》（中华人民共和国主席令第63号）

2.《中华人民共和国企业所得税法实施条例》（中华人民共和国国务院令第512号）

十一、与未实现融资收益相关在当期确认的财务费用

采用递延方式销售商品收取合同价款，会计规定一次性确认收入并结转成本，同时对未实现融资收益分期摊销；而税法规定分期确认收入和结转成本，应在销售当期调减收入成本，同时调减未实现融资收益摊销额。

表 4－54　A105000　　　纳税调整项目明细表

行次	项　　目	账载金额	税收金额	调增金额	调减金额
		1	2	3	4
12	二、扣除类调整项目（13＋14＋…24＋26＋27＋28＋29＋30）	*	*		
22	（十）与未实现融资收益相关在当期确认的财务费用				

（一）项目填报说明

表 A105000 第 22 行“（十）与未实现融资收益相关在当期确认的财务费用”：第 1 列“账载金额”填报纳税人会计核算的与未实现融资收益相关并在当期确认的财务费用的金额。第 2 列“税收金额”填报按照税收规定允许税前扣除的金额。若第 1 列≥第 2 列，第 3 列“调增金额”填报第 1－2 列金额。若第 1 列＜第 2 列，第 4 列“调减金额”填报第 1－2 列金额的绝对值。

◆企业的下列生产经营业务可以分期确认收入的实现：以分期收款方式销售货物的，按照合同约定的收款日期确认收入的实现。

（二）相关政策

1.《中华人民共和国企业所得税法》（中华人民共和国主席令第 63 号）。

2.《中华人民共和国企业所得税法实施条例》（中华人民共和国国务院令第 512 号）。

十二、佣金和手续费支出

表 4－55　A105000　　　纳税调整项目明细表

行次	项　　目	账载金额	税收金额	调增金额	调减金额
		1	2	3	4
12	二、扣除类调整项目（13＋14＋…24＋26＋27＋28＋29＋30）	*	*		
23	（十一）佣金和手续费支出				*

（一）项目填报说明

表 A105000 第23行“（十一）佣金和手续费支出”：第1列“账载金额”填报纳税人会计核算计入当期损益的佣金和手续费金额。第2列“税收金额”填报按照税收规定允许税前扣除的佣金和手续费支出金额。第3列“调增金额”填报第1－2列金额。

◆企业发生与生产经营有关的手续费及佣金支出，不超过以下规定计算限额以内的部分，准予扣除；超过部分，不得扣除。

（1）保险企业发生与其经营活动有关的手续费及佣金支出，不超过当年全部保费收入扣除退保金等后余额的18%（含本数）的部分，在计算应纳税所得额时准予扣除；超过部分，允许结转以后年度扣除。

（2）其他企业：按与具有合法经营资格中介服务机构或个人（不含交易双方及其雇员、代理人和代表人等）所签订服务协议或合同确认的收入金额的5%计算限额。

◆除委托个人代理外，企业以现金等非转账方式支付的手续费及佣金不得在税前扣除。企业为发行权益性证券支付给有关证券承销机构的手续费及佣金不得在税前扣除。

◆企业不得将手续费及佣金支出计入回扣、业务提成、返利、进场费等费用。

◆企业已计入固定资产、无形资产等相关资产的手续费及佣金支出，应当通过折旧、摊销等方式分期扣除，不得在发生当期直接扣除。

◆企业支付的手续费及佣金不得直接冲减服务协议或合同金额，并如实入账。

（二）相关政策

1.《中华人民共和国企业所得税法》（中华人民共和国主席令第63号）。

2.《中华人民共和国企业所得税法实施条例》（中华人民共和国国务院令第512号）。

3.《财政部　国家税务总局关于企业手续费及佣金支出税前扣除政策的通知》（财税〔2009〕29号）。

4.《国家税务总局关于电信企业手续费及佣金支出税前扣除问题的公告》（国家税务总局公告2013年第59号）。

5.《财政部　税务总局关于保险企业手续费及佣金支出税前扣除政策的公告》（财政部　税务总局公告 2019 年第 72 号）。

十三、不征税收入用于支出所形成的费用（其中专项用途财政性资金用于支出所形成的费用填写 A105040）

企业的不征税收入用于支出所形成的费用，不得在计算应纳税所得额时扣除；企业的不征税收入用于支出所形成的资产，其计算的折旧、摊销不得在计算应纳税所得额时扣除。

表 4－56　A105000　纳税调整项目明细表

行次	项　　目	账载金额	税收金额	调增金额	调减金额
		1	2	3	4
12	二、扣除类调整项目（13＋14＋…24＋26＋27＋28＋29＋30）	*	*		
24	（十二）不征税收入用于支出所形成的费用	*	*		*
25	其中：专项用途财政性资金用于支出所形成的费用（填写 A105040）	*	*		*

（一）项目填报说明

1. 表 A105000 第 24 行“（十二）不征税收入用于支出所形成的费用”：第 3 列“调增金额”填报符合条件的不征税收入用于支出所形成的计入当期损益的费用化支出金额。

◆企业取得的各项免税收入所对应的成本费用，除另有规定者外，可以在计算企业应纳税所得额时扣除。

2. 第 25 行“专项用途财政性资金用于支出所形成的费用”：根据“专项用途财政性资金纳税调整明细表”（A105040）填报。第 3 列“调增金额”填报表 A105040 第 7 行第 11 列金额。

（二）相关政策

1.《中华人民共和国企业所得税法》（中华人民共和国主席令第63号）。

2.《中华人民共和国企业所得税法实施条例》（中华人民共和国国务院令第512号）。

3.《财政部 国家税务总局关于财政性资金 行政事业性收费 政府性基金有关企业所得税政策问题的通知》（财税〔2008〕151号）。

4.《财政部 国家税务总局关于专项用途财政性资金企业所得税处理问题的通知》（财税〔2011〕70号）。

十四、跨期扣除项目

企业会计上根据权责发生制可以预提费用，发生的产品质量保证、债务担保等符合预计负债确认条件时可以计入相关成本费用并确认预计负债，高危行业企业可以预提维简费和安全生产费用，而根据税法规定，上述支出只有在实际发生时才能作为当期费用在税前扣除，因此预提成本费用时应纳税调增，待实际发生时再纳税调减。

表4－57 A105000 纳税调整项目明细表

行次	项目	账载金额	税收金额	调增金额	调减金额
		1	2	3	4
12	二、扣除类调整项目（13＋14＋…24＋26＋27＋28＋29＋30）	*	*		
26	（十三）跨期扣除项目				

（一）项目填报说明

表A105000第26行“（十三）跨期扣除项目”：填报维简费、安全生产费用、预提费用、预计负债等跨期扣除项目调整情况。第1列“账载金额”填报纳税人会计核算计入当期损益的跨期扣除项目金额。第2列“税收金额”填报按照税收规定允许税前扣除的金额。若第1列≥第2列，第3列“调增金额”填报第 1 - 2 列金额。若第 1 列 < 第 2 列，第 4 列“调减金额”填报第 1 - 2 列金额的绝对值。

（二）相关政策

1.《中华人民共和国企业所得税法》（中华人民共和国主席令第 63 号）。

2.《中华人民共和国企业所得税法实施条例》（中华人民共和国国务院令第 512 号）。

3.《国家税务总局关于煤矿企业维简费和高危行业企业安全生产费用企业所得税税前扣除问题的公告》（国家税务总局公告 2011 年第 26 号）。

4.《国家税务总局关于企业维简费支出企业所得税税前扣除问题的公告》（国家税务总局公告 2013 年第 67 号）。

十五、与取得收入无关的支出

在计算应纳税所得额时，与取得收入无关的支出不得扣除。

表 4 - 58　A105000　　纳税调整项目明细表

行次	项　目	账载金额	税收金额	调增金额	调减金额
		1	2	3	4
12	二、扣除类调整项目（13 + 14 + …24 + 26 + 27 + 28 + 29 + 30）	*	*		
27	（十四）与取得收入无关的支出		*		*

（一）项目填报说明

表 A105000 第 27 行“（十四）与取得收入无关的支出”：第 1 列“账载金额”填报纳税人会计核算计入当期损益的与取得收入无关的支出的金额。第 3 列“调增金额”填报第 1 列金额。

（二）相关政策

1.《中华人民共和国企业所得税法》（中华人民共和国主席令第 63 号）。

2.《中华人民共和国企业所得税法实施条例》（中华人民共和国国务院令第512号）。

十六、境外所得分摊的共同支出

表4－59 A105000 纳税调整项目明细表

行次	项 目	账载金额	税收金额	调增金额	调减金额
		1	2	3	4
12	二、扣除类调整项目（13＋14＋…24＋26＋27＋28＋29＋30）	*	*		
28	（十五）境外所得分摊的共同支出	*	*		*

（一）项目填报说明

表A105000第28行“（十五）境外所得分摊的共同支出”：根据“境外所得纳税调整后所得明细表”（A108010）填报。第3列“调增金额”填报表A108010合计行第16＋17列金额。

（二）相关政策

1.《中华人民共和国企业所得税法》（中华人民共和国主席令第63号）。

2.《中华人民共和国企业所得税法实施条例》（中华人民共和国国务院令第512号）。

十七、党组织工作经费

国有企业（包括国有独资、全资和国有资本绝对控股、相对控股企业）党组织工作经费主要通过纳入管理费用、党费留存等渠道予以解决。纳入管理费用的部分，一般按照企业上年度职工工资总额1%的比例安排，每年年初由企业党组织本着节约的原则编制经费使用计划，由企业纳入年度预算。集体所有制企业参照上述规定执行。

纳入管理费用的党组织工作经费，实际支出不超过职工年度工资薪金总额 1% 的部分，可以据实在企业所得税前扣除。年末如有结余，结转下一年度使用。累计结转超过上一年度职工工资总额 2% 的，当年不再从管理费用中安排。

表 4－60　A105000　　纳税调整项目明细表

行次	项　　目	账载金额	税收金额	调增金额	调减金额
		1	2	3	4
12	二、扣除类调整项目（13＋14＋…24＋26＋27＋28＋29＋30）	*	*		
29	（十六）党组织工作经费				

（一）项目填报说明

表 A105000 第 29 行“（十六）党组织工作经费”：填报纳税人根据有关文件规定，为创新基层党建工作、建立稳定的经费保障制度发生的党组织工作经费及纳税调整情况。

◆纳入管理费用的党组织工作经费必须用于企业党的建设，使用范围主要包括：

（1）开展党内学习教育，召开党内会议，开展“两学一做”学习教育、“三会一课”、主题党日，培训党员、入党积极分子和党务工作者，订阅或购买用于开展党员教育的报刊、资料、音像制品和设备，进行党内宣传，摄制党员电教片；

（2）组织开展创先争优和党员先锋岗、党员责任区、党员突击队、党员志愿服务等主题实践活动；

（3）表彰奖励先进基层党组织、优秀共产党员和优秀党务工作者；

（4）党组织换届、流动党员管理、组织关系接转、党旗党徽配备、党建工作调查研究；

（5）走访、慰问、补助生活困难党员和老党员；

（6）租赁和修缮、维护党组织活动场所，新建、购买活动设施，研发和维护党建工作信息化平台；

（7）其他与党的建设直接相关的工作。

凡属党费使用范围的，先从留存党费中开支，不足部分从纳入管理费用列支的党组织工作经费中支出。集体所有制企业参照上述规定执行。

【例4－30】甲企业2018年－2023年党组织工作经费情况如表4－61所示：

表4－61　　　　单位：万元

年度	工资总额	党建工作经费			党建工作经费支出	党建工作经费余额	本年工资总额的1%	所得税汇算允许扣除	所得税汇算调整
		上年结余	本年计提	小计					
2017年	100								
2018年	110		1	1	0.3	0.7	1.1	0.3	0.7
2019年	120	0.7	1.1	1.8	1.7	0.1	1.2	1.2	－0.1
2020年	150	0.1	1.2	1.3	0.1	1.2	1.5	0.1	1.1
2021年	200	1.2	1.5	2.7	0.2	2.5	2	0.2	1.3
2022年	200	2.5	2	4.5	0.18	4.32	2	0.18	1.82
2023年	150	4.32	0	4.32	1	3.32	1.5	1	－1

2018年，甲企业按上年职工工资总额的1%计提党组织工作经费1万元，实际支出0.3万元，税前允许扣除限额1.1万元＞实际支出额0.3万元，则实际支出0.3万元均可税前扣除，当年汇算清缴调整金额＝1－0.3＝0.7万元，党组织工作经费结余金额为0.7万元。甲企业2018年申报表填写如表4－62所示：

表4－62　A105000　　纳税调整项目明细表（2018年）　　单位：万元

行次	项　　目	账载金额	税收金额	调增金额	调减金额
		1	2	3	4
12	二、扣除类调整项目（13＋14＋…24＋26＋27＋28＋29＋30）	*	*		
29	（十六）党组织工作经费	1	0.3	0.7	

2019年，甲企业按上年职工工资总额的1%计提党组织工作经费1.1万元，实际支出1.7万元，税前允许扣除限额1.2万元＜实际支出额1.7万元，则实际支出只有1.2万元可税前扣除，当年汇算清缴调整金额＝1.1－1.2＝－0.1万元，党组织工作经费结余金额为0.1万元。甲企业2019年申报表填

写如表4－63所示：

表4－63　A105000　纳税调整项目明细表（2019年）　单位：万元

行次	项目	账载金额	税收金额	调增金额	调减金额
		1	2	3	4
12	二、扣除类调整项目（13＋14＋…24＋26＋27＋28＋29＋30）	*	*		
29	（十六）党组织工作经费	1.1	1.2		0.1

2020年，甲企业按上年职工工资总额的1%计提党组织工作经费1.2万元，实际支出0.1万元，税前允许扣除限额1.5万元＞实际支出额0.1万元，则实际支出0.1万元均可税前扣除，当年汇算清缴调整金额＝1.2－0.1＝1.1万元，党组织工作经费结余金额为1.2万元。甲企业2020年申报表填写如表4－64所示：

表4－64　A105000　纳税调整项目明细表（2020年）　单位：万元

行次	项目	账载金额	税收金额	调增金额	调减金额
		1	2	3	4
12	二、扣除类调整项目（13＋14＋…24＋26＋27＋28＋29＋30）	*	*		
29	（十六）党组织工作经费	1.2	0.1	1.1	

2021年，甲企业按上年职工工资总额的1%计提党组织工作经费1.5万元，实际支出0.2万元，税前允许扣除限额2万元＞实际支出额0.2万元，则实际支出0.2万元均可税前扣除，当年汇算清缴调整金额＝1.5－0.2＝1.3万元，党组织工作经费结余金额为2.5万元。甲企业2021年申报表填写如表4－65所示：

表4－65　A105000　纳税调整项目明细表（2021年）　单位：万元

行次	项目	账载金额	税收金额	调增金额	调减金额
		1	2	3	4
12	二、扣除类调整项目（13＋14＋…24＋26＋27＋28＋29＋30）	*	*		
29	（十六）党组织工作经费	1.5	0.2	1.3	

2022 年，甲企业按上年职工工资总额的 1% 计提党组织工作经费 2 万元，实际支出 0.18 万元，税前允许扣除限额 2 万元 > 实际支出额 0.18 万元，则实际支出 0.18 万元均可税前扣除，当年汇算清缴调整金额 = 2 − 0.18 = 1.82 万元，党组织工作经费结余金额为 4.32 万元。甲企业 2022 年申报表填写如表 4 − 66 所示：

表 4 − 66　A105000　　纳税调整项目明细表（2022 年）　　单位：万元

行次	项　　目	账载金额	税收金额	调增金额	调减金额
		1	2	3	4
12	二、扣除类调整项目（13 + 14 + …24 + 26 + 27 + 28 + 29 + 30）	*	*		
29	（十六）党组织工作经费	2	0.18	1.82	

2023 年，甲企业党组织工作经费累计结转已超过上一年度职工工资总额 2%，本年不再计提党组织工作经费，实际支出 1 万元，税前允许扣除限额 1.5 万元 > 实际支出额 1 万元，则实际支出 1 万元均可税前扣除，当年汇算清缴调整金额 = 0 − 1 = −1 万元，党组织工作经费结余金额为 3.32 万元。甲企业 2023 年申报表填写如表 4 − 67 所示：

表 4 − 67　A105000　　纳税调整项目明细表（2023 年）　　单位：万元

行次	项　　目	账载金额	税收金额	调增金额	调减金额
		1	2	3	4
12	二、扣除类调整项目（13 + 14 + …24 + 26 + 27 + 28 + 29 + 30）	*	*		
29	（十六）党组织工作经费	0	1		1

（二）相关政策

1.《中华人民共和国企业所得税法》（中华人民共和国主席令第 63 号）。

2.《中华人民共和国企业所得税法实施条例》（中华人民共和国国务院令第 512 号）。

3.《中共中央组织部 财政部 国务院国资委党委 国家税务总局关于国有企业党组织工作经费问题的通知》（组通字〔2017〕38 号）。

第三节 纳税调整项目明细表资产类调整项目

一、纳税调整项目明细表（资产类调整项目）

表 4－68 A105000 纳税调整项目明细表（2023 年）

行次	项 目	账载金额	税收金额	调增金额	调减金额
		1	2	3	4
31	三、资产类调整项目（32＋33＋34＋35）	*	*		
32	（一）资产折旧、摊销（填写 A105080）				
33	（二）资产减值准备金		*		
34	（三）资产损失（填写 A105090）				
35	（四）其他				

（一）项目填报说明

1. 第 31 行“三、资产类调整项目”：填报资产类调整项目第 32 行至第 35 行的合计金额。

2. 第 32 行“（一）资产折旧、摊销”：根据“资产折旧、摊销及纳税调整明细表”（A105080，见表 4－69）填报。第 1 列“账载金额”填报表 A105080 第 36 行第 2 列金额。第 2 列“税收金额”填报表 A105080 第 36 行第 5 列金额。若表 A105080 第 36 行第 9 列≥0，第 3 列“调增金额”填报表 A105080 第 36 行第 9 列金额。若表 A105080 第 36 行第 9 列＜0，第 4 列“调减金额”填报表 A105080 第 36 行第 9 列金额的绝对值。

3. 第 33 行“（二）资产减值准备金”：填报坏账准备、存货跌价准备、理赔费用准备金等不允许税前扣除的各类资产减值准备金纳税调整情况。第 1 列“账载金额”填报纳税人会计核算计入当期损益的资产减值准备金金额（因价值恢复等原因转回的资产减值准备金应予以冲回）。若第 1 列≥0，第 3

列“调增金额”填报第1列金额。若第1列<0，第4列“调减金额”填报第1列金额的绝对值。

4. 第34行“（三）资产损失”：根据“资产损失税前扣除及纳税调整明细表”（A105090，见表4-77）填报。第1列“账载金额”填报表A105090第28行第1列金额。第2列“税收金额”填报表A105090第28行第5列金额。若表A105090第28行第6列≥0，第3列“调增金额”填报表A105090第28行第6列金额。若表A105090第28行第6列<0，第4列“调减金额”填报表A105090第28行第6列金额的绝对值。

5. 第35行“（四）其他”：填报其他因会计处理与税收规定有差异需纳税调整的资产类项目金额。若第1列≥第2列，第3列“调增金额”填报第1-2列金额。若第1列<第2列，第4列“调减金额”填报第1-2列金额的绝对值。

（二）表内、表间关系

1. 表内关系

（1）第31行=第32+33+34+35行。

2. 表间关系

（1）第32行第1列=表A105080第36行第2列；第32行第2列=表A105080第36行第5列；若表A105080第36行第9列≥0，第32行第3列=表A105080第36行第9列；若表A105080第36行第9列<0，第32行第4列=表A105080第36行第9列的绝对值。

（2）第34行第1列=表A105090第28行第1列；第34行第2列=表A105090第28行第5列；若表A105090第28行第6列≥0，第34行第3列=表A105090第28行第6列；若表A105090第28行第6列<0，第34行第4列=表A105090第28行第6列的绝对值。

二、资产折旧、摊销（填写表A105080）

“资产折旧、摊销及纳税调整明细表”（A105080，见表4-69）适用于发生资产折旧、摊销的纳税人填报。纳税人根据《国家税务总局关于企业固定

表 4－69 A105080 资产折旧、摊销及纳税调整明细表

行次	项目		账载金额			税收金额					纳税调整金额
			资产原值	本年折旧、摊销额	累计折旧、摊销额	资产计税基础	税收折旧、摊销额	享受加速折旧政策的资产按税收一般规定计算的折旧、摊销额	加速折旧、摊销统计额	累计折旧、摊销额	
			1	2	3	4	5	6	7＝5－6	8	9（2－5）
1	一、固定资产（2＋3＋4＋5＋6＋7）							*	*		
2	所有固定资产	（一）房屋、建筑物						*	*		
3		（二）飞机、火车、轮船、机器、机械和其他生产设备						*	*		
4		（三）与生产经营活动有关的器具、工具、家具等						*	*		
5		（四）飞机、火车、轮船以外的运输工具						*	*		
6		（五）电子设备						*	*		
7		（六）其他						*	*		

续表

行次	项目		账载金额			税收金额					纳税调整金额
			资产原值	本年折旧、摊销额	累计折旧、摊销额	资产计税基础	税收折旧、摊销额	享受加速折旧政策的资产按税收一般规定计算的折旧、摊销额	加速折旧、摊销统计额	累计折旧、摊销额	
			1	2	3	4	5	6	7=5-6	8	9（2-5）
8	其中：享受固定资产加速折旧及一次性扣除政策的资产加速折旧额大于一般折旧额的部分	（一）重要行业固定资产加速折旧（不含一次性扣除）									*
9		（二）其他行业研发设备加速折旧									*
10		（三）固定资产一次性扣除									*
11		（四）技术进步、更新换代固定资产									*
12		（五）常年强震动、高腐蚀固定资产									*
13		（六）外购软件折旧									*
14		（七）集成电路企业生产设备									*

续表

行次	项目	账载金额			税收金额					纳税调整金额
		资产原值	本年折旧、摊销额	累计折旧、摊销额	资产计税基础	税收折旧、摊销额	享受加速折旧政策的资产按税收一般规定计算的折旧、摊销额	加速折旧、摊销统计额	累计折旧、摊销额	
		1	2	3	4	5	6	7=5-6	8	9（2-5）
15	二、生产性生物资产（16+17）						*	*		
16	（一）林木类						*	*		
17	（二）畜类						*	*		
18	三、无形资产（19+20+21+22+23+24+25+27）						*	*		
19	（一）专利权						*	*		
20	（二）商标权						*	*		
21	（三）著作权						*	*		
22	（四）土地使用权						*	*		
23	（五）非专利技术						*	*		
24	（六）特许权使用费						*	*		
25	（七）软件						*	*		
26	其中：享受企业外购软件加速摊销政策									*
27	（八）其他						*	*		

续表

行次	项目	账载金额			税收金额					纳税调整金额
		资产原值	本年折旧、摊销额	累计折旧、摊销额	资产计税基础	税收折旧、摊销额	享受加速折旧政策的资产按税收一般规定计算的折旧、摊销额	加速折旧、摊销统计额	累计折旧、摊销额	
		1	2	3	4	5	6	7=5-6	8	9（2-5）
28	四、长期待摊费用（29+30+31+32+33）						*	*		
29	（一）已足额提取折旧的固定资产的改建支出						*	*		
30	（二）租入固定资产的改建支出						*	*		
31	（三）固定资产的大修理支出						*	*		
32	（四）开办费						*	*		
33	（五）其他						*	*		
34	五、油气勘探投资						*	*		
35	六、油气开发投资						*	*		
36	合计（1+15+18+28+34+35）									
附列资料	全民所有制企业公司制改制资产评估增值政策资产						*	*		

资产加速折旧所得税处理有关问题的通知》（国税发〔2009〕81 号）、《国家税务总局关于融资性售后回租业务中承租方出售资产行为有关税收问题的公告》（国家税务总局公告 2010 年第 13 号）、《国家税务总局关于企业所得税若干问题的公告》（国家税务总局公告 2011 年第 34 号）、《国家税务总局关于发布〈企业所得税政策性搬迁所得税管理办法〉的公告》（国家税务总局公告 2012 年第 40 号）、《财政部　国家税务总局关于进一步鼓励软件产业和集成电路产业发展企业所得税政策的通知》（财税〔2012〕27 号）、《国家税务总局关于企业所得税应纳税所得额若干问题的公告》（国家税务总局公告 2014 年第 29 号）、《财政部　国家税务总局关于完善固定资产加速折旧税收政策有关问题的通知》（财税〔2014〕75 号）、《财政部　国家税务总局关于进一步完善固定资产加速折旧企业所得税政策的通知》（财税〔2015〕106 号）、《国家税务总局关于全民所有制企业公司制改制企业所得税处理问题的公告》（国家税务总局公告 2017 年第 34 号）、《财政部　税务总局关于设备器具扣除有关企业所得税政策的通知》（财税〔2018〕54 号）、《国家税务总局关于设备器具扣除有关企业所得税政策执行问题的公告》（国家税务总局公告 2018 年第 46 号）、《财政部　税务总局关于扩大固定资产加速折旧优惠政策适用范围的公告》（财政部　税务总局公告 2019 年第 66 号）等相关规定，以及国家统一企业会计制度，填报资产折旧、摊销的会计处理、税收规定，以及纳税调整情况。纳税人只要发生相关事项，均需填报本表。

在表 A105080 中进行纳税调整的事项包括因计提固定资产减值准备或无形资产减值准备导致的资产账面价值与计税基础的差异、政策性搬迁新购置资产的计税基础与账面价值的差异、不征税收入形成资产折旧和摊销不得扣除的差异以及重组资产等原因产生的差异。

（一）项目填报说明

1. 行次填报：

（1）第 2 行至第 7 行、第 16 行至第 17 行、第 19 行至第 25 行、第 27 行、第 29 行至第 35 行：填报各类资产有关情况。

（2）第 8 行至第 14 行、第 26 行：填报纳税人享受相关加速折旧、摊销优惠政策的资产有关情况及优惠统计情况。

第 8 行“（一）重要行业固定资产加速折旧”：适用于符合财税〔2014〕75 号和财税〔2015〕106 号文件规定的制造业，信息传输、软件和信息技术服务业行业（以下称“重要行业”）的企业填报，填报新购进固定资产享受加速折旧政策的有关情况及优惠统计情况。重要行业纳税人按照上述文件规定享受固定资产一次性扣除政策的资产情况在第 10 行“（三）固定资产一次性扣除”中填报。

第 9 行“（二）其他行业研发设备加速折旧”：适用于重要行业以外的其他企业填报，填报单位价值超过 100 万元以上专用研发设备采取缩短折旧年限或加速折旧方法的有关情况及优惠统计情况。

第 10 行“（三）固定资产一次性扣除”：填报新购进单位价值不超过 500 万元的设备、器具等，按照税收规定一次性扣除的有关情况及优惠统计情况。

第 11 行“（四）技术进步、更新换代固定资产”：填报固定资产因技术进步、产品更新换代较快而按税收规定享受固定资产加速折旧政策的有关情况及优惠统计情况。

第 12 行“（五）常年强震动、高腐蚀固定资产”：填报常年处于强震动、高腐蚀状态的固定资产按税收规定享受固定资产加速折旧政策的有关情况及优惠统计情况。

第 13 行“（六）外购软件折旧”：填报企业外购软件作为固定资产处理，按财税〔2012〕27 号文件规定享受加速折旧政策的有关情况及优惠统计情况。

第 14 行“（七）集成电路企业生产设备”：填报集成电路生产企业的生产设备，按照财税〔2012〕27 号文件规定享受加速折旧政策的有关情况及优惠统计情况。

第 26 行“享受企业外购软件加速摊销政策”：填报企业外购软件作无形资产处理，按财税〔2012〕27 号文件规定享受加速摊销政策的有关情况及优惠统计情况。

附列资料“全民所有制企业公司制改制资产评估增值政策资产”：填报企业按照国家税务总局公告 2017 年第 34 号文件规定，执行“改制中资产评估增值不计入应纳税所得额，资产的计税基础按其原有计税基础确定，资产增值部分的折旧或者摊销不得在税前扣除”政策的有关情况。本行不参与计算，仅用于统计享受全民所有制企业公司制改制资产评估增值政策资产的有关情况，相关资产折旧、摊销情况及调整情况在第 1 行至第 36 行填报。

2. 列次填报：

对于不征税收入形成的资产，其折旧、摊销额不得税前扣除。第 4 列至第 8 列税收金额不包含不征税收入所形成资产的折旧、摊销额。

（1）第 1 列“资产原值”：填报纳税人会计处理计提折旧、摊销的资产原值（或历史成本）的金额。

（2）第 2 列“本年折旧、摊销额”：填报纳税人会计核算的本年资产折旧、摊销额。

（3）第 3 列“累计折旧、摊销额”：填报纳税人会计核算的累计（含本年）资产折旧、摊销额。

（4）第 4 列“资产计税基础”：填报纳税人按照税收规定据以计算折旧、摊销的资产原值（或历史成本）的金额。

（5）第 5 列“税收折旧、摊销额”：填报纳税人按照税收规定计算的允许税前扣除的本年资产折旧、摊销额。

第 8 行至第 14 行、第 26 行第 5 列“税收折旧、摊销额”：填报享受相关加速折旧、摊销优惠政策的资产，采取税收加速折旧、摊销或一次性扣除方式计算的税收折旧额合计金额、摊销额合计金额。本列仅填报“税收折旧、摊销额”大于“享受加速折旧政策的资产按税收一般规定计算的折旧、摊销额”月份的金额合计。如，享受加速折旧、摊销优惠政策的资产，发生本年度某些月份其“税收折旧、摊销额”大于“享受加速折旧政策的资产按税收一般规定计算的折旧、摊销额”，其余月份其“税收折旧、摊销额”小于“享受加速折旧政策的资产按税收一般规定计算的折旧、摊销额”的情形，仅填报“税收折旧、摊销额”大于“享受加速折旧政策的资产按税收一般规定计算的折旧、摊销额”月份的税收折旧额合计金额、摊销额合计金额。

（6）第 6 列“享受加速折旧政策的资产按税收一般规定计算的折旧、摊销额”：仅适用于第 8 行至第 14 行、第 26 行，填报纳税人享受加速折旧、摊销优惠政策的资产，按照税收一般规定计算的折旧额合计金额、摊销额合计金额。按照税收一般规定计算的折旧、摊销额，是指该资产在不享受加速折旧、摊销优惠政策情况下，按照税收规定的最低折旧年限以直线法计算的折旧额、摊销额。本列仅填报“税收折旧、摊销额”大于“享受加速折旧政策的资产按税收一般规定计算的折旧、摊销额”月份的按税收一般规定计算的折旧额合计金额、摊销额合计金额。

（7）第7列“加速折旧、摊销统计额”：用于统计纳税人享受各类固定资产加速折旧政策的优惠金额，按第5－6列金额填报。

（8）第8列“累计折旧、摊销额”：填报纳税人按照税收规定计算的累计（含本年）资产折旧、摊销额。

（9）第9列“纳税调整金额”：填报第2－5列金额。

【例4－31】 甲企业2018年6月以500万元购入一项固定资产，并于当月达到预定可使用状态，会计核算时估计其使用寿命为5年。适用税法规定按照10年计算确定可税前扣除的折旧额。假定会计与税法均按年限平均法计提折旧，净残值均为零，甲企业未选择享受加速折旧或一次性扣除优惠政策。

分析：会计上按照5年计算折旧额，2018年该资产计提的折旧额＝500÷5×6/12＝50万元；

税法上按照10年计算折旧额，2018年该资产计提的折旧额＝500÷10×6/12＝25万元。

因此，企业所得税中该资产本年可以税前扣除的折旧额为25万元，会计上多计提的25万元税会差异应进行纳税调整，甲企业2018年就该项资产申报表填写如表4－70所示。

（二）表内、表间关系

1. 表内关系：

（1）第1行＝第2＋3＋…＋7行。

（2）第15行＝第16＋17行。

（3）第18行＝第19＋20＋21＋22＋23＋24＋25＋27行。

（4）第28行＝第29＋30＋31＋32＋33行。

（5）第36行＝第1＋15＋18＋28＋34＋35行。（其中第36行第6列＝第8＋9＋10＋11＋12＋13＋14＋26行第6列；第36行第7列＝第8＋9＋10＋11＋12＋13＋14＋26行第7列）。

表 4－70　A105080　　资产折旧、摊销及纳税调整明细表（2018 年）

单位：万元

行次	项目		账载金额			税收金额					纳税调整金额
			资产原值	本年折旧、摊销额	累计折旧、摊销额	资产计税基础	税收折旧、摊销额	享受加速折旧政策的资产按税收一般规定计算的折旧、摊销额	加速折旧、摊销统计额	累计折旧、摊销额	
			1	2	3	4	5	6	7＝5－6	8	9（2－5）
1	一、固定资产（2＋3＋4＋5＋6＋7）							*	*		
2	所有固定资产	（一）房屋、建筑物						*	*		
3		（二）飞机、火车、轮船、机器、机械和其他生产设备	500	50	50	500	25	*	*	25	25
4		（三）与生产经营活动有关的器具、工具、家具等						*	*		
5		（四）飞机、火车、轮船以外的运输工具						*	*		
6		（五）电子设备						*	*		
7		（六）其他						*	*		

（6）第 7 列 = 第 5 – 6 列。

（7）第 9 列 = 第 2 – 5 列。

2. 表间关系：

（1）第 36 行第 2 列 = 表 A105000 第 32 行第 1 列。

（2）第 36 行第 5 列 = 表 A105000 第 32 行第 2 列。

（3）若第 36 行第 9 列 ≥0，第 36 行第 9 列 = 表 A105000 第 32 行第 3 列；若第 36 行第 9 列 <0，第 36 行第 9 列的绝对值 = 表 A105000 第 32 行第 4 列。

（三）相关政策

1.《中华人民共和国企业所得税法》（中华人民共和国主席令第 63 号）。

2.《中华人民共和国企业所得税法实施条例》（中华人民共和国国务院令第 512 号）。

3.《国家税务总局关于企业固定资产加速折旧所得税处理有关问题的通知》（国税发〔2009〕81 号）。

4.《国家税务总局关于融资性售后回租业务中承租方出售资产行为有关税收问题的公告》（国家税务总局公告 2010 年第 13 号）。

5.《国家税务总局关于企业所得税若干问题的公告》（国家税务总局公告 2011 年第 34 号）。

6.《国家税务总局关于发布〈企业所得税政策性搬迁所得税管理办法〉的公告》（国家税务总局公告 2012 年第 40 号）。

7.《财政部　国家税务总局关于进一步鼓励软件产业和集成电路产业发展企业所得税政策的通知》（财税〔2012〕27 号）。

8.《国家税务总局关于企业所得税应纳税所得额若干问题的公告》（国家税务总局公告 2014 年第 29 号）。

9.《财政部　国家税务总局关于完善固定资产加速折旧税收政策有关问题的通知》（财税〔2014〕75 号）。

10.《财政部　国家税务总局关于进一步完善固定资产加速折旧企业所得税政策的通知》（财税〔2015〕106 号）。

11.《国家税务总局关于全民所有制企业公司制改制企业所得税处理问题的公告》（国家税务总局公告 2017 年第 34 号）。

12.《财政部　税务总局关于设备器具扣除有关企业所得税政策的通知》（财税〔2018〕54号）。

13.《国家税务总局关于设备器具扣除有关企业所得税政策执行问题的公告》（国家税务总局公告2018年第46号）。

三、资产减值准备金

企业的各项资产，包括固定资产、生物资产、无形资产、长期待摊费用、投资资产、存货等，以历史成本为计税基础。历史成本，是指企业取得该项资产时实际发生的支出。企业持有各项资产期间的资产增值或者减值，除国务院财政、税务主管部门规定可以确认损益外，不得调整该资产的计税基础。本表仅调整资产持有期间（提取、价值转回等）的资产减值准备金情况，涉及资产处置的，发生损失填报“资产损失税前扣除及纳税调整明细表”（A105090，见表4－73）进行调整。特殊行业提取的准备金应根据“特殊行业准备金及纳税调整明细表”（A105120）填报。

表4－71　A105000　　纳税调整项目明细表

行次	项　目	账载金额	税收金额	调增金额	调减金额
		1	2	3	4
31	三、资产类调整项目（32＋33＋34＋35）	*	*		
33	（二）资产减值准备金		*		

（一）项目填报说明

表A105000第33行“（二）资产减值准备金”：填报坏账准备、存货跌价准备、理赔费用准备金等不允许税前扣除的各类资产减值准备金纳税调整情况。第1列“账载金额”填报纳税人会计核算计入当期损益的资产减值准备金金额（因价值恢复等原因转回的资产减值准备金应予以冲回）。若第1列≥0，第3列“调增金额”填报第1列金额。若第1列＜0，第4列“调减金额”填报第1列金额的绝对值。

【例4－32】甲企业应收乙企业500万元，2018年乙企业经营困难，甲企业对应收款项进行减值测试后计提了坏账100万元。

分析：会计上确认坏账准备100万元，而企业所得税规定未经核定的准备金支出不得税前扣除，其差异应进行纳税调整，甲企业2018年申报表填写如表4－72所示：

表4－72　A105000　纳税调整项目明细表（2018年）　单位：万元

行次	项　目	账载金额	税收金额	调增金额	调减金额
		1	2	3	4
31	三、资产类调整项目（32＋33＋34＋35）	*	*		
33	（二）资产减值准备金	100	*	100	

（二）相关政策

1.《中华人民共和国企业所得税法》（中华人民共和国主席令第63号）。

2.《中华人民共和国企业所得税法实施条例》（中华人民共和国国务院令第512号）。

四、资产损失（填写A105090）

“资产损失税前扣除及纳税调整明细表”（A105090，见表4－73）适用于发生资产损失税前扣除项目及纳税调整项目的纳税人填报。纳税人根据《中华人民共和国企业所得税法》（中华人民共和国主席令第六十三号）、《财政部　国家税务总局关于企业资产损失税前扣除政策的通知》（财税〔2009〕57号）、《国家税务总局关于发布〈企业资产损失所得税税前扣除管理办法〉的公告》（国家税务总局公告2011年第25号发布、国家税务总局公告2018年第31号修改）、《国家税务总局关于商业零售企业存货损失税前扣除问题的公告》（国家税务总局公告2014年第3号）、《国家税务总局关于企业因国务院决定事项形成的资产损失税前扣除问题的公告》（国家税务总局公告2014年第18号）、《财政部　国家税务总局关于金融企业涉农贷款和中小企业贷款损失准备金税前扣除有关问题的通知》（财税〔2015〕3号）、《国家税务总局关于金融企业涉农贷款和中小企业贷款损失税前扣除问题的公告》（国家税务总局公告2015年第25

表4－73　A105090　　资产损失税前扣除及纳税调整明细表

行次	项　　目	资产损失的账载金额	资产处置收入	赔偿收入	资产计税基础	资产损失的税收金额	纳税调整金额
		1	2	3	4	5（4－2－3）	6（1－5）
1	一、现金及银行存款损失						
2	二、应收及预付款项坏账损失						
3	其中：逾期三年以上的应收款项损失						
4	逾期一年以上的小额应收款项损失						
5	三、存货损失						
6	其中：存货盘亏、报废、损毁、变质或被盗损失						
7	四、固定资产损失						
8	其中：固定资产盘亏、丢失、报废、损毁或被盗损失						
9	五、无形资产损失						
10	其中：无形资产转让损失						
11	无形资产被替代或超过法律保护期限形成的损失						
12	六、在建工程损失						
13	其中：在建工程停建、报废损失						
14	七、生产性生物资产损失						
15	其中：生产性生物资产盘亏、非正常死亡、被盗、丢失等产生的损失						

续表

行次	项目	资产损失的账载金额	资产处置收入	赔偿收入	资产计税基础	资产损失的税收金额	纳税调整金额
		1	2	3	4	5（4－2－3）	6（1－5）
16	八、债权性投资损失（17＋22）						
17	（一）金融企业债权性投资损失（18＋21）						
18	1. 符合条件的涉农和中小企业贷款损失						
19	其中：单户贷款余额300万（含）以下的贷款损失						
20	单户贷款余额300万元至1 000万元（含）的贷款损失						
21	2. 其他债权性投资损失						
22	（二）非金融企业债权性投资损失						
23	九、股权（权益）性投资损失						
24	其中：股权转让损失						
25	十、通过各种交易场所、市场买卖债券、股票、期货、基金以及金融衍生产品等发生的损失						
26	十一、打包出售资产损失						
27	十二、其他资产损失						
28	合计（1＋2＋5＋7＋9＋12＋14＋16＋23＋25＋26＋27）						
29	其中：分支机构留存备查的资产损失						

号）、《国家税务总局关于企业所得税资产损失资料留存备查有关事项的公告》（国家税务总局公告2018年第15号）等相关规定，及国家统一企业会计制度，填报资产损失的会计处理、税收规定，以及纳税调整情况。

（一）项目填报说明

1. 行次填报：

纳税人在第1至27行按资产类型填报留存备查的资产损失情况，跨地区经营汇总纳税企业在第1行至27行应填报总机构和全部分支机构的资产损失情况，并在第29行填报各分支机构留存备查的资产损失汇总情况。

（1）第1行“一、现金及银行存款损失”：填报纳税人当年发生的现金损失和银行存款损失的账载金额、资产处置收入、赔偿收入、资产计税基础、资产损失的税收金额及纳税调整金额。

（2）第2行“二、应收及预付款项坏账损失”：填报纳税人当年发生的应收及预付款项坏账损失的账载金额、资产处置收入、赔偿收入、资产计税基础、资产损失的税收金额及纳税调整金额。

（3）第3行“逾期三年以上的应收款项损失”：填报纳税人当年发生的应收及预付款项坏账损失中，逾期三年以上的应收款项且当年在会计上已作为损失处理的坏账损失的账载金额、资产处置收入、赔偿收入、资产计税基础、资产损失的税收金额及纳税调整金额。

（4）第4行“逾期一年以上的小额应收款项损失”：填报纳税人当年发生的应收及预付款项坏账损失中，逾期一年以上，单笔数额不超过五万或者不超过企业年度收入总额万分之一的应收款项，会计上已经作为损失处理的坏账损失的账载金额、资产处置收入、赔偿收入、资产计税基础、资产损失的税收金额及纳税调整金额。

（5）第5行“三、存货损失”：填报纳税人当年发生的存货损失的账载金额、资产处置收入、赔偿收入、资产计税基础、资产损失的税收金额及纳税调整金额。

【例4－33】甲企业2018年为加快存货周转将一批旧款产品低价出售，成本为20万元，不含税售价16万元，该产品原已计提减值准备2万元。

分析：会计上应确认处置损益＝16－（20－2）＝－2万元，而企业所得税

规定的处置损益 = 16 − 20 = −4 万元，其差异应进行纳税调整，甲企业2018年申报表填写如表4−74所示：

表4−74　A105090　　资产损失税前扣除及纳税调整明细表（2018年）

单位：万元

行次	项　目	资产损失的账载金额	资产处置收入	赔偿收入	资产计税基础	资产损失的税收金额	纳税调整金额
		1	2	3	4	5（4−2−3）	6（1−5）
5	三、存货损失	2	16		20	4	−2
6	其中：存货盘亏、报废、损毁、变质或被盗损失						

（6）第6行“存货盘亏、报废、损毁、变质或被盗损失”：填报纳税人当年发生的存货损失中，存货盘亏损失、存货报废、毁损或变质损失以及存货被盗损失的账载金额、资产处置收入、赔偿收入、资产计税基础、资产损失的税收金额及纳税调整金额。

◆对企业盘亏的存货，以该存货的成本减除责任人赔偿后的余额，作为存货盘亏损失在计算应纳税所得额时扣除。对企业毁损、报废的存货，以该存货的成本减除残值、保险赔款和责任人赔偿后的余额，作为存货毁损、报废损失在计算应纳税所得额时扣除。对企业被盗的存货，以该存货的成本减除保险赔款和责任人赔偿后的余额，作为存货被盗损失在计算应纳税所得额时扣除。

（7）第7行“四、固定资产损失”：填报纳税人当年发生的固定资产损失的账载金额、资产处置收入、赔偿收入、资产计税基础、资产损失的税收金额及纳税调整金额。

（8）第8行“固定资产盘亏丢失、报废、损毁或被盗损失”：填报纳税人当年发生的固定资产损失中，固定资产盘亏、丢失损失，报废、毁损损失以及被盗损失的账载金额、资产处置收入、赔偿收入、资产计税基础、资产损失的税收金额及纳税调整金额。

◆对企业盘亏的固定资产，以该固定资产的账面净值减除责任人赔偿后的余额，作为固定资产盘亏损失在计算应纳税所得额时扣除。对企业毁损、报废的固定资产，以该固定资产的账面净值减除残值、保险赔款和责任人赔偿后的余额，作为固定资产毁损、报废损失在计算应纳税所得额时扣除。对企业被盗的固定资产，以该固定资产的账面净值减除保险赔款和责任人赔偿后的余额，作为固定资产被盗损失在计算应纳税所得额时扣除。

【例 4－34】 甲企业 2018 年 12 月将一台生产设备进行提前报废，该设备原值 100 万元（与税法确认的计税基础一致），累计折旧 80 万元（与税法确认的折旧一致），已计提减值准备 8 万元，报废时支付清理费用 3 万元，取得残值收入 2 万元，假设不考虑增值税。

分析：会计上应确认处置损益＝2－（100－80－8）－3＝－13 万元，而企业所得税规定的处置损益＝2－（100－80）－3＝－21 万元，其差异应进行纳税调整，甲企业 2018 年申报表填写如表 4－75 所示：

表 4－75　A105090　资产损失税前扣除及纳税调整明细表（2018 年）

单位：万元

行次	项　目	资产损失的账载金额	资产处置收入	赔偿收入	资产计税基础	资产损失的税收金额	纳税调整金额
		1	2	3	4	5（4－2－3）	6（1－5）
7	四、固定资产损失	13	2		23	21	－8
8	其中：固定资产盘亏、丢失、报废、损毁或被盗损失	13	2		23	21	－8

（9）第 9 行“五、无形资产损失”：填报纳税人当年发生的无形资产损失的账载金额、资产处置收入、赔偿收入、资产计税基础、资产损失的税收金额及纳税调整金额。

（10）第 10 行“无形资产转让损失”：填报纳税人当年在正常经营管理活动中，按照公允价格转让无形资产发生的损失的账载金额、资产处置收入、赔偿收入、资产计税基础、资产损失的税收金额及纳税调整金额。

（11）第 11 行“无形资产被替代或超过法律保护期限形成的损失”：填报纳税人当年发生的无形资产损失中，被其他新技术所代替或超过法律保护期限，已经丧失使用价值和转让价值，尚未摊销的无形资产损失的账载金额、资产处置收入、赔偿收入、资产计税基础、资产损失的税收金额及纳税调整金额。

（12）第 12 行“六、在建工程损失”：填报纳税人当年发生的在建工程损失的账载金额、资产处置收入、赔偿收入、资产计税基础、资产损失的税收金额及纳税调整金额。

（13）第13行“在建工程停建、报废损失”：填报纳税人当年发生的在建工程损失中，在建工程停建、报废损失的账载金额、资产处置收入、赔偿收入、资产计税基础、资产损失的税收金额及纳税调整金额。

（14）第14行“七、生产性生物资产损失”：填报纳税人当年发生的生产性生物资产损失的账载金额、资产处置收入、赔偿收入、资产计税基础、资产损失的税收金额及纳税调整金额。

（15）第15行“生产性生物资产盘亏、非正常死亡、被盗、丢失等产生的损失”：填报纳税人当年发生的生产性生物资产损失中，生产性生物资产盘亏损失、因森林病虫害、疫情、死亡而产生的生产性生物资产损失以及被盗伐、被盗、丢失而产生的生产性生物资产损失的账载金额、资产处置收入、赔偿收入、资产计税基础、资产损失的税收金额及纳税调整金额。

（16）第16行“八、债权性投资损失”：填报纳税人当年发生的债权性投资损失的账载金额、资产处置收入、赔偿收入、资产计税基础、资产损失的税收金额及纳税调整金额。

（17）第17行“（一）金融企业债权性投资损失”：填报金融企业当年发生的债权性投资损失的账载金额、资产处置收入、赔偿收入、资产计税基础、资产损失的税收金额及纳税调整金额。

（18）第18行“1. 符合条件的涉农和中小企业贷款损失”：填报金融企业当年发生的，符合财税〔2015〕3号规定条件的涉农和中小企业贷款形成的资产损失的账载金额、资产处置收入、赔偿收入、资产计税基础、资产损失的税收金额及纳税调整金额。

（19）第19行“单户贷款余额300万（含）以下的贷款损失”：填报金融企业当年发生的符合条件的涉农和中小企业贷款损失中，单户贷款余额300万（含）以下的资产损失的账载金额、资产处置收入、赔偿收入、资产计税基础、资产损失的税收金额及纳税调整金额。

（20）第20行“单户贷款余额300万元至1 000万元（含）的贷款损失”：填报金融企业当年发生的符合条件的涉农和中小企业贷款损失中，单户余额300万元至1 000万元（含）的资产损失的账载金额、资产处置收入、赔偿收入、资产计税基础、资产损失的税收金额及纳税调整金额。

（21）第 21 行“2. 其他债权性投资损失”：填报金融企业当年发生的，除符合条件的涉农和中小企业贷款损失以外的其他债权性投资损失的账载金额、资产处置收入、赔偿收入、资产计税基础、资产损失的税收金额及纳税调整金额。

（22）第 22 行“（二）非金融企业债权性投资损失”：填报非金融企业当年发生的债权性投资损失的账载金额、资产处置收入、赔偿收入、资产计税基础、资产损失的税收金额及纳税调整金额。

（23）第 23 行“九、股权（权益）性投资损失”：填报纳税人当年发生的股权（权益）性投资损失的账载金额、资产处置收入、赔偿收入、资产计税基础、资产损失的税收金额及纳税调整金额。

（24）第 24 行“股权转让损失”：填报纳税人当年发生的股权（权益）性投资损失中，因股权转让形成的资产损失的账载金额、资产处置收入、赔偿收入、资产计税基础、资产损失的税收金额及纳税调整金额。

（25）第 25 行“十、通过各种场所、市场等买卖债券、股票、期货、基金以及金融衍生产品等发生的损失”：填报纳税人当年发生的，按照市场公平交易原则，通过各种交易场所、市场等买卖债券、股票、期货、基金以及金融衍生产品等发生的损失的账载金额、资产处置收入、赔偿收入、资产计税基础、资产损失的税收金额及纳税调整金额。

（26）第 26 行“十一、打包出售资产损失”：填报纳税人当年发生的，将不同类别的资产捆绑（打包），以拍卖、询价、竞争性谈判、招标等市场方式出售形成的资产损失的账载金额、资产处置收入、赔偿收入、资产计税基础、资产损失的税收金额及纳税调整金额。

（27）第 27 行“十二、其他资产损失”：填报纳税人当年发生的其他资产损失的账载金额、资产处置收入、赔偿收入、资产计税基础、资产损失的税收金额及纳税调整金额。

（28）第 28 行“合计”行次：填报第 1 + 2 + 5 + 7 + 9 + 12 + 14 + 16 + 23 + 25 + 26 + 27 行的合计金额。

（29）第 29 行“分支机构留存备查的资产损失”：填报跨地区经营企业各分支机构留存备查的资产损失的账载金额、资产处置收入、赔偿收入、资产计税基础、资产损失的税收金额及纳税调整金额。

2. 列次填报：

（1）第1列"资产损失的账载金额"：填报纳税人会计核算计入当期损益的对应项目的资产损失金额。

（2）第2列"资产处置收入"：填报纳税人处置发生损失的资产可收回的残值或处置收益。

（3）第3列"赔偿收入"：填报纳税人发生的资产损失，取得的相关责任人、保险公司赔偿的金额。

（4）第4列"资产计税基础"：填报纳税人按税收规定计算的发生损失时资产的计税基础，含损失资产涉及的不得抵扣增值税进项税额。

（5）第5列"资产损失的税收金额"：填报按税收规定允许当期税前扣除的资产损失金额，按第4－2－3列金额填报。

（6）第6列"纳税调整金额"：填报第1－5列金额。

（二）表内、表间关系

1. 表内关系

（1）第16行＝第17＋22行。

（2）第17行＝第18＋21行。

（3）第28行＝第1＋2＋5＋7＋9＋12＋14＋16＋23＋25＋26＋27行。

（4）第5列＝第4－2－3列。

（5）第6列＝第1－5列。

2. 表间关系

（1）第28行第1列＝表A105000第34行第1列。

（2）第28行第5列＝表A105000第34行第2列。

（3）若第28行第6列≥0，第28行第6列＝表A105000第34行第3列；若第28行第6列＜0，第28行第6列的绝对值＝表A105000第34行第4列。

（三）相关政策

1.《中华人民共和国企业所得税法》（中华人民共和国主席令第63号）。

2.《中华人民共和国企业所得税法实施条例》（中华人民共和国国务院令第512号）。

3.《财政部　国家税务总局关于企业资产损失税前扣除政策的通知》（财税〔2009〕57号）。

4.《国家税务总局关于发布〈企业资产损失所得税税前扣除管理办法〉的公告》（国家税务总局公告2011年第25号发布）。

5.《国家税务总局关于商业零售企业存货损失税前扣除问题的公告》（国家税务总局公告2014年第3号）。

6.《国家税务总局关于企业因国务院决定事项形成的资产损失税前扣除问题的公告》（国家税务总局公告2014年第18号）。

7.《财政部　国家税务总局关于金融企业涉农贷款和中小企业贷款损失准备金税前扣除有关问题的通知》（财税〔2015〕3号）。

8.《国家税务总局关于金融企业涉农贷款和中小企业贷款损失税前扣除问题的公告》（国家税务总局公告2015年第25号）。

9.《国家税务总局关于企业所得税资产损失资料留存备查有关事项的公告》（国家税务总局公告2018年第15号）。

第四节　纳税调整项目明细表特殊事项

一、纳税调整项目明细表（特殊事项）

表4－76　A105000　　纳税调整项目明细表

行次	项　目	账载金额	税收金额	调增金额	调减金额
		1	2	3	4
36	四、特殊事项调整项目（37＋38＋…＋43）	*	*		
37	（一）企业重组及递延纳税事项（填写A105100）				
38	（二）政策性搬迁（填写A105110）	*	*		
39	（三）特殊行业准备金（填写A105120）				

续表

行次	项　　目	账载金额	税收金额	调增金额	调减金额
		1	2	3	4
40	（四）房地产开发企业特定业务计算的纳税调整额（填写 A105010）	*			
41	（五）合伙企业法人合伙人应分得的应纳税所得额				
42	（六）发行永续债利息支出				
43	（七）其他	*	*		

（一）项目填报说明

1. 表 A105000 第 36 行“四、特殊事项调整项目”：填报特殊事项调整项目第 37 行至第 43 行的合计金额。

2. 第 37 行“（一）企业重组及递延纳税事项”：根据“企业重组及递延纳税事项纳税调整明细表”（A105100，见表 4－81）填报。第 1 列“账载金额”填报表 A105100 第 16 行第 1＋4 列金额。第 2 列“税收金额”填报表 A105100 第 16 行第 2＋5 列金额。若表 A105100 第 16 行第 7 列≥0，第 3 列“调增金额”填报表 A105100 第 16 行第 7 列金额。若表 A105100 第 16 行第 7 列＜0，第 4 列“调减金额”填报表 A105100 第 16 行第 7 列金额的绝对值。

3. 第 38 行“（二）政策性搬迁”：根据“政策性搬迁纳税调整明细表”（A105110，见表 4－84）填报。若表 A105110 第 24 行≥0，第 3 列“调增金额”填报表 A105110 第 24 行金额。若表 A105110 第 24 行＜0，第 4 列“调减金额”填报表 A105110 第 24 行金额的绝对值。

4. 第 39 行“（三）特殊行业准备金”：根据“特殊行业准备金及纳税调整明细表”（A105120，见表 4－86）填报。第 1 列“账载金额”填报表 A105120 第 43 行第 1 列金额。第 2 列“税收金额”填报表 A105120 第 43 行第 2 列金额。若表 A105120 第 43 行第 3 列≥0，第 3 列“调增金额”填报表 A105120 第 43 行第 3 列金额。若表 A105120 第 43 行第 3 列＜0，第 4 列“调减金额”填报表 A105120 第 43 行第 3 列金额的绝对值。

5. 第 40 行“（四）房地产开发企业特定业务计算的纳税调整额”：根据

“视同销售和房地产开发企业特定业务纳税调整明细表”（A105010）填报。第2列“税收金额”填报表A105010第21行第1列金额。若表A105010第21行第2列≥0，第3列“调增金额”填报表A105010第21行第2列金额。若表A105010第21行第2列<0，第4列“调减金额”填报表A105010第21行第2列金额的绝对值。

6. 第41行“（五）合伙企业法人合伙人分得的应纳税所得额”：第1列“账载金额”填报合伙企业法人合伙人本年会计核算上确认的对合伙企业的投资所得。第2列“税收金额”填报纳税人按照“先分后税”原则和《财政部国家税务总局关于合伙企业合伙人所得税问题的通知》（财税〔2008〕159号）文件第四条规定计算的从合伙企业分得的法人合伙人应纳税所得额。若第1列≤第2列，第3列“调增金额”填报第2－1列金额。若第1列>第2列，第4列“调减金额”填报第2－1列金额的绝对值。

7. 第42行“（六）发行永续债利息支出”：本行填报企业发行永续债采取的税收处理办法与会计核算方式不一致时的纳税调整情况。当永续债发行方会计上按照债务核算，税收上适用股息、红利企业所得税政策时，第1列“账载金额”填报支付的永续债利息支出计入当期损益的金额；第2列“税收金额”填报0。永续债发行方会计上按照权益核算，税收上按照债券利息适用企业所得税政策时，第1列“账载金额”填报0；第2列“税收金额”填报永续债发行方支付的永续债利息支出准予在企业所得税税前扣除的金额。若第2列≤第1列，第3列“调增金额”填报第1－2列金额。若第2列>第1列，第4列“调减金额”填报第1－2列金额的绝对值。

8. 第43行“（七）其他”：填报其他因会计处理与税收规定有差异需纳税调整的特殊事项金额。

（二）表内、表间关系

1. 表内关系

第36行＝第37＋38＋39＋40＋41＋42＋43行。

2. 表间关系

（1）第37行第1列＝表A105100第16行第1＋4列；第37行第2列＝表A105100第16行第2＋5列；若表A105100第16行第7列≥0，第37行第

3 列 = 表 A105100 第 16 行第 7 列；若表 A105100 第 16 行第 7 列 <0，第 37 行第 4 列 = 表 A105100 第 16 行第 7 列的绝对值。

（2）若表 A105110 第 24 行 ≥0，第 38 行第 3 列 = 表 A105110 第 24 行；若表 A105110 第 24 行 <0，第 38 行第 4 列 = 表 A105110 第 24 行的绝对值。

（3）第 39 行第 1 列 = 表 A105120 第 43 行第 1 列；第 39 行第 2 列 = 表 A105120 第 43 行第 2 列；若表 A105120 第 43 行第 3 列 ≥0，第 39 行第 3 列 = 表 A105120 第 43 行第 3 列；若表 A105120 第 43 行第 3 列 <0，第 39 行第 4 列 = 表 A105120 第 43 行第 3 列的绝对值。

（4）第 40 行第 2 列 = 表 A105010 第 21 行第 1 列；若表 A105010 第 21 行第 2 列 ≥0，第 40 行第 3 列 = 表 A105010 第 21 行第 2 列；若表 A105010 第 21 行第 2 列 <0，第 40 行第 4 列 = 表 A105010 第 21 行第 2 列的绝对值。

二、企业重组及递延纳税事项（填写 A105100）

“企业重组及递延纳税事项纳税调整明细表”（A105100）适用于发生企业重组、非货币性资产对外投资、技术入股等业务的纳税人填报，如表 4－77 所示。纳税人发生企业重组事项的，在企业重组日所属纳税年度分析填报。纳税人根据《中华人民共和国企业所得税法》（中华人民共和国主席令第六十三号）、《财政部　国家税务总局关于企业重组业务企业所得税处理若干问题的通知》（财税〔2009〕59 号）、《国家税务总局关于发布〈企业重组业务企业所得税管理办法〉的公告》（国家税务总局公告 2010 年第 4 号）、《财政部　国家税务总局关于中国（上海）自由贸易试验区内企业以非货币性资产对外投资等资产重组行为有关企业所得税政策问题的通知》（财税〔2013〕91 号）、《财政部　国家税务总局关于非货币性资产投资企业所得税政策问题的通知》（财税〔2014〕116 号）、《财政部　国家税务总局关于促进企业重组有关企业所得税处理问题的通知》（财税〔2014〕109 号）、《国家税务总局关于非货币性资产投资企业所得税有关征管问题的公告》（国家税务总局公告 2015 年第 33 号）、《国家税务总局关于资产（股权）划转企业所得税征管问题的公告》（国家税务总局公告 2015 年第 40 号）、《国家税务总局关于企业重组业务企业所得税征收管理若干问题的公告》（国家税务总局公告 2015 年第

表4－77　A105100

企业重组及递延纳税事项纳税调整明细表

行次	项　目	一般性税务处理			特殊性税务处理（递延纳税）			纳税调整金额
		账载金额	税收金额	纳税调整金额	账载金额	税收金额	纳税调整金额	
		1	2	3（2－1）	4	5	6（5－4）	7（3＋6）
1	一、债务重组							
2	其中：以非货币性资产清偿债务							
3	债转股							
4	二、股权收购							
5	其中：涉及跨境重组的股权收购							
6	三、资产收购							
7	其中：涉及跨境重组的资产收购							
8	四、企业合并（9＋10）							
9	（一）同一控制下企业合并							
10	（二）非同一控制下企业合并							
11	五、企业分立							
12	六、非货币性资产对外投资							
13	七、技术入股							
14	八、股权划转、资产划转							
15	九、其他							
16	合计（1＋4＋6＋8＋11＋12＋13＋14＋15）							

48号)、《财政部　国家税务总局关于完善股权激励和技术入股有关所得税政策的通知》（财税〔2016〕101号)、《国家税务总局关于股权激励和技术入股所得税征管问题的公告》（国家税务总局公告2016年第62号）等相关规定，以及国家统一企业会计制度，填报企业重组、非货币资产对外投资、技术入股等业务的会计核算及税收规定，以及纳税调整情况。对于发生债务重组业务且选择特殊性税务处理（即债务重组所得可以在5个纳税年度均匀计入应纳税所得额）的纳税人，重组日所属纳税年度的以后纳税年度，也在本表进行债务重组的纳税调整。除上述债务重组所得可以分期确认应纳税所得额的企业重组外，其他涉及资产计税基础与会计核算成本差异调整的企业重组，本表不作调整，在《资产折旧、摊销及纳税调整明细表》（A105080）进行纳税调整。

（一）项目填报说明

1. 行次填报：

(1) 第1行“一、债务重组”：填报企业发生债务重组业务的相关金额。

◆企业重组同时符合下列条件的，适用特殊性税务处理规定：

①具有合理的商业目的，且不以减少、免除或者推迟缴纳税款为主要目的。

②被收购、合并或分立部分的资产或股权比例符合有关规定的比例。

③企业重组后的连续12个月内不改变重组资产原来的实质性经营活动。

④重组交易对价中涉及股权支付金额符合有关规定比例。

⑤企业重组中取得股权支付的原主要股东，在重组后连续12个月内，不得转让所取得的股权。

◆企业重组符合特殊性税务处理条件的，且企业债务重组确认的应纳税所得额占该企业当年应纳税所得额50%以上，可以在5个纳税年度的期间内，均匀计入各年度的应纳税所得额。

【例4－35】甲企业应付供应商货款100万元，由于2018年经营困难，经协商，供应商对其中10万元债务予以豁免，其余90万元以甲企业持有的一项股权投资进行偿还。假设该重组事项具有合理的商业目的，且不以减少、免除或推迟缴纳税款为主要目的，甲企业当年实现应纳税所得额16万元。

分析：甲企业会计上确认债务重组利得＝100－90＝10万元，超过当年应纳税所得额50%，且符合特殊性税务处理相关条件，可以在5个纳税年度内均匀计入各年度的应纳税所得额。甲企业 2018－2022 年申报表填写如表 4－78、表 4－79 所示：

表 4－78 A105100 企业重组及递延纳税事项纳税调整明细表（2018 年）

单位：万元

行次	项目	一般性税务处理			特殊性税务处理（递延纳税）			纳税调整金额
		账载金额	税收金额	纳税调整金额	账载金额	税收金额	纳税调整金额	
		1	2	3（2－1）	4	5	6（5－4）	7（3＋6）
1	一、债务重组				10	2	－8	－8
2	其中：以非货币性资产清偿债务				10	2	－8	－8

表 4－79 A105100 企业重组及递延纳税事项纳税调整明细表（2019－2020 年）

单位：万元

行次	项目	一般性税务处理			特殊性税务处理（递延纳税）			纳税调整金额
		账载金额	税收金额	纳税调整金额	账载金额	税收金额	纳税调整金额	
		1	2	3（2－1）	4	5	6（5－4）	7（3＋6）
1	一、债务重组				0	2	2	2
2	其中：以非货币性资产清偿债务				0	2	2	2

（2）第 2 行“其中：以非货币性资产清偿债务”：填报企业发生以非货币性资产清偿债务的债务重组业务的相关金额。

（3）第 3 行“债转股”：填报企业发生债权转股权的债务重组业务的相关金额。

（4）第 4 行“二、股权收购”：填报企业发生股权收购重组业务的相关金额。

（5）第 5 行“其中：涉及跨境重组的股权收购”：填报企业发生涉及中国境内与境外之间、内地与港澳之间、大陆与台湾地区之间的股权收购交易重组业务的相关金额。

（6）第 6 行“三、资产收购”：填报企业发生资产收购重组业务的相关金额。

（7）第 7 行“其中：涉及跨境重组的资产收购”：填报企业发生涉及中国

境内与境外之间、内地与港澳之间、大陆与台湾地区之间的资产收购交易重组业务的相关金额。

（8）第8行“四、企业合并”：填报第9行和第10行的合计金额。

（9）第9行“（一）同一控制下企业合并”：填报企业发生同一控制下企业合并重组业务的相关金额。

（10）第10行“（二）非同一控制下企业合并”：填报企业发生非同一控制下企业合并重组业务的相关金额。

（11）第11行“五、企业分立”：填报企业发生非同一控制下企业分立重组业务的相关金额。

（12）第12行“六、非货币性资产对外投资”：填报企业发生非货币性资产对外投资的相关金额，符合《财政部 国家税务总局关于非货币性资产投资企业所得税政策问题的通知》（财税〔2014〕116号）和《国家税务总局关于非货币性资产投资企业所得税有关征管问题的公告》（国家税务总局公告2015年第33号）规定执行递延纳税政策的填写“特殊性税务处理（递延纳税）”相关列次。

（13）第13行“七、技术入股”：填报企业以技术成果投资入股到境内居民企业，被投资企业支付对价全部为股票（权）的技术入股业务的相关金额，符合《财政部 国家税务总局关于完善股权激励和技术入股有关所得税政策的通知》（财税〔2016〕101号）、《国家税务总局关于股权激励和技术入股所得税征管问题的公告》（国家税务总局公告2016年第62号）规定适用递延纳税政策的填写“特殊性税务处理（递延纳税）”相关列次。

（14）第14行“八、股权划转、资产划转”：填报企业发生资产（股权）划转业务的相关金额。

2. 列次填报：

本表数据栏设置“一般性税务处理”“特殊性税务处理（递延纳税）”两大栏次，纳税人应根据企业重组所适用的税务处理办法，分别按照企业重组类型进行累计填报，损失以“－”号填列。

（1）第1列“一般性税务处理——账载金额”：填报企业重组适用一般性税务处理或企业未发生递延纳税业务，会计核算确认的企业损益金额。

（2）第2列“一般性税务处理——税收金额”：填报企业重组适用一般性

税务处理或企业未发生递延纳税业务，按税收规定确认的所得（或损失）。

（3）第3列“一般性税务处理——纳税调整金额”：填报企业重组适用一般性税务处理或企业未发生递延纳税业务，按税收规定确认的所得（或损失）与会计核算确认的损益金额的差。为第2－1列的余额。

（4）第4列“特殊性税务处理（递延纳税）——账载金额”：填报企业重组适用特殊性税务处理或企业发生递延纳税业务，会计核算确认的损益金额。

（5）第5列“特殊性税务处理（递延纳税）——税收金额”：填报企业重组适用特殊性税务处理或企业发生递延纳税业务，按税收规定确认的所得（或损失）。

（6）第6列“特殊性税务处理（递延纳税）——纳税调整金额”：填报企业重组适用特殊性税务处理或企业发生递延纳税业务，按税收规定确认的所得（或损失）与会计核算确认的损益金额的差额。为第5－4列的余额。

（7）第7列“纳税调整金额”：填报第3＋6列的合计金额。

（二）表内、表间关系

1. 表内关系：

（1）第8行＝第9＋10行。

（2）第16行＝第1＋4＋6＋8＋11＋12＋13＋14＋15行。

（3）第3列＝第2－1列。

（4）第6列＝第5－4列。

（5）第7列＝第3＋6列。

2. 表间关系：

（1）第16行第1＋4列＝表A105000第37行第1列。

（2）第16行第2＋5列＝表A105000第37行第2列。

（3）若第16行第7列≥0，第16行第7列＝表A105000第37行第3列；若第16行第7列＜0，第16行第7列的绝对值＝表A105000第37行第4列。

（三）相关政策

1.《中华人民共和国企业所得税法》（中华人民共和国主席令第63号）。

2.《中华人民共和国企业所得税法实施条例》（中华人民共和国国务院令第512号）。

3.《财政部　国家税务总局关于企业重组业务企业所得税处理若干问题的通知》（财税〔2009〕59号）。

4.《国家税务总局关于发布〈企业重组业务企业所得税管理办法〉的公告》（国家税务总局公告2010年第4号）。

5.《财政部　国家税务总局关于中国（上海）自由贸易试验区内企业以非货币性资产对外投资等资产重组行为有关企业所得税政策问题的通知》（财税〔2013〕91号）。

6.《财政部　国家税务总局关于非货币性资产投资企业所得税政策问题的通知》（财税〔2014〕116号）。

7.《财政部　国家税务总局关于促进企业重组有关企业所得税处理问题的通知》（财税〔2014〕109号）。

8.《国家税务总局关于非货币性资产投资企业所得税有关征管问题的公告》（国家税务总局公告2015年第33号）。

9.《国家税务总局关于资产（股权）划转企业所得税征管问题的公告》（国家税务总局公告2015年第40号）。

10.《国家税务总局关于企业重组业务企业所得税征收管理若干问题的公告》（国家税务总局公告2015年第48号）。

11.《财政部　国家税务总局关于完善股权激励和技术入股有关所得税政策的通知》（财税〔2016〕101号）。

12.《国家税务总局关于股权激励和技术入股所得税征管问题的公告》（国家税务总局公告2016年第62号）。

三、政策性搬迁（填写A105110）

“政策性搬迁纳税调整明细表”（A105110）适用于发生政策性搬迁纳税调整项目的纳税人在完成搬迁年度及以后进行损失分期扣除的年度填报，如表4－80所示。纳税人根据《中华人民共和国企业所得税法》（中华人民共和国主席令第六十三号）、《国家税务总局关于发布〈企业政策性搬迁所得税管理办法〉的公告》（国家税务总局公告2012 年第40 号）、《国家税务总局关于企业政策性搬迁所得税有关问题的公告》（国家税务总局公告 2013 年第 11 号）等相关规定，以及国家统一企业会计制度，填报企业政策性搬迁项目的相关会计处理、税收规定及纳税调整情况。

表 4－80　A105110　　政策性搬迁纳税调整明细表

行次	项　目	金额
1	一、搬迁收入（2＋8）	
2	（一）搬迁补偿收入（3＋4＋5＋6＋7）	
3	1. 对被征用资产价值的补偿	
4	2. 因搬迁、安置而给予的补偿	
5	3. 对停产停业形成的损失而给予的补偿	
6	4. 资产搬迁过程中遭到毁损而取得的保险赔款	
7	5. 其他补偿收入	
8	（二）搬迁资产处置收入	
9	二、搬迁支出（10＋16）	
10	（一）搬迁费用支出（11＋12＋13＋14＋15）	
11	1. 安置职工实际发生的费用	
12	2. 停工期间支付给职工的工资及福利费	
13	3. 临时存放搬迁资产而发生的费用	
14	4. 各类资产搬迁安装费用	
15	5. 其他与搬迁相关的费用	
16	（二）搬迁资产处置支出	
17	三、搬迁所得或损失（1－9）	
18	四、应计入本年应纳税所得额的搬迁所得或损失（19＋20＋21）	
19	其中：搬迁所得	
20	搬迁损失一次性扣除	
21	搬迁损失分期扣除	
22	五、计入当期损益的搬迁收益或损失	
23	六、以前年度搬迁损失当期扣除金额	
24	七、纳税调整金额（18－22－23）	

（一）项目填报说明

本表第1行“一、搬迁收入”至第21行“搬迁损失分期扣除”的金额，按照税收规定确认的政策性搬迁清算累计数填报。

1. 第1行“一、搬迁收入”：填报第2+8行的合计金额。

2. 第2行“（一）搬迁补偿收入”：填报按税收规定确认的，纳税人从本企业以外取得的搬迁补偿收入金额，此行为第3行至第7行的合计金额。

3. 第3行“1. 对被征用资产价值的补偿”：填报按税收规定确认的，纳税人被征用资产价值补偿收入累计金额。

4. 第4行“2. 因搬迁、安置而给予的补偿”：填报按税收规定确认的，纳税人因搬迁、安置而取得的补偿收入累计金额。

5. 第5行“3. 对停产停业形成的损失而给予的补偿”：填报按税收规定确认的，纳税人停产停业形成损失而取得的补偿收入累计金额。

6. 第6行“4. 资产搬迁过程中遭到毁损而取得的保险赔款”：填报按税收规定确认，纳税人资产搬迁过程中遭到毁损而取得的保险赔款收入累计金额。

7. 第7行“5. 其他补偿收入”：填报按税收规定确认，纳税人其他补偿收入累计金额。

8. 第8行“（二）搬迁资产处置收入”：填报按税收规定确认，纳税人由于搬迁而处置各类资产所取得的收入累计金额。

9. 第9行“二、搬迁支出”：填报第10+16行的合计金额。

10. 第10行“（一）搬迁费用支出”：填报按税收规定确认，纳税人搬迁过程中发生的费用支出累计金额，为第11行至第15行的合计金额。

11. 第11行“1. 安置职工实际发生的费用”：填报按税收规定确认，纳税人安置职工实际发生费用支出的累计金额。

12. 第12行“2. 停工期间支付给职工的工资及福利费”：填报按税收规定确认，纳税人因停工支付给职工的工资及福利费支出累计金额。

13. 第13行“3. 临时存放搬迁资产而发生的费用”：填报按税收规定确认，纳税人临时存放搬迁资产发生的费用支出累计金额。

14. 第14行“4. 各类资产搬迁安装费用”：填报按税收规定确认，纳税人各类资产搬迁安装费用支出累计金额。

15. 第 15 行“5. 其他与搬迁相关的费用”：填报按税收规定确认，纳税人其他与搬迁相关的费用支出累计金额。

16. 第 16 行“（二）搬迁资产处置支出”：填报按税收规定确认的，纳税人搬迁资产处置支出累计金额。符合《国家税务总局关于企业政策性搬迁所得税有关问题的公告》（国家税务总局公告 2013 年第 11 号）规定的资产购置支出，填报在本行。

17. 第 17 行“三、搬迁所得或损失”：填报政策性搬迁所得或损失，填报第 1 – 9 行的余额，损失以“ – ”号填列。

18. 第 18 行“四、应计入本年应纳税所得额的搬迁所得或损失”：填报政策性搬迁所得或损失按照税收规定计入本年应纳税所得额的金额，填报第 19 行至第 21 行的合计金额，损失以“ – ”号填列。

19. 第 19 行“其中：搬迁所得”：填报按税法相关规定，搬迁完成年度政策性搬迁所得的金额。

20. 第 20 行“搬迁损失一次性扣除”：由选择一次性扣除搬迁损失的纳税人填报，填报搬迁完成年度按照税收规定计算的搬迁损失金额，损失以“ – ”号填列。

21. 第 21 行“搬迁损失分期扣除”：由选择分期扣除搬迁损失的纳税人填报，填报搬迁完成年度按照税收规定计算的搬迁损失在本年扣除的金额，损失以“ – ”号填列。

22. 第 22 行“五、计入当期损益的搬迁收益或损失”：填报政策性搬迁项目会计核算计入当期损益的金额，损失以“ – ”号填列。

23. 第 23 行“六、以前年度搬迁损失当期扣除金额”：以前年度完成搬迁形成的损失，按照税收规定在当期扣除的金额。

24. 第 24 行“七、纳税调整金额”：填报第 18 – 22 – 23 行的余额。

【例 4 – 36】 甲企业 2018 年初因市政规划，实施整体搬迁，并于 2018 年 6 月 15 日签订了搬迁协议，协议约定补偿搬迁款 4 500 万元，过渡性房租费用每年 100 万元，共 500 万元，五年内完成搬迁。搬迁中发生如下业务：2018 年 7 月收到财政预算补偿款 5 000 万元；当年以置换形式取得一块新土地，被置换土地使用权原价 2 000 万元，累计摊销 1 500 万元；处置资产设备原值

1 500 万元，累计折旧 900 万元，处置收入 200 万元；搬迁过程中销售存货，不含税价 300 万元，成本 310 万元。签订房租合同，2018 年 50 万元，其他每年支付 100 万元。2019 年搬迁中报废固定资产——房屋及建筑物，原值 2 000 万元，累计折旧 1 200 万元，支付清理费用 50 万元，处置残料收入 80 万元。2020 年 1 月银行支付搬迁固定资产发生费用化支出 150 万元，发生设备搬迁拆卸、运输、安装费用 50 万元，支付重建房屋支出 1 500 万元；2021 年重置固定资产——机器设备 1 000 万元，重建房屋于 2022 年 10 月验收合格达到预定可使用状态，机器设备 11 月安装完毕，于 12 月投入生产。假设以前年度均盈利，暂不考虑各项税费，房屋使用年限 20 年，设备 10 年，无预计净残值。

分析：2022 年为完成搬迁的年度，对搬迁收入和支出进行汇总清算。将搬迁所得计入当年度企业应纳税所得额计算纳税。

（1）搬迁收入 = 搬迁补偿收入 + 搬迁资产处置收入 = 5 000 + 200 + 80 = 5 280 万元；

（2）搬迁支出 = 搬迁费用支出 + 搬迁资产处置支出 = 450 + 50 + 150 + 50 + 600 + 800 = 2 100 万元；

（3）搬迁所得 = 搬迁收入 − 搬迁支出 = 5 280 − 2 100 = 3 180 万元。

甲企业 2022 年申报表填写如表 4 − 81 所示：

表 4 − 81　A105110　政策性搬迁纳税调整明细表（2022 年）　单位：万元

行次	项　目	金额
1	一、搬迁收入（2 + 8）	5 280
2	（一）搬迁补偿收入（3 + 4 + 5 + 6 + 7）	5 000
3	1. 对被征用资产价值的补偿	4 500
4	2. 因搬迁、安置而给予的补偿	500
5	3. 对停产停业形成的损失而给予的补偿	
6	4. 资产搬迁过程中遭到毁损而取得的保险赔款	
7	5. 其他补偿收入	
8	（二）搬迁资产处置收入	280
9	二、搬迁支出（10 + 16）	2 100
10	（一）搬迁费用支出（11 + 12 + 13 + 14 + 15）	700
11	1. 安置职工实际发生的费用	450
12	2. 停工期间支付给职工的工资及福利费	

续表

行次	项　　目	金额
13	3. 临时存放搬迁资产而发生的费用	
14	4. 各类资产搬迁安装费用	50
15	5. 其他与搬迁相关的费用	200
16	（二）搬迁资产处置支出	1 400
17	三、搬迁所得或损失（1－9）	3 180
18	四、应计入本年应纳税所得额的搬迁所得或损失（19＋20＋21）	3 180
19	其中：搬迁所得	3 180
20	搬迁损失一次性扣除	
21	搬迁损失分期扣除	
22	五、计入当期损益的搬迁收益或损失	
23	六、以前年度搬迁损失当期扣除金额	
24	七、纳税调整金额（18－22－23）	3 180

（二）表内、表间关系

1. 表内关系：

（1）第1行＝第2＋8行。

（2）第2行＝第3＋4＋…＋7行。

（3）第9行＝第10＋16行。

（4）第10行＝第11＋12＋…＋15行。

（5）第17行＝第1－9行。

（6）第18行＝第19＋20＋21行。

（7）第24行＝第18－22－23行。

2. 表间关系：

（1）若第24行≥0，第24行＝表A105000第38行第3列；若第24行＜0，第24行的绝对值＝表A105000第38行第4列。

（三）相关政策

1.《中华人民共和国企业所得税法》（中华人民共和国主席令第63号）。

2.《中华人民共和国企业所得税法实施条例》（中华人民共和国国务院令

第512号）。

3.《国家税务总局关于发布〈企业政策性搬迁所得税管理办法〉的公告》（国家税务总局公告2012年第40号）。

4.《国家税务总局关于企业政策性搬迁所得税有关问题的公告》（国家税务总局公告2013年第11号）。

四、特殊行业准备金（填写A105120）

“特殊行业准备金及纳税调整明细表”（A105120）适用于发生特殊行业准备金的纳税人填报，如表4－82所示。纳税人根据《中华人民共和国企业所得税法》（中华人民共和国主席令第六十三号）相关规定，以及国家统一企业会计制度，填报特殊行业准备金会计处理、税收规定及纳税调整情况。只要会计上发生准备金，不论是否纳税调整，均需填报。

表4－82　A105120　特殊行业准备金及纳税调整明细表

行次	项目			账载金额	税收金额	纳税调整金额
				1	2	3（1－2）
1	一、保险公司（2＋13＋14＋15＋16＋19＋20）					
2	（一）保险保障基金（3＋4＋5＋…＋12）					
3	1. 财产保险业务	非投资型				
4		投资型	保证收益			
5			无保证收益			
6	2. 人寿保险业务	保证收益				
7		无保证收益				
8	3. 健康保险业务	短期				
9		长期				
10	4. 意外伤害保险业务	非投资型				
11		投资型	保证收益			
12			无保证收益			
13	（二）未到期责任准备金					
14	（三）寿险责任准备金					
15	（四）长期健康险责任准备金					

续表

行次	项　目	账载金额	税收金额	纳税调整金额
		1	2	3（1－2）
16	（五）未决赔款准备金（17＋18）			
17	1. 已发生已报案未决赔款准备金			
18	2. 已发生未报案未决赔款准备金			
19	（六）大灾风险准备金			
20	（七）其他			
21	二、证券行业（22＋23＋24＋25）			
22	（一）证券交易所风险基金			
23	（二）证券结算风险基金			
24	（三）证券投资者保护基金			
25	（四）其他			
26	三、期货行业（27＋28＋29＋30）			
27	（一）期货交易所风险准备金			
28	（二）期货公司风险准备金			
29	（三）期货投资者保障基金			
30	（四）其他			
31	四、金融企业（32＋33＋34）			
32	（一）涉农和中小企业贷款损失准备金			
33	（二）贷款损失准备金			
34	（三）其他			
35	五、中小企业融资（信用）担保机构（36＋37＋38）			
36	（一）担保赔偿准备			
37	（二）未到期责任准备			
38	（三）其他			
39	六、小额贷款公司（40＋41）			
40	（一）贷款损失准备金			
41	（二）其他			
42	七、其他			
43	合计（1＋21＋26＋31＋35＋39＋42）			

（一）项目填报说明

1. 第1行“一、保险公司”：填报第2+13+14+15+16+19+20行的合计金额。

2. 第2行“（一）保险保障基金”：填报第3+4+5+6+7+8+9+10+11+12行的合计金额。

3. 第3行“1. 财产保险业务——非投资型”：填报保险公司非投资型财产保险业务的保险保障基金相关情况。第1列“账载金额”填报按会计核算计入当期损益的金额；第2列“税收金额”填报按税收规定允许税前扣除的金额；第3列为第1-2列的余额。

4. 第4行“1. 财产保险业务——投资型——保证收益”：填报有保证收益的投资型财产保险业务的保险保障基金的纳税调整情况。填列方法同第3行。

5. 第5行“1. 财产保险业务——投资型——无保证收益”：填报无保证收益的投资型财产保险业务的保险保障基金的纳税调整情况。填列方法同第3行。

6. 第6行“2. 人寿保险业务——保证收益”：填报有保证收益的人寿保险业务的保险保障基金的纳税调整情况。填列方法同第3行。

7. 第7行“2. 人寿保险业务——无保证收益”：填报无保证收益的人寿保险业务的保险保障基金的纳税调整情况。填列方法同第3行。

8. 第8行“3. 健康保险业务——短期”：填报短期健康保险业务的保险保障基金的纳税调整情况。填列方法同第3行。

9. 第9行“3. 健康保险业务——长期”：填报长期健康保险业务的保险保障基金的纳税调整情况。填列方法同第3行。

10. 第10行“4. 意外伤害保险业务——非投资型”：填报非投资型意外伤害保险业务的保险保障基金的纳税调整情况。填列方法同第3行。

11. 第11行“4. 意外伤害保险业务——投资型——保证收益”：填报有保证收益的投资型意外伤害保险业务的保险保障基金的纳税调整情况。填列方法同第3行。

12. 第12行“4. 意外伤害保险业务——投资型——无保证收益”：填报

无保证收益的投资型意外伤害保险业务的保险保障基金的纳税调整情况。填列方法同第 3 行。

13. 第 13 行“（二）未到期责任准备金”：填报未到期责任准备金的纳税调整情况。填列方法同第 3 行。

14. 第 14 行“（三）寿险责任准备金”：填报寿险责任准备金的纳税调整情况。填列方法同第 3 行。

15. 第 15 行“（四）长期健康险责任准备金”：填报长期健康险责任准备金的纳税调整情况。填列方法同第 3 行。

16. 第 16 行“（五）未决赔款准备金”：填报第 17 + 18 行的合计金额。本表调整的未决赔款准备金为已发生已报案未决赔款准备金、已发生未报案未决赔款准备金，不包括理赔费用准备金。

17. 第 17 行“1. 已发生已报案未决赔款准备金”：填报未决赔款准备金中已发生已报案准备金的纳税调整情况。填列方法同第 3 行。

18. 第 18 行“2. 已发生未报案未决赔款准备金”：填报未决赔款准备金中已发生未报案准备金的纳税调整情况。填列方法同第 3 行。

19. 第 19 行“（六）大灾风险准备金”：填报大灾风险准备金的纳税调整情况。填列方法同第 3 行。

20. 第 20 行“（七）其他”：填报除第 2 行至第 19 行以外的允许税前扣除的保险公司准备金的纳税调整情况。填列方法同第 3 行。

21. 第 21 行“二、证券行业”：填报第 22 + 23 + 24 + 25 行的合计金额。

22. 第 22 行“（一）证券交易所风险基金”：填报证券交易所风险基金的纳税调整情况。填列方法同第 3 行。

23. 第 23 行“（二）证券结算风险基金”：填报证券结算风险基金的纳税调整情况。填列方法同第 3 行。

24. 第 24 行“（三）证券投资者保护基金”：填报证券投资者保护基金的纳税调整情况。填列方法同第 3 行。

25. 第 25 行“（四）其他”：填报除第 22 行至第 24 行以外的允许税前扣除的证券行业准备金的纳税调整情况。填列方法同第 3 行。

26. 第 26 行“三、期货行业”：填报第 27 + 28 + 29 + 30 行的合计金额。

27. 第 27 行“（一）期货交易所风险准备金”：填报期货交易所风险准备

金的纳税调整情况。填列方法同第3行。

28. 第28行“（二）期货公司风险准备金”：填报期货公司风险准备金的纳税调整情况。填列方法同第3行。

29. 第29行“（三）期货投资者保障基金”：填报期货投资者保障基金的纳税调整情况。填列方法同第3行。

30. 第30行“（四）其他”：填报除第27行至第29行以外的允许税前扣除的期货行业准备金的纳税调整情况。填列方法同第3行。

31. 第31行“四、金融企业”：填报第32+33+34行的合计金额。

32. 第32行“（一）涉农和中小企业贷款损失准备金”：填报涉农和中小企业贷款损失准备金的纳税调整情况。填列方法同第3行。

33. 第33行“（二）贷款损失准备金”：填报贷款损失准备金的纳税调整情况。填列方法同第3行。

34. 第34行“（三）其他”：填报除第32行至第33行以外的允许税前扣除的金融企业准备金的纳税调整情况。填列方法同第3行。

35. 第35行“五、中小企业信用担保机构”：填报第36+37+38行的合计金额。

36. 第36行“（一）担保赔偿准备”：填报担保赔偿准备的纳税调整情况。填列方法同第3行。

37. 第37行“（二）未到期责任准备”：填报未到期责任准备的纳税调整情况。填列方法同第3行。

38. 第38行“（三）其他”：填报除第36、37行以外的允许税前扣除的中小企业信用担保机构准备的纳税调整情况。填列方法同第3行。

39. 第39行“六、小额贷款公司”：填报第40+41行的合计金额。

40. 第40行“（一）贷款损失准备金”：填报经省级金融管理部门批准成立的小额贷款公司贷款损失准备金的纳税调整情况。填列方法同第3行。

41. 第41行“（二）其他”：填报除第40行以外的允许税前扣除的小额贷款公司贷款损失准备金的纳税调整情况。填列方法同第3行。

42. 第42行“七、其他”：填报除保险公司、证券行业、期货行业、金融企业、中小企业信用担保机构、小额贷款公司以外的允许税前扣除的特殊行业准备金的纳税调整情况。填列方法同第3行。

43. 第43行“合计”：填报第1+21+26+31+35+39+42行的合计金额。

（二）表内、表间关系

1. 表内关系：

（1）第3列=第1-2列。

（2）第1行=第2+13+14+15+16+19+20行。

（3）第2行=第3+4+5+6+7+8+9+10+11+12行。

（4）第16行=第17+18行。

（5）第21行=第22+23+24+25行。

（6）第26行=第27+28+29+30行。

（7）第31行=第32+33+34行。

（8）第35行=第36+37+38行。

（9）第39行=第40+41行。

（10）第43行=第1+21+26+31+35+39+42行。

2. 表间关系：

（1）第43行第1列=表A105000第39行第1列。

（2）第43行第2列=表A105000第39行第2列。

（3）若第43行第3列≥0，第43行第3列=表A105000第39行第3列；若第43行第3列<0，第43行第3列的绝对值=表A105000第39行第4列。

（三）相关政策

1.《中华人民共和国企业所得税法》（中华人民共和国主席令第63号）。

2.《中华人民共和国企业所得税法实施条例》（中华人民共和国国务院令第512号）。

3.《财政部　国家税务总局关于金融企业涉农贷款和中小企业贷款损失准备金税前扣除有关问题的通知》（财税〔2015〕3号）。

4.《财政部　国家税务总局关于金融企业贷款损失准备金企业所得税税前扣除有关政策的通知》（财税〔2015〕9号）。

5.《财政部　国家税务总局关于保险公司准备金支出企业所得税税前扣

除有关政策问题的通知》（财税〔2016〕114 号）。

6.《财政部　国家税务总局关于中小企业融资（信用）担保机构有关准备金企业所得税税前扣除政策的通知》（财税〔2017〕22 号）。

7.《财政部　国家税务总局关于证券行业准备金支出企业所得税税前扣除有关政策问题的通知》（财税〔2017〕23 号）。

8.《财政部　税务总局关于小额贷款公司有关税收政策的通知》（财税〔2017〕48 号）。

第五节　《纳税调整项目明细表》特殊事项

项目填报说明

第 44 行“五、特别纳税调整应税所得”：第 3 列“调增金额”填报纳税人按特别纳税调整规定自行调增的当年应税所得。第 4 列“调减金额”填报纳税人依据双边预约定价安排或者转让定价相应调整磋商结果的通知，需要调减的当年应税所得。

第五章

企业所得税弥补亏损明细表（A106000）

“企业所得税弥补亏损明细表”（A106000）适用于发生弥补亏损、亏损结转等事项的纳税人填报，如表 5－1 所示。纳税人应当根据税法、《财政部 税务总局关于延长高新技术企业和科技型中小企业亏损结转年限的通知》（财税〔2018〕76 号）、《国家税务总局关于延长高新技术企业和科技型中小企业亏损结转弥补年限有关企业所得税处理问题的公告》（国家税务总局公告 2018 年第 45 号）等相关规定，填报本表。

（一）项目填报说明

纳税人弥补以前年度亏损时，应按照“先到期亏损先弥补、同时到期亏损先发生的先弥补”的原则处理。

1. 第 1 列“年度”：填报公历年度。纳税人应首先填报第 11 行“本年度”对应的公历年度，再依次从第 10 行往第 1 行倒推填报以前年度。纳税人发生政策性搬迁事项，如停止生产经营活动年度可以从法定亏损结转弥补年限中减除，则按可弥补亏损年度进行填报。本年度是指申报所属期年度，如：纳税人在 2019 年 5 月 10 日进行 2018 年度企业所得税年度纳税申时，本年度

表5－1　A106000

企业所得税弥补亏损明细表

行次	项目	年度	当年境内所得额	分立转出的亏损额	合并、分立转入的亏损额		弥补亏损企业类型	当年亏损额	当年待弥补的亏损额	用本年度所得额弥补的以前年度亏损额		当年可结转以后年度弥补的亏损额
					可弥补年限5年	可弥补年限10年				使用境内所得弥补	使用境外所得弥补	
		1	2	3	4	5	6	7	8	9	10	11
1	前十年度											
2	前九年度											
3	前八年度											
4	前七年度											
5	前六年度											
6	前五年度											
7	前四年度											
8	前三年度											
9	前二年度											
10	前一年度											
11	本年度											
12	可结转以后年度弥补的亏损额合计											

（申报所属期年度）为2018年。

2. 第2列“当年境内所得额”：第11行填报表A100000第19－20行金额。第1行至第10行填报以前年度主表第23行（2013年及以前纳税年度）、以前年度表A106000第6行第2列（2014至2017纳税年度）、以前年度表A106000第11行第2列的金额（亏损以负数填列）。发生查补以前年度应纳税所得额、追补以前年度未能税前扣除的实际资产损失等情况的，按照相应调整后的金额填报。

3. 第3列“分立转出的亏损额”：填报本年度企业分立按照企业重组特殊性税务处理规定转出的符合条件的亏损额。分立转出的亏损额按亏损所属年度填报，转出亏损的亏损额以正数表示。

4. 第4列“合并、分立转入的亏损额——可弥补年限5年”：填报企业符合企业重组特殊性税务处理规定，因合并或分立本年度转入的不超过5年亏损弥补年限规定的亏损额。合并、分立转入的亏损额按亏损所属年度填报，转入的亏损以负数表示。

5. 第5列“合并、分立转入的亏损额——可弥补年限10年”：填报企业符合企业重组特殊性税务处理规定，因合并或分立本年度转入的不超过10年亏损弥补年限规定的亏损额。合并、分立转入的亏损额按亏损所属年度填报，转入的亏损以负数表示。

6. 第6列“弥补亏损企业类型”：纳税人根据不同年度情况从“弥补亏损企业类型代码表”中选择相应的代码填入本项。不同类型纳税人的亏损结转年限不同，纳税人选择“一般企业”是指亏损结转年限为5年的纳税人；“符合条件的高新技术企业”“符合条件的科技型中小企业”是指符合《财政部　税务总局关于延长高新技术企业和科技型中小企业亏损结转年限的通知》（财税〔2018〕76号）、《国家税务总局关于延长高新技术企业和科技型中小企业亏损结转弥补年限有关企业所得税处理问题的公告》（国家税务总局公告2018年第45号）等文件规定的，亏损结转年限为10年的纳税人。

表5－2　　弥补亏损企业类型代码表

代码	类型
100	一般企业
200	符合条件的高新技术企业
300	符合条件的科技型中小企业

7. 第7列“当年亏损额”：填报纳税人各年度可弥补亏损额的合计金额。

8. 第8列“当年待弥补的亏损额”：填报在用本年度（申报所属期年度）所得额弥补亏损前，当年度尚未被弥补的亏损额。

9. 第9列“用本年度所得额弥补的以前年度亏损额——使用境内所得弥补”：第1行至第10行，当第11行第2列本年度（申报所属期年度）的“当年境内所得额” >0时，填报各年度被本年度（申报所属期年度）境内所得依次弥补的亏损额，弥补的亏损以正数表示。本列第11行，填报本列第1行至第10行的合计金额，表A100000第21行填报本项金额。

10. 第10列“用本年度所得额弥补的以前年度亏损额——使用境外所得弥补”：第1行至第10行，当纳税人选择用境外所得弥补境内以前年度亏损的，填报各年度被本年度（申报所属期年度）境外所得依次弥补的亏损额，弥补的亏损以正数表示。本列第11行，填报本列第1行至第10行的合计金额。

11. 第11列“当年可结转以后年度弥补的亏损额”：第1行至第11行，填报各年度尚未弥补完的且准予结转以后年度弥补的亏损额，结转以后年度弥补的亏损额以正数表示。本列第12行，填报本列第1行至第11行的合计金额。

（二）表内、表间关系

1. 表内关系：

（1）当第2列<0且第3列>0时，第3列<第2列的绝对值；当第2列≥0时，则第3列=0。

（2）第9列第11行=第9列第1+2+3+4+5+6+7+8+9+10行；当第2列第11行≤0时，第9列第1行至第11行=0；当第2列第11行>0时，第9列第11行≤第2列第11行。

（3）第10列第11行=第10列第1+2+3+4+5+6+7+8+9+10行。

（4）第11列第12行=第11列第1+2+3+4+5+6+7+8+9+10+11行。

（5）第1行第11列=0；第2至10行第11列=第8列的绝对值-第9列-第10列；第11行第11列=第8列的绝对值。

2. 表间关系：

（1）第11行第2列=表A100000第19-20行。

（2）第11行第9列=表A100000第21行。

（3）第11行第10列=表A108000第10行第6列-表A100000第18行。

（三）相关政策

1.《中华人民共和国企业所得税法》（中华人民共和国主席令第63号）。

2.《中华人民共和国企业所得税法实施条例》（中华人民共和国国务院令第512号）。

3.《财政部　税务总局关于延长高新技术企业和科技型中小企业亏损结转年限的通知》（财税〔2018〕76号）。

4.《国家税务总局关于延长高新技术企业和科技型中小企业亏损结转弥补年限有关企业所得税处理问题的公告》（国家税务总局公告2018年第45号）。

第六章

税收优惠相关项目明细表

第一节　免税、减计收入及加计扣除优惠明细表（A107010）

一、企业的下列收入为免税收入：

1. 国债利息收入；

2. 符合条件的居民企业之间的股息、红利等权益性投资收益；

3. 在中国境内设立机构、场所的非居民企业从居民企业取得与该机构、场所有实际联系的股息、红利等权益性投资收益；

4. 符合条件的非营利组织的收入。

二、企业的下列收入，可以在计算应纳税所得额时，减按 90% 计入收入总额：

1. 企业以《资源综合利用企业所得税优惠目录》规定的资源作为主要原材料，生产国家非限制和禁止并符合国家和行业相关标准的产品取得的收入；

2. 保险公司为种植业、养殖业提供保险业务取得的保费收入；

3. 金融机构农户小额贷款的利息收入；

4. 经省级金融管理部门（金融办、局等）批准成立的小额贷款公司取得的农户小额贷款利息收入；

5. 提供社区养老、托育、家政服务取得的收入。

三、对企业投资者持有2019－2023年发行的铁路债券取得的利息收入，减半征收企业所得税。

四、企业的下列支出，可以在计算应纳税所得额时加计扣除：

1. 开发新技术、新产品、新工艺发生的研究开发费用；

2. 安置残疾人员及国家鼓励安置的其他就业人员所支付的工资。

“免税、减计收入及加计扣除优惠明细表”（A107010）适用于享受免税收入、减计收入和加计扣除优惠的纳税人填报，如表6－1所示。纳税人根据税法及相关税收政策规定，填报本年发生的免税收入、减计收入和加计扣除优惠情况。

表6－1　A107010　免税、减计收入及加计扣除优惠明细表

行次	项　目	金额
1	一、免税收入（2＋3＋9＋…＋16）	
2	（一）国债利息收入免征企业所得税	
3	（二）符合条件的居民企业之间的股息、红利等权益性投资收益免征企业所得税（4＋5＋6＋7＋8）	
4	1. 一般股息红利等权益性投资收益免征企业所得税（填写A107011）	
5	2. 内地居民企业通过沪港通投资且连续持有H股满12个月取得的股息红利所得免征企业所得税（填写A107011）	
6	3. 内地居民企业通过深港通投资且连续持有H股满12个月取得的股息红利所得免征企业所得税（填写A107011）	
7	4. 居民企业持有创新企业CDR取得的股息红利所得免征企业所得税（填写A107011）	
8	5. 符合条件的永续债利息收入免征企业所得税（填写A107011）	
9	（三）符合条件的非营利组织的收入免征企业所得税	
10	（四）中国清洁发展机制基金取得的收入免征企业所得税	
11	（五）投资者从证券投资基金分配中取得的收入免征企业所得税	
12	（六）取得的地方政府债券利息收入免征企业所得税	

续表

行次	项目	金额
13	（七）中国保险保障基金有限责任公司取得的保险保障基金等收入免征企业所得税	
14	（八）中国奥委会取得北京冬奥组委支付的收入免征企业所得税	
15	（九）中国残奥委会取得北京冬奥组委分期支付的收入免征企业所得税	
16	（十）其他	
17	二、减计收入（18+19+23+24）	
18	（一）综合利用资源生产产品取得的收入在计算应纳税所得额时减计收入	
19	（二）金融、保险等机构取得的涉农利息、保费减计收入（20+21+22）	
20	1. 金融机构取得的涉农贷款利息收入在计算应纳税所得额时减计收入	
21	2. 保险机构取得的涉农保费收入在计算应纳税所得额时减计收入	
22	3. 小额贷款公司取得的农户小额贷款利息收入在计算应纳税所得额时减计收入	
23	（三）取得铁路债券利息收入减半征收企业所得税	
24	（四）其他（24.1+24.2）	
24.1	1. 取得的社区家庭服务收入在计算应纳税所得额时减计收入	
24.2	2. 其他	
25	三、加计扣除（26+27+28+29+30）	
26	（一）开发新技术、新产品、新工艺发生的研究开发费用加计扣除（填写A107012）	
27	（二）科技型中小企业开发新技术、新产品、新工艺发生的研究开发费用加计扣除（填写A107012）	
28	（三）企业为获得创新性、创意性、突破性的产品进行创意设计活动而发生的相关费用加计扣除	
29	（四）安置残疾人员所支付的工资加计扣除	
30	（五）其他	
31	合计（1+17+25）	

（一）项目填报说明

1. 第1行“一、免税收入”：填报第2+3+9+10+11+12+13+14+15+16行金额。

2. 第2行“（一）国债利息收入免征企业所得税”：填报纳税人根据《国

家税务总局关于企业国债投资业务企业所得税处理问题的公告》（国家税务总局公告2011年第36号）等相关税收政策规定，持有国务院财政部门发行的国债取得的利息收入。

◆在企业持有国债期间，会计上一般按权责发生制确认利息收入，税收上以国债发行时约定应付利息的日期确认利息收入的实现，由此导致的税会差异应在“未按权责发生制确认收入纳税调整明细表”（A105020）中反映。在企业到期兑付或转让国债取得利息收入时，符合免税条件的，在本行反映。

◆企业投资国债从国务院财政部门取得的国债利息收入，企业从发行者直接投资购买的国债持有至到期，其从发行者取得的国债利息收入，全额免征企业所得税。企业到期前转让国债、或者从非发行者投资购买的国债，免征企业所得税的国债利息收入 = 国债金额 ×（适用年利率 ÷365）× 持有天数。

◆企业转让或到期兑付国债取得的价款，减除其购买国债成本，并扣除其持有期间计算的国债利息收入以及交易过程中相关税费后的余额，为企业转让国债收益（损失），企业转让国债，应作为转让财产，其取得的收益（损失）应作为企业应纳税所得额计算纳税

【例6－1】甲企业2019年1月1日购入面值2 000万元的3年期国债，票面利率4%，6月30日将持有的国债全部转让，取得价款2 200万元，并支付手续费20万元。

分析：甲企业购入国债的持有天数为180天，免征企业所得税的国债利息收入 = 2 000 ×（4% ÷365）×180 = 39.45万元。国债转让收入 = 2 200 － 2 000 － 39.45 － 20 = 140.55万元。

因此，39.45万元国债利息收入免征企业所得税，应在第2行“（一）国债利息收入免征企业所得税”中填报，而140.55万元国债转让收入应计入应纳税所得税计算纳税，甲企业申报表填写如表6－2所示：

表6－2　A107010　免税、减计收入及加计扣除优惠明细表　单位：万元

行次	项　　目	金额
1	一、免税收入（2+3+9+10+11+12+13+14+15+16）	39.45
2	（一）国债利息收入免征企业所得税	39.45

3. 第 3 行“（二）符合条件的居民企业之间的股息、红利等权益性投资收益免征企业所得税”：填报“符合条件的居民企业之间的股息、红利等权益性投资收益明细表”（A107011）第 8 行第 17 列金额。

4. 第 4 行“1. 一般股息红利等权益性投资收益免征企业所得税”：填报《中华人民共和国企业所得税法实施条例》第八十三条规定的投资收益，不含持有 H 股、创新企业 CDR、永续债取得的投资收益，按表 A107011 第 9 行第 17 列金额填报。

5. 第 5 行“2. 内地居民企业通过沪港通投资且连续持有 H 股满 12 个月取得的股息红利所得免征企业所得税”：填报根据《财政部　国家税务总局　证监会关于沪港股票市场交易互联互通机制试点有关税收政策的通知》（财税〔2014〕81 号）等相关税收政策规定，内地居民企业连续持有 H 股满 12 个月取得的股息红利所得，按表 A107011 第 10 行第 17 列金额填报。

6. 第 6 行“3. 内地居民企业通过深港通投资且连续持有 H 股满 12 个月取得的股息红利所得免征企业所得税”：填报根据《财政部　国家税务总局　证监会关于深港股票市场交易互联互通机制试点有关税收政策的通知》（财税〔2016〕127 号）等相关税收政策规定，内地居民企业连续持有 H 股满 12 个月取得的股息红利所得，按表 A107011 第 11 行第 17 列金额填报。

7. 第 7 行“居民企业持有创新企业 CDR 取得的股息红利所得免征企业所得税”：根据《财政部　税务总局　证监会关于创新企业境内发行存托凭证试点阶段有关税收政策的公告》（财政部　税务总局　证监会公告 2019 年第 52 号）等相关税收政策规定，居民企业持有创新企业 CDR 取得的股息红利所得，按表 A107011 第 12 行第 17 列金额填报。

8. 第 8 行“符合条件的永续债利息收入免征企业所得税”：填报根据《财政部　税务总局关于永续债企业所得税政策问题的公告》（财政部　税务总局公告 2019 年第 64 号）等相关税收政策规定，居民企业取得的可以适用企业所得税法规定的居民企业之间的股息、红利等权益性投资收益免征企业所得税规定的永续债利息收入，按表 A107011 第 13 行第 17 列金额填报。

9. 第 9 行“（三）符合条件的非营利组织的收入免征企业所得税”：填报纳税人根据税法、《财政部　国家税务总局关于非营利组织企业所得税免税收入问题的通知》（财税〔2009〕122 号）、《财政部　税务总局关于非营利组织免税资格认定管理有关问题的通知》（财税〔2018〕13号）等相关税收政策规定，认定的符合条件的非营利组织，取得的捐赠收入等免税收入，但不包括从事营利性活动所取得的收入。当表A000000“207 非营利组织”选择“是”时，本行可以填报，否则不得填报。

10. 第10行“（四）中国清洁发展机制基金取得的收入免征企业所得税”：填报中国清洁发展机制基金根据《财政部　国家税务总局关于中国清洁发展机制基金及清洁发展机制项目实施企业有关企业所得税政策问题的通知》（财税〔2009〕30号）等相关税收政策规定，中国清洁发展机制基金取得的CDM项目温室气体减排量转让收入上缴国家的部分，国际金融组织赠款收入，基金资金的存款利息收入，购买国债的利息收入，国内外机构、组织和个人的捐赠收入。

11. 第11行“（五）投资者从证券投资基金分配中取得的收入免征企业所得税”：填报纳税人根据《财政部　国家税务总局关于企业所得税若干优惠政策的通知》（财税〔2008〕1号）第二条第（二）项等相关税收政策规定，投资者从证券投资基金分配中取得的收入。

12. 第12行“（六）取得的地方政府债券利息收入免征企业所得税”：填报纳税人根据《财政部　国家税务总局关于地方政府债券利息所得免征所得税问题的通知》（财税〔2011〕76号）、《财政部　国家税务总局关于地方政府债券利息免征所得税问题的通知》（财税〔2013〕5号）等相关税收政策规定，取得的2009年、2010年和2011年发行的地方政府债券利息所得，2012年及以后年度发行的地方政府债券利息收入。

13. 第13行“（七）中国保险保障基金有限责任公司取得的保险保障基金等收入免征企业所得税”：填报中国保险保障基金有限责任公司根据《财政部　税务总局关于保险保障基金有关税收政策问题的通知》（财税〔2018〕41号）等相关税收政策规定，按《保险保障基金管理办法》规定取得的境内保险公司依法缴纳的保险保障基金；依法从撤销或破产保险公司清算财产中获得的受偿收入和向有关责任方追偿所得，以及依法从保险公司风险处置中获得的财产转让所得；捐赠所得；银行存款利息收入；购买政府债券、中央银行、中央企业和中央级金融机构发行债券的利息收入；国务院批准的其他资金运用取得的收入。

14. 第 14 行“（八）中国奥委会取得北京冬奥组委支付的收入免征企业所得税”：根据《财政部　税务总局 海关总署关于北京 2022 年冬奥会和冬残奥会税收政策的通知》（财税〔2017〕60 号）等相关税收政策规定，中国奥委会填报按中国奥委会、主办城市签订的《联合市场开发计划协议》和中国奥委会、主办城市、国际奥委会签订的《主办城市合同》取得的由北京冬奥组委分期支付的收入、按比例支付的盈余分成收入。

15. 第 15 行“（九）中国残奥委会取得北京冬奥组委分期支付的收入免征企业所得税”：填报根据财税〔2017〕60 号等相关税收政策规定，中国残奥委会按照《联合市场开发计划协议》取得的由北京冬奥组委分期支付的收入。

16. 第 16 行“（十）其他”：填报纳税人享受的本表未列明的其他免税收入税收优惠事项名称、减免税代码及免税收入金额。

17. 第 17 行“二、减计收入”：填报第 18 + 19 + 23 + 24 行金额。

18. 第 18 行“（一）综合利用资源生产产品取得的收入在计算应纳税所得额时减计收入”：填报纳税人综合利用资源生产产品取得的收入总额乘以 10% 的金额。

19. 第 19 行“（二）金融、保险等机构取得的涉农利息、保费减计收入”：填报金融、保险等机构取得的涉农利息、保费收入减计收入的金额，按第 20 + 21 + 22 行金额填报。

20. 第 20 行“1. 金融机构取得的涉农贷款利息收入在计算应纳税所得额时减计收入”：填报纳税人取得农户小额贷款利息收入总额乘以 10% 的金额。

21. 第 21 行“2. 保险机构取得的涉农保费收入在计算应纳税所得额时减计收入”：填报保险公司为种植业、养殖业提供保险业务取得的保费收入总额乘以 10% 的金额。其中保费收入总额 = 原保费收入 + 分保费收入 - 分出保费。

22. 第 22 行“3. 小额贷款公司取得的农户小额贷款利息收入在计算应纳税所得额时减计收入”：填报根据《财政部　税务总局关于小额贷款公司有关税收政策的通知》（财税〔2017〕48 号）等相关税收政策规定，经省级金融管理部门（金融办、局等）批准成立的小额贷款公司取得的农户小额贷款利息收入乘以 10% 的金额。

23. 第 23 行“（三）取得铁路债券利息收入减半征收企业所得税”：填报纳税人根据《财政部　国家税务总局关于铁路建设债券利息收入企业所得税政策的通知》（财税〔2011〕99 号）、《财政部　国家税务总局关于 2014 2015 年铁路建设债券利息收入企业所得税政策的通知》（财税〔2014〕2 号）及《财政部　国家税务总局关于铁路债券利息收入所得税政策问题的通知》（财税〔2016〕30 号）、《财政部　税务总局关于铁路债券利息收入所得税政策的公告》（财政部　税务总局公告 2019 年第 57 号）等相关税收政策规定，持有中国铁路建设铁路债券等企业债券取得的利息收入乘以 50% 的金额。

24. 第 24 行“（四）其他”：根据相关行次计算结果填报。本行 = 第 24. 1 + 24. 2 行。第 24. 1 行和第 24. 2 行按照以下要求填报。

第 24. 1 行“1. 取得的社区家庭服务收入在计算应纳税所得额时减计收入”：填报纳税人根据《财政部　税务总局　发展改革委　民政部　商务部　卫生健康委关于养老、托育、家政等社区家庭服务业税费优惠政策的公告》（财政部　税务总局　发展改革委　民政部　商务部　卫生健康委公告 2019 年第 76 号）等相关税收政策规定，社区养老、托育、家政相关服务的收入乘以 10% 的金额。

第 24. 2 行“2. 其他”：填报纳税人享受的本表未列明的其他减计收入的税收优惠事项名称、减免税代码及减计收入金额。

25. 第 25 行“三、加计扣除”：填报第 26 + 27 + 28 + 29 + 30 行的合计金额。

26. 第 26 行“（一）开发新技术、新产品、新工艺发生的研究开发费用加计扣除”：当表 A000000“210 - 3”项目未填有入库编号时，填报表 A107012 第 51 行金额。本行与第 27 行不可同时填报。

27. 第 27 行“（二）科技型中小企业开发新技术、新产品、新工艺发生的研究开发费用加计扣除”：当表 A000000“210 - 3”项目填有入库编号时，填报表 A107012 第 51 行金额。本行与第 26 行不可同时填报。

28. 第 28 行“（三）企业为获得创新性、创意性、突破性的产品进行创意设计活动而发生的相关费用加计扣除”：填报纳税人根据《财政部　国家税务总局　科技部关于完善研究开发费用税前加计扣除政策的通知》（财税〔2015〕119号）第二条第四项规定，为获得创新性、创意性、突破性的产品进行创意设计活动而发生的相关费用按照规定进行税前加计扣除的金额。

29. 第29行“（四）安置残疾人员所支付的工资加计扣除”：填报纳税人根据《财政部 国家税务总局关于安置残疾人员就业有关企业所得税优惠政策问题的通知》（财税〔2009〕70号）等相关税收政策规定安置残疾人员的，按照支付给残疾职工工资的100%加计扣除的金额。

◆企业安置残疾人员的，在按照支付给残疾职工工资据实扣除的基础上，可以在计算应纳税所得额时按照支付给残疾职工工资的100%加计扣除。残疾人员的范围适用《中华人民共和国残疾人保障法》的有关规定。

◆企业享受安置残疾职工工资100%加计扣除应同时具备如下条件：

①依法与安置的每位残疾人签订了1年以上（含1年）的劳动合同或服务协议，并且安置的每位残疾人在企业实际上岗工作。

②为安置的每位残疾人按月足额缴纳了企业所在区县人民政府根据国家政策规定的基本养老保险、基本医疗保险、失业保险和工伤保险等社会保险。

③定期通过银行等金融机构向安置的每位残疾人实际支付了不低于企业所在区县适用的经省级人民政府批准的最低工资标准的工资。

④具备安置残疾人上岗工作的基本设施。

【例6-2】甲企业2019年实际支付给全体职工工资薪金合计1 500万元，其中向符合条件的残疾职工发放48万元。

分析：甲企业为安置残疾人员发生的工资薪金，在按照支付给残疾职工工资据实扣除的基础上，可以在计算应纳税所得额时按照支付给残疾职工工资的100%加计扣除，2019年度可加计扣除金额=48×100%=48万元，甲企业申报表填写如表6-3所示：

表6-3 A107010 免税、减计收入及加计扣除优惠明细表 单位：万元

行次	项目	金额
25	三、加计扣除（26+27+28+29+30）	48
29	（四）安置残疾人员所支付的工资加计扣除	48

30. 第30行“（五）其他”：填报纳税人享受的本表未列明的其他加计扣除的税收优惠事项名称、减免税代码及加计扣除的金额。

31. 第31行“合计”：填报第1+17+25行金额。

（二）表内、表间关系

1. 表内关系：

（1）第1行=第2+3+9+10+11+12+13+14+15+16行。

（2）第3行=第4+5+6+7+8行。

（3）第17行=第18+19+23+24行。

（4）第19行=第20+21+22行。

（5）第24行=第24.1+24.2行。

（6）第25行=第26+27+28+29+30行。

（7）第26行和第27行不可同时填报。

（8）第31行=第1+17+25行。

2. 表间关系：

（1）第3行=表A107011第8行（合计行）第17列。

（2）第4行=表A107011第9行第17列。

（3）第5行=表A107011第10行第17列。

（4）第6行=表A107011第11行第17列。

（5）第7行=表A107001第12行第17列。

（6）第8行=表A107001第13行第17列。

（7）当表A000000“210－3”项目未填有入库编号时，第26行=表A107012第51行。

（8）当表A000000“210－3”项目填有入库编号时，第27行=表A107012第51行。

（9）第31行=表A100000第17行。

（三）相关政策

1.《中华人民共和国企业所得税法》（中华人民共和国主席令第63号）。

2.《中华人民共和国企业所得税法实施条例》（中华人民共和国国务院令

第512号）。

3.《财政部 国家税务总局 国家发展改革委关于公布资源综合利用企业所得税优惠目录（2008年版）的通知》（财税〔2008〕117号）。

4.《国家税务总局关于企业国债投资业务企业所得税处理问题的公告》（国家税务总局公告2011年第36号）。

5.《财政部 国家税务总局关于延续支持农村金融发展有关税收政策的通知》（财税〔2017〕44号）。

6.《财政部 税务总局关于小额贷款公司有关税收政策的通知》（财税〔2017〕48号）。

7.《财政部 税务总局关于铁路债券利息收入所得税政策的公告》（财政部 税务总局公告2019年第57号）。

8.《财政部 税务总局 发展改革委 民政部 商务部 卫生健康委关于养老、托育、家政等社区家庭服务业税费优惠政策的公告》（财政部 税务总局 发展改革委 民政部 商务部 卫生健康委公告2019年第76号）。

第二节 符合条件的居民企业之间的股息、红利等权益性投资收益优惠明细表（A107011）

“符合条件的居民企业之间的股息、红利等权益性投资收益优惠明细表”（A107011）适用于享受符合条件的居民企业之间的股息、红利等权益性投资收益优惠的纳税人填报，如表6－4所示。纳税人根据税法、《财政部 国家税务总局关于企业清算业务企业所得税处理若干问题的通知》（财税〔2009〕60号）、《财政部 国家税务总局关于执行企业所得税优惠政策若干问题的通知》（财税〔2009〕69号）、《国家税务总局关于贯彻落实企业所得税法若干税收问题的通知》（国税函〔2010〕79号）、《国家税务总局关于企业所得税若干问题的公告》（国家税务总局公告2011年第34号）、《财政部 国家税务总局 证监会关于沪港股票市场交易互联互通机制试点有关税收政策的通知》（财税〔2014〕81号）、《财政部 国家税务总局 证监会关于深港股票市场

表 6－4　A107011　　符合条件的居民企业之间的股息、红利等权益性投资收益优惠明细表

行次	被投资企业	被投资企业统一社会信用代码（纳税人识别号）	投资性质	投资成本	投资比例	被投资企业利润分配确认金额		被投资企业清算确认金额			撤回或减少投资确认金额						合计
						被投资企业做出利润分配或转股决定时间	依决定归属于本公司的股息、红利等权益性投资收益金额	分得的被投资企业清算剩余资产	被清算企业累计未分配利润和累计盈余公积应享有部分	应确认的股息所得	从被投资企业撤回或减少投资取得的资产	减少投资比例	收回初始投资成本	取得资产中超过收回初始投资成本部分	撤回或减少投资应享有被投资企业累计未分配利润和累计盈余公积	应确认的股息所得	
	1	2	3	4	5	6	7	8	9	10（8 与 9 孰小）	11	12	13（4×12）	14（11－13）	15	16（14 与 15 孰小）	17（7＋10＋16）
1																	
2																	
3																	
4																	
5																	
6																	
7																	
8	合计																
9	其中：直接投资或非 H 股票投资																
10	股票投资—沪港通 H 股																
11	股票投资—深港通 H 股																
12	创新企业 CDR																
13	永续债																

交易互联互通机制试点有关税收政策的通知》(财税〔2016〕127号)、《财政部　税务总局　证监会关于创新企业境内发行存托凭证试点阶段有关税收政策的公告》(财政部　税务总局　证监会公告2019年第52号)、《财政部　税务总局关于永续债企业所得税政策问题的公告》(财政部　税务总局公告2019年第64号)等相关税收政策规定，填报本年发生的符合条件的居民企业之间的股息、红利(包括H股)等权益性投资收益优惠情况，不包括连续持有居民企业公开发行并上市流通的股票不足12个月取得的投资收益。

一、项目填报说明

(一) 行次填报

1. 行次根据投资企业名称和投资性质填报，可以根据情况增加。

2. 第8行“合计”：填报第1+2+…+7行的第17列合计金额，若增行，根据增行后的情况合计。

3. 第9行“其中：直接或非H股票投资”：填报第1+2…+7行中，“投资性质”列选择“(1)直接投资”或“(2)股票投资(不含H股)”的行次，第17列合计金额。

4. 第10行“股票投资—沪港通H股”：填报第1+2…+7行中，“投资性质”列选择“(3)股票投资(沪港通H股投资)”的行次，第17列合计金额。

5. 第11行“股票投资—深港通H股”：填报第1+2…+7行中，“投资性质”列选择“(4)股票投资(深港通H股投资)”的行次，第17列合计金额。

5. 第1列“被投资企业”：填报被投资企业名称。

6. 第12行“创新企业CDR”：填报第1+2…+7行中，“投资性质”列选择“(5)创新企业CDR”的行次，第17列合计金额。

7. 第13行“永续债”：填报第1+2…+7行中，“投资性质”列选择“(6)永续债”的行次，第17列合计金额。

（二）列次填报

1. 第1列“被投资企业”：填报被投资企业名称。

2. 第2列“被投资企业统一社会信用代码（纳税人识别号）”：填报被投资企业工商等部门核发的纳税人统一社会信用代码。未取得统一社会信用代码的，填报税务机关核发的纳税人识别号。

3. 第3列“投资性质”：按选项填报：（1）直接投资、（2）股票投资（不含H股）、（3）股票投资（沪港通H股投资）、（4）股票投资（深港通H股投资）、（5）创新企业CDR、（6）永续债。

符合财税〔2014〕81号文件第一条第（四）项第1目规定，享受沪港通H股股息红利免税政策的企业，选择“（3）股票投资（沪港通H股投资）”。

符合财税〔2016〕127号文件第一条第（四）项第1目规定，享受深港通H股股息红利免税政策的企业，选择“（4）股票投资（深港通H股投资）”。

符合《财政部　税务总局　证监会关于创新企业境内发行存托凭证试点阶段有关税收政策的公告》（财政部　税务总局　证监会公告2019年第52号）第二条第1款规定，享受对持有创新企业CDR取得的股息红利所得按规定免征企业所得税的，选择“（5）创新企业CDR”。

符合《财政部　税务总局关于永续债企业所得税政策问题的公告》（财政部　税务总局公告2019年第64号）第一条规定，享受永续债利息收入免征企业所得税的企业，选择“（6）永续债”。

4. 第4列“投资成本”：填报纳税人投资于被投资企业的计税成本。

5. 第5列“投资比例”：填报纳税人投资于被投资企业的股权比例。若购买公开发行股票的，此列可不填报。

6. 第6列“被投资企业做出利润分配或转股决定时间”：填报被投资企业做出利润分配或转股决定的时间。

7. 第7列“依决定归属于本公司的股息、红利等权益性投资收益金额”：填报纳税人按照投资比例或者其他方法计算的，实际归属于本公司的股息、红利等权益性投资收益金额。若被投资企业将股权（票）溢价所形成的资本公积转为股本的，不作为投资方企业的股息、红利收入，投资方企业也不得增加该项长期投资的计税基础。

8. 第 8 列“分得的被投资企业清算剩余资产”：填报纳税人分得的被投资企业清算后的剩余资产。

9. 第 9 列“被清算企业累计未分配利润和累计盈余公积应享有部分”：填报被清算企业累计未分配利润和累计盈余公积中本企业应享有的金额。

10. 第 10 列“应确认的股息所得”：填报第 7 列与第 8 列孰小值。

11. 第 11 列“从被投资企业撤回或减少投资取得的资产”：填报纳税人从被投资企业撤回或减少投资时取得的资产。

12. 第 12 列“减少投资比例”：填报纳税人撤回或减少的投资额占投资方在被投资企业持有总投资比例。

13. 第 13 列“收回初始投资成本”：填报第 4 × 12 列的金额。

14. 第 14 列“取得资产中超过收回初始投资成本部分”：填报第 11 – 13 列的余额。

15. 第 15 列“撤回或减少投资应享有被投资企业累计未分配利润和累计盈余公积”：填报被投资企业累计未分配利润和累计盈余公积按减少实收资本比例计算的部分。

16. 第 16 列“应确认的股息所得”：填报第 13 列与第 14 列孰小值。

17. 第 17 列“合计”：填报第 7 + 10 + 16 列的合计金额。

二、表内、表间关系

1. 表内关系：

（1）第 13 列 = 第 4 × 12 列。

（2）第 14 列 = 第 11 – 13 列。

（3）第 17 列 = 第 7 + 10 + 16 列。

（4）第 10 列 = 第 8 列与第 9 列孰小值。

（5）第 16 列 = 第 14 列与第 15 列孰小值。

（6）第 8 行（“合计”行）= 第 1 + 2 + … + 7 行第 17 列合计。

（7）第 9 行（“直接投资或非 H 股票投资”合计行）= 第 1 + 2 + … + 7 行中，各行第 3 列选择“（1）直接投资”或“（2）股票投资（不含 H 股）”的行次第 17 列合计金额。

（8）第 10 行（“股票投资—沪港通 H 股”合计行）=第 1+2+…+7 行中，各行第 3 列选择“（3）股票投资（沪港通 H 股投资）”的行次第 17 列合计金额。

（9）第 11 行（“股票投资—深港通 H 股”合计行）=第 1+2…+7 行中，各行第 3 列选择“（4）股票投资（深港通 H 股投资）”的行次第 17 列合计金额。

（10）第 12 行（“创新企业 CDR”合计行）=第 1+2…+7 行中，“投资性质”列选择“（5）居民企业持有 CDR”的行次第 17 列合计金额。

（11）第 13 行（“永续债”合计行）=第 1+2…+7 行中，“投资性质”列选择“（6）符合条件的永续债”的行次第 17 列合计金额。

2. 表间关系：

（1）第 8 行第 17 列=表 A107010 第 3 行。

（2）第 9 行第 17 列=表 A107010 第 4 行。

（3）第 10 行第 17 列=表 A107010 第 5 行。

（4）第 11 行第 17 列=表 A107010 第 6 行。

（5）第 12 行第 17 列=表 A107010 第 7 行。

（6）第 13 行第 17 列=表 A107010 第 8 行。

三、相关政策

1.《中华人民共和国企业所得税法》（中华人民共和国主席令第 63 号）。

2.《中华人民共和国企业所得税法实施条例》（中华人民共和国国务院令第 512 号）。

3.《国家税务总局关于贯彻落实企业所得税法若干税收问题的通知》（国税函〔2010〕79 号）。

4.《财政部　国家税务总局　证监会关于沪港股票市场交易互联互通机制试点有关税收政策的通知》（财税〔2014〕81 号）。

5.《财政部　国家税务总局　证监会关于深港股票市场交易互联互通机制试点有关税收政策的通知》（财税〔2016〕127 号）。

第三节　研发费用加计扣除优惠明细表（A107012）

研发活动，是指企业为获得科学与技术新知识，创造性运用科学技术新知识，或实质性改进技术、产品（服务）、工艺而持续进行的具有明确目标的系统性活动。

研发费用，是指企业开展研发活动中实际发生的相关费用，主要包括人员人工费用、直接投入费用、折旧费用、无形资产摊销、新产品设计费、新工艺规程制定费、新药研制的临床试验费、勘探开发技术的现场试验费、其他相关费用等。

企业开发新技术、新产品、新工艺发生的研究开发费用，可以在计算应纳税所得额时加计扣除，其中，企业开展研发活动中实际发生的研发费用，未形成无形资产计入当期损益的，在按规定据实扣除的基础上，在 2018 年 1 月 1 日至 2020 年 12 月 31 日期间，再按照实际发生额的 75% 在税前加计扣除；形成无形资产的，在上述期间按照无形资产成本的 175% 在税前摊销。

享受研发费用加计扣除优惠政策的企业应当为会计核算健全、实行查账征收并能够准确归集研发费用的居民企业，且不属于以下行业：（1）烟草制造业；（2）住宿和餐饮业；（3）批发和零售业；（4）房地产业；（5）租赁和商务服务业；（6）娱乐业；（7）财政部和国家税务总局规定的其他行业。

企业应对研发项目进行梳理，下列活动发生的费用不得进行加计扣除：（1）企业产品（服务）的常规性升级；（2）对某项科研成果的直接应用，如直接采用公开的新工艺、材料、装置、产品、服务或知识等；（3）企业在商品化后为顾客提供的技术支持活动；（4）对现存产品、服务、技术、材料或工艺流程进行的重复或简单改变；（5）市场调查研究、效率调查或管理研究；（6）作为工业（服务）流程环节或常规的质量控制、测试分析、维修维护；（7）社会科学、艺术或人文学方面的研究。

“研发费用加计扣除优惠明细表”（A107012）适用于享受研发费用加计扣除优惠（含结转）政策的纳税人填报，如表 6 – 5 所示。纳税人发生上述符合条件的研发费用，可根据《中华人民共和国企业所得税法》（中华人民共和国主席令第六十三号）、《财政部　国家税务总局　科技部关于完善研究开发费用税前加计扣除政策的通知》（财税〔2015〕119号）、《国家税务总局关于企业研究开发费用税前加计扣除政策有关问题的公告》（国家税务总局公告2015年第97号）、《财政部　税务总局 科技部关于提高科技型中小企业研究开发费用税前加计扣除比例的通知》（财税〔2017〕34号）、《科技部 财政部 国家税务总局关于印发〈科技型中小企业评价办法〉的通知》（国科发政〔2017〕115号）、《国家税务总局关于提高科技型中小企业研究开发费用税前加计扣除比例有关问题的公告》（国家税务总局公告2017年第18号）、《国家税务总局关于研发费用税前加计扣除归集范围有关问题的公告》（国家税务总局公告2017年第40号）、《财政部　税务总局关于企业委托境外研究开发费用税前加计扣除有关政策问题的通知》（财税〔2018〕64号）、《财政部　税务总局 科技部关于提高研究开发费税前加计扣除比例的通知》（财税〔2018〕99号）等相关税收政策规定，填报本年发生的研发费用加计扣除优惠情况及结转情况。

表6－5　A107012　　研发费用加计扣除优惠明细表

行次	项　　目	金额（数量）
1	本年可享受研发费用加计扣除项目数量	
2	一、自主研发、合作研发、集中研发（3+7+16+19+23+34）	
3	（一）人员人工费用（4+5+6）	
4	1. 直接从事研发活动人员工资薪金	
5	2. 直接从事研发活动人员五险一金	
6	3. 外聘研发人员的劳务费用	
7	（二）直接投入费用（8+9+10+11+12+13+14+15）	
8	1. 研发活动直接消耗材料费用	
9	2. 研发活动直接消耗燃料费用	
10	3. 研发活动直接消耗动力费用	
11	4. 用于中间试验和产品试制的模具、工艺装备开发及制造费	
12	5. 用于不构成固定资产的样品、样机及一般测试手段购置费	
13	6. 用于试制产品的检验费	

续表

行次	项　　目	金额（数量）
14	7. 用于研发活动的仪器、设备的运行维护、调整、检验、维修等费用	
15	8. 通过经营租赁方式租入的用于研发活动的仪器、设备租赁费	
16	（三）折旧费用（17+18）	
17	1. 用于研发活动的仪器的折旧费	
18	2. 用于研发活动的设备的折旧费	
19	（四）无形资产摊销（20+21+22）	
20	1. 用于研发活动的软件的摊销费用	
21	2. 用于研发活动的专利权的摊销费用	
22	3. 用于研发活动的非专利技术（包括许可证、专有技术、设计和计算方法等）的摊销费用	
23	（五）新产品设计费等（24+25+26+27）	
24	1. 新产品设计费	
25	2. 新工艺规程制定费	
26	3. 新药研制的临床试验费	
27	4. 勘探开发技术的现场试验费	
28	（六）其他相关费用（29+30+31+32+33）	
29	1. 技术图书资料费、资料翻译费、专家咨询费、高新科技研发保险费	
30	2. 研发成果的检索、分析、评议、论证、鉴定、评审、评估、验收费用	
31	3. 知识产权的申请费、注册费、代理费	
32	4. 职工福利费、补充养老保险费、补充医疗保险费	
33	5. 差旅费、会议费	
34	（七）经限额调整后的其他相关费用	
35	二、委托研发（36+37+39）	
36	（一）委托境内机构或个人进行研发活动所发生的费用	
37	（二）委托境外机构进行研发活动发生的费用	
38	其中：允许加计扣除的委托境外机构进行研发活动发生的费用	
39	（三）委托境外个人进行研发活动发生的费用	

续表

行次	项　　目	金额（数量）
40	三、年度研发费用小计（2 +36 ×80% +38）	
41	（一）本年费用化金额	
42	（二）本年资本化金额	
43	四、本年形成无形资产摊销额	
44	五、以前年度形成无形资产本年摊销额	
45	六、允许扣除的研发费用合计（41 +43 +44）	
46	减：特殊收入部分	
47	七、允许扣除的研发费用抵减特殊收入后的金额（45 -46）	
48	减：当年销售研发活动直接形成产品（包括组成部分）对应的材料部分	
49	减：以前年度销售研发活动直接形成产品（包括组成部分）对应材料部分结转金额	
50	八、加计扣除比例（%）	
51	九、本年研发费用加计扣除总额（47 -48 -49）×50	
52	十、销售研发活动直接形成产品（包括组成部分）对应材料部分结转以后年度扣减金额（当 47 -48 -49≥0，本行 =0；当 47 -48 -49 <0，本行 =47 -48 -49 的绝对值）	

一、项目填报说明

1. 第 1 行“本年可享受研发费用加计扣除项目数量”：填报纳税人本年研发项目中可享受研发费用加计扣除优惠政策的项目数量。

◆企业失败的研发活动所发生的研发费用也可享受税前加计扣除政策。

2. 第 2 行“一、自主研发、合作研发、集中研发”：填报第 3 +7 +16 +19 +23 +34 行金额。

◆自主研发是指企业主要依靠自己的资源，独立进行研发，并在研发项目的主要方面拥有完全独立的知识产权。企业自主研发所发生的费用，可自行归集并计算加计扣除。

◆合作研发是指立项企业通过契约的形式与其他企业共同对同一项目的不同领域分别投入资金、技术、人力等，共同完成研发项目。企业共同合作研发的项目，由合作各方按照《企业（合作）研究开发项目计划书》和经登记的《技术开发（合作）合同》分项目设置《合作研发“研发支出”辅助账》，就自身实际承担的研发费用按照会计核算要求分项目核算，并按照研发费用归集范围分别计算加计扣除。

◆集中研发是指企业集团根据生产经营和科技开发的实际情况，对技术要求高、投资数额大、单个企业难以独立承担，或者研发力量集中在企业集团，由企业集团统筹管理研发的项目进行集中开发。企业集团对需要集中研发的项目，其实际发生的研发费用，可以按照权利和义务相一致、费用支出和收益分享相配比的原则，合理确定研发费用的分摊方法，在受益成员企业间进行分摊，由相关成员企业分别计算加计扣除。企业集团应将集中研发项目的协议或合同、集中研发项目研发费用决算表，集中研发项目费用分摊明细情况表和实际分享收益比例等资料提供给相关成员企业。协议或合同应明确参与各方在该研发项目中的权利和义务、费用分摊方法等内容。

3. 第3行“（一）人员人工费用”：填报第4+5+6行金额。

直接从事研发活动的人员、外聘研发人员同时从事非研发活动的，填报按实际工时占比等合理方法分配的用于研发活动的相关费用。

◆直接从事研发活动的人员、外聘研发人员同时从事非研发活动的，企业应对其人员活动情况做必要记录，并将其实际发生的相关费用按实际工时占比等合理方法在研发费用和生产经营费用间分配，未分配的不得加计扣除。

4. 第4行“1. 直接从事研发活动人员工资薪金”：填报纳税人直接从事研发活动人员，包括研究人员、技术人员、辅助人员的工资、薪金、奖金、津贴、补贴以及按规定可以在税前扣除的对研发人员股权激励的支出。

◆研究人员是指主要从事研究开发项目的专业人员；技术人员是指具有工程技术、自然科学和生命科学中一个或一个以上领域的技术知识和经验，在研究人员指导下参与研发工作的人员；辅助人员是指参与研究开发活动的技工，但不包括为研发活动从事后勤服务的人员。

5. 第5行“2. 直接从事研发活动人员五险一金”：填报纳税人直接从事研发活动人员，包括研究人员、技术人员、辅助人员的基本养老保险费、基本医疗保险费、失业保险费、工伤保险费、生育保险费和住房公积金。

6. 第6行“3. 外聘研发人员的劳务费用”：填报与纳税人或劳务派遣企业签订劳务用工协议（合同）的外聘研发人员的劳务费用，以及临时聘用的研究人员、技术人员、辅助人员的劳务费用。

◆接受劳务派遣的企业按照协议（合同）约定支付给劳务派遣企业，且由劳务派遣企业实际支付给外聘研发人员的工资薪金等费用，属于外聘研发人员的劳务费用。

7. 第7行“（二）直接投入费用”：填报第8+9+10+11+12+13+14+15行金额。

8. 第8行“1. 研发活动直接消耗材料费用”：填报纳税人研发活动直接消耗的材料费用。

◆企业研发活动直接形成产品或作为组成部分形成的产品对外销售的，研发费用中对应的材料费用不得加计扣除。

9. 第9行“2. 研发活动直接消耗燃料费用”：填报纳税人研发活动直接消耗的燃料费用。

10. 第10行“3. 研发活动直接消耗动力费用”：填报纳税人研发活动直接消耗的动力费用。

11. 第11行“4. 用于中间试验和产品试制的模具、工艺装备开发及制造费”：填报纳税人研发活动中用于中间试验和产品试制的模具、工艺装备开发及制造的费用。

12. 第12行“5. 用于不构成固定资产的样品、样机及一般测试手段购置费”：填报纳税人研发活动中用于不构成固定资产的样品、样机及一般测试手段购置费用。

13. 第13行“6. 用于试制产品的检验费”：填报纳税人研发活动中用于试制产品的检验费。

14. 第14行“7. 用于研发活动的仪器、设备的运行维护、调整、检验、维修等费用”：填报纳税人用于研发活动的仪器、设备的运行维护、调整、检验、维修等费用。

15. 第15行“8. 通过经营租赁方式租入的用于研发活动的仪器、设备租赁费”：填报纳税人经营租赁方式租入的用于研发活动的仪器、设备租赁费。

以经营租赁方式租入的用于研发活动的仪器、设备，同时用于非研发活动的，填报按实际工时占比等合理方法分配的用于研发活动的相关费用。

◆以经营租赁方式租入的用于研发活动的仪器、设备，同时用于非研发活动的，企业应对其仪器设备使用情况做必要记录，并将其实际发生的租赁费按实际工时占比等合理方法在研发费用和生产经营费用间分配，未分配的不得加计扣除。

◆可加计扣除的研发费用不包括以经营租赁方式租入的用于研发活动的房屋、建筑物租赁费。

16. 第16行“（三）折旧费用”：填报第17+18行金额。用于研发活动的仪器、设备，同时用于非研发活动的，填报按实际工时占比等合理方法分配的用于研发活动的相关费用。纳税人用于研发活动的仪器、设备，符合税收规定且选择加速折旧优惠政策的，在享受研发费用税前加计扣除政策时，按照税前扣除的折旧口径填报。

◆用于研发活动的仪器、设备，同时用于非研发活动的，企业应对其仪器设备使用情况做必要记录，并将其实际发生的折旧费按实际工时占比等合理方法在研发费用和生产经营费用间分配，未分配的不得加计扣除。

◆可加计扣除的研发费用不包括用于研发活动的房屋、建筑物的折旧费。

17. 第17行“1. 用于研发活动的仪器的折旧费”：填报纳税人用于研发活动的仪器的折旧费。

18. 第18行“2. 用于研发活动的设备的折旧费”：填报纳税人用于研发活动的设备的折旧费。

【例6－3】甲企业2019年12月购入并投入使用一台专门用于研发活动的设备，单位价值600万元，会计处理按照直线法，按预计使用年限8年核算折旧，税法上规定的最低折旧年限为10年，不考虑残值。甲企业对该项设备选择缩短折旧年限的加速折旧方式，折旧年限缩短为6年（10×60%＝6），若该设备6年内用途未发生变化，每年均符合加计扣除政策规定，则甲企业在6年内每年直接就其税前扣除“设备折旧费”100万元进行加计扣除75万元（100×75%＝75），第18行“2. 用于研发活动的设备的折旧费”应填报100万元。甲企业申报表填写如表6－6所示：

表6－6　A107012　　研发费用加计扣除优惠明细表　　单位：万元

行次	项　　目	金额
16	（三）折旧费用（17＋18）	100
17	1. 用于研发活动的仪器的折旧费	
18	2. 用于研发活动的设备的折旧费	100

19. 第19行“（四）无形资产摊销”：填报第20＋21＋22行金额。用于研发活动的无形资产，同时用于非研发活动的，填报按实际工时占比等合理方法在研发费用和生产经营费用间分配的用于研发活动的相关费用。纳税人用于研发活动的无形资产，符合税收规定且选择加速摊销优惠政策的，在享受研发费用税前加计扣除政策时，按照税前扣除的摊销口径填报。

◆用于研发活动的无形资产，同时用于非研发活动的，企业应对其无形资产使用情况做必要记录，并将其实际发生的摊销费按实际工时占比等合理方法在研发费用和生产经营费用间分配，未分配的不得加计扣除。

20. 第20行“1. 用于研发活动的软件的摊销费用”：填报纳税人用于研发活动的软件的摊销费用。

◆企业外购的软件，符合无形资产确认条件的，可以按照无形资产进行核算，其折旧或摊销年限可以适当缩短，最短可为2年（含），企业可以选择按加速后的摊销口径填报。

21. 第21行“2. 用于研发活动的专利权的摊销费用”：填报纳税人用于研发活动的专利权的摊销费用。

22. 第22行“3. 用于研发活动的非专利技术（包括许可证、专有技术、设计和计算方法等）的摊销费用”：填报纳税人用于研发活动的非专利技术（包括许可证、专有技术、设计和计算方法等）的摊销费用。

23. 第23行“（五）新产品设计费等”：填报第24＋25＋26＋27行金额。新产品设计费、新工艺规程制定费、新药研制的临床试验费、勘探开发技术的现场试验费等由辅助生产部门提供的，填报按照一定的分配标准分配给研发项目的金额。

24. 第24行“1. 新产品设计费”：填报纳税人研发活动中发生的新产品设计费。

25. 第25行“2. 新工艺规程制定费”：填报纳税人研发活动中发生的新

工艺规程制定费。

26. 第 26 行“3. 新药研制的临床试验费”：填报纳税人研发活动中发生的新药研制的临床试验费。

27. 第 27 行“4. 勘探开发技术的现场试验费”：填报纳税人研发活动中发生的勘探开发技术的现场试验费。

28. 第 28 行“（六）其他相关费用”：填报第 29 + 30 + 31 + 32 + 33 行金额。

◆其他相关费用总额不得超过可加计扣除研发费用总额的 10%。

29. 第 29 行“1. 技术图书资料费、资料翻译费、专家咨询费、高新科技研发保险费”：填报纳税人研发活动中发生的技术图书资料费、资料翻译费、专家咨询费、高新科技研发保险费。

30. 第 30 行“2. 研发成果的检索、分析、评议、论证、鉴定、评审、评估、验收费用”：填报纳税人研发活动中发生的研发成果的检索、分析、评议、论证、鉴定、评审、评估、验收费用。

31. 第 31 行“3. 知识产权的申请费、注册费、代理费”：填报纳税人研发活动中发生的知识产权的申请费、注册费、代理费。

32. 第 32 行“4. 职工福利费、补充养老保险费、补充医疗保险费”：填报纳税人研发活动人员发生的职工福利费、补充养老保险费、补充医疗保险费。

33. 第 33 行“5. 差旅费、会议费”：填报纳税人研发活动发生的差旅费、会议费。

34. 第 34 行“（七）经限额调整后的其他相关费用”：根据研发活动分析汇总填报。

◆企业在一个纳税年度内进行多项研发活动的，应按照不同研发项目分别归集可加计扣除的研发费用。在计算每个项目其他相关费用的限额时应当按照以下公式计算：其他相关费用限额 = 前五项费用之和 × 10% /(1 − 10%)。

当其他相关费用实际发生数小于限额时，按实际发生数计算税前加计扣除数额；

当其他相关费用实际发生数大于限额时，按限额计算税前加计扣除数额。

【例6-4】甲企业2019年发生一项研发活动，发生研发费用110万元，其中与研发活动直接相关的其他费用20万元，假设研发活动均符合加计扣除相关规定，其他相关费用限额＝(110－20)×10%/(1－10%)＝10万元，小于实际发生数20万元，甲企业允许加计扣除的研发费用为100万元（110－20＋10＝100），2018年度可以享受的研发费用加计扣除额为75万元，第34行“（七）经限额调整后的其他相关费用”应填报10万元。甲企业申报表填写如表6-7所示：

表6-7　A107012　研发费用加计扣除优惠明细表　单位：万元

行次	项　　目	金额
28	（六）其他相关费用（29＋30＋31＋32＋33）	20
29	1. 技术图书资料费、资料翻译费、专家咨询费、高新科技研发保险费	
30	2. 研发成果的检索、分析、评议、论证、鉴定、评审、评估、验收费用	
31	3. 知识产权的申请费、注册费、代理费	
32	4. 职工福利费、补充养老保险费、补充医疗保险费	
33	5. 差旅费、会议费	
34	（七）经限额调整后的其他相关费用	10

乙公司2019年进行了两项研发活动，项目一发生研发费用100万元，其中与研发活动直接相关的其他费用12万元，项目二发生研发费用100万元，其中与研发活动直接相关的其他费用8万元，假设研发活动均符合加计扣除相关规定。项目一其他相关费用限额＝(100－12)×10%/(1－10%)＝9.78万元，小于实际发生数12万元，则项目一允许加计扣除的研发费用应为97.78万元（100－12＋9.78＝97.78）。项目二其他相关费用限额＝(100－8)×10%/(1－10%)＝10.22万元，大于实际发生数8万元，则项目二允许加计扣除的研发费用应为100万元。乙企业2019年度可以享受的研发费用加计扣除额为148.34万元，第34行“（七）经限额调整后的其他相关费用”应填报17.78万元。乙公司申报表填写如表6-8所示：

表 6－8　A107012　　研发费用加计扣除优惠明细表　　单位：万元

行次	项　　目	金额
28	（六）其他相关费用（29＋30＋31＋32＋33）	20
29	1. 技术图书资料费、资料翻译费、专家咨询费、高新科技研发保险费	
30	2. 研发成果的检索、分析、评议、论证、鉴定、评审、评估、验收费用	
31	3. 知识产权的申请费、注册费、代理费	
32	4. 职工福利费、补充养老保险费、补充医疗保险费	
33	5. 差旅费、会议费	
34	（七）经限额调整后的其他相关费用	17.78

35. 第 35 行"二、委托研发"：填报第 36＋37＋39 行金额。

◆委托研发是指委托他人进行的研发，委托方以支付报酬的形式获得受托方的研发成果的所有权或使用权。委托项目的特点是受委托方支配，项目成果必须体现委托方的意志和实现委托方使用目的。

36. 第 36 行"（一）委托境内机构或个人进行研发活动所发生的费用"：填报纳税人研发项目委托境内机构或个人进行研发活动所发生的费用。

◆企业委托境内机构或个人进行研发活动所发生的费用，按照费用实际发生额的 80% 计入委托方研发费用并计算加计扣除，受托方不得再进行加计扣除。委托外部研究开发费用实际发生额应按照独立交易原则确定。委托方与受托方存在关联关系的，受托方应向委托方提供研发项目费用支出明细情况。

【例 6－5】 甲企业 2019 年委托其境内关联企业乙公司研发，假设该研发符合研发费用加计扣除的相关条件。甲企业支付给乙公司 100 万元。乙公司实际发生费用 90 万元（其中按可加计扣除口径归集的费用为 85 万元），利润 10 万元。2019 年，甲企业按照实际支付给乙公司的费用计算可加计扣除的金额为 60 万元（100×80%×75%＝60），乙公司应向甲企业提供实际发生研发项目费用支出 90 万元的明细情况，第 36 行"（一）委托境内机构或个人进行研发活动所发生的费用"应填报 100 万元。甲企业申报表填写如表 6－9 所示：

表 6－9　A107012　　研发费用加计扣除优惠明细表　　单位：万元

行次	项　目	金额
35	二、委托研发（36＋37＋39）	100
36	（一）委托境内机构或个人进行研发活动所发生的费用	100
37	（二）委托境外机构进行研发活动发生的费用	
38	其中：允许加计扣除的委托境外机构进行研发活动发生的费用	
39	（三）委托境外个人进行研发活动发生的费用	

37. 第 37 行“（二）委托境外机构进行研发活动发生的费用”：填报纳税人研发项目委托境外机构进行研发活动所发生的费用。

◆企业委托境外机构进行研发活动所发生的费用，按照费用实际发生额的 80% 计入委托方的委托境外研发费用。委托境外研发费用不超过境内符合条件的研发费用三分之二的部分，可以按规定在企业所得税前加计扣除。上述费用实际发生额应按照独立交易原则确定。委托方与受托方存在关联关系的，受托方应向委托方提供研发项目费用支出明细情况。

38. 第 38 行“允许加计扣除的委托境外机构进行研发活动发生的费用”：填报纳税人按照税收规定允许加计扣除的委托境外机构进行研发活动发生的研发费用。

【例 6－6】 甲企业 2019 年发生自行研发费用 100 万元，委托境内乙公司进行研发活动，向乙公司支付 100 万元委托研发费用，委托境外丙公司进行研发活动，向丙公司支付 200 万元委托研发费用。假设以上研发费用均符合条件，则境内符合条件的研发费用＝100＋100×80%＝180（万元），委托境外研发费用限额＝180×2/3＝120（万元），而委托方委托境外研发费用＝200×80%＝160（万元），超过了境内符合条件研发费用的三分之二，则可以按规定在公司所得税前加计扣除的境外委托研发费用为 120 万元。第 36 行“（一）委托境内机构或个人进行研发活动所发生的费用”应填报 100 万元，第 37 行“（二）委托境外机构进行研发活动发生的费用”应填报 200 万元，第 38 行“允许加计扣除的委托境外机构进行研发活动发生的费用”应填报 120 万元。甲企业申报表填写如表 6－10 所示：

表 6－10　A107012　　研发费用加计扣除优惠明细表　　单位：万元

行次	项　目	金额
35	二、委托研发（36＋37＋39）	300
36	（一）委托境内机构或个人进行研发活动所发生的费用	100
37	（二）委托境外机构进行研发活动发生的费用	200
38	其中：允许加计扣除的委托境外机构进行研发活动发生的费用	120
39	（三）委托境外个人进行研发活动发生的费用	
40	三、年度研发费用小计（2＋36×80%＋38）	300

39. 第 39 行“（三）委托境外个人进行研发活动发生的费用”：填报纳税人委托境外个人进行研发活动发生的费用。本行不参与加计扣除优惠金额的计算。

◆企业委托境外个人进行研发活动所发生的费用，不得加计扣除。

40. 第 40 行“三、年度研发费用小计”：填报第 2 行＋第 36 行×80%＋第 38 行金额。

【例 6－6】接例 6－5，甲企业第 40 行“三、年度研发费用小计”应填报＝100＋100×80%＋120＝300（万元）。

41. 第 41 行“（一）本年费用化金额”：填报纳税人研发活动本年费用化部分金额。

42. 第 42 行“（二）本年资本化金额”：填报纳税人研发活动本年结转无形资产的金额。

43. 第 43 行“四、本年形成无形资产摊销额”：填报纳税人研发活动本年形成无形资产的摊销额。

◆企业开展研发活动中实际发生的研发费用，形成无形资产的，在 2018 年 1 月 1 日至 2020 年 12 月 31 日期间按照无形资产成本的 175% 在税前摊销。企业开展研发活动中实际发生的研发费用形成无形资产的，其资本化的时点与会计处理保持一致。

【例 6－7】甲企业自 2019 年 1 月 1 日起自行研究开发一项新专利技术，2019 年发生资本化支出 2 400 万元，2019 年 7 月 1 日该项专利技术获得成功并取得专利权。甲企业预计该项专利权的使用年限为 10 年，采用直线法进行摊销，均与税法规定相同，则 2019 年该形成的无形资产摊销额＝2 400/10×

6/12 = 120（万元），第 43 行“四、本年形成无形资产摊销额”应填报 120 万元。甲企业申报表填写如表 6-11 所示：

表 6-11　A107012　　研发费用加计扣除优惠明细表　　单位：万元

行次	项　　目	金额
43	四、本年形成无形资产摊销额	120

44. 第 44 行“五、以前年度形成无形资产本年摊销额”：填报纳税人研发活动以前年度形成无形资产本年摊销额。

45. 第 45 行“六、允许扣除的研发费用合计”：填报第 41 + 43 + 44 行金额。

46. 第 46 行“特殊收入部分”：填报纳税人已归集计入研发费用，但在当期取得的研发过程中形成的下脚料、残次品、中间试制品等特殊收入。

◆企业取得研发过程中形成的下脚料、残次品、中间试制品等特殊收入，在计算确认收入当年的加计扣除研发费用时，应从已归集研发费用中扣减该特殊收入，不足扣减的，加计扣除研发费用按零计算（不递延以后年度扣减）。

47. 第 47 行“七、允许扣除的研发费用抵减特殊收入后的金额”：填报第 45 - 46 行金额。

48. 第 48 行“当年销售研发活动直接形成产品（包括组成部分）对应的材料部分”：填报纳税人当年销售研发活动直接形成产品（包括组成部分）对应的材料部分金额。

◆企业研发活动直接形成产品或作为组成部分形成的产品对外销售的，研发费用中对应的材料费用不得加计扣除。产品销售与对应的材料费用发生在不同纳税年度且材料费用已计入研发费用的，可在销售当年以对应的材料费用发生额直接冲减当年的研发费用，不足冲减的，结转以后年度继续冲减。

【例 6-8】 甲企业 2018 年 2 月与客户签订合同生产某设备，该设备需对一项关键技术进行研发，甲企业对该技术实施自主研发项目立项，2018 年共发生研发支出 100 万元，其中该项目领用材料 30 万元，2019 年共发生研发支出 80 万元，其中该项目领用材料 20 万元。2020 年末该设备完工并交付给客户，当年共发生研发支出 150 万元，假设以上研发支出均费用化，则 2020 年甲企业可加计扣除的研发费用 = 150 - 30 - 20 = 100 万元，第 48 行“当年销售研发活动直接形成产品（包括组成部分）对应的材料部分”应填报 50 万元。甲企业 2020 年申报表填写如表 6－12 所示：

表 6－12　A107012　　研发费用加计扣除优惠明细表　　　单位：万元

行次	项　目	金额
47	七、允许扣除的研发费用抵减特殊收入后的金额（45－46）	150
48	减：当年销售研发活动直接形成产品（包括组成部分）对应的材料部分	
49	减：以前年度销售研发活动直接形成产品（包括组成部分）对应材料部分结转金额	50
50	八、加计扣除比例（%）	75%
51	九、本年研发费用加计扣除总额（47－48－49）×50	75
52	十、销售研发活动直接形成产品（包括组成部分）对应材料部分结转以后年度扣减金额（当 47－48－49≥0，本行＝0；当 47－48－49＜0，本行＝47－48－49 的绝对值）	

49. 第 49 行“以前年度销售研发活动直接形成产品（包括组成部分）对应材料部分结转金额”：填报纳税人以前年度销售研发活动直接形成产品（包括组成部分）对应材料部分结转金额。

50. 第 50 行“八、加计扣除比例”：根据有关政策规定填报。

◆在 2018 年 1 月 1 日至 2020 年 12 月 31 日期间，加计扣除比例为 75%。

51. 第 51 行“九、本年研发费用加计扣除总额”：填报第（47－48－49）行×第 50 行的金额，当第 47－48－49 行＜0 时，本行填报 0。

52. 第 52 行“十、销售研发活动直接形成产品（包括组成部分）对应材料部分结转以后年度扣减金额”：当第 47－48－49 行≥0 时，填报 0；当第 47－48－49 行＜0 时，填报第 47－48－49 行金额的绝对值。

◆企业应按照国家财务会计制度要求，对研发支出进行会计处理。研发项目立项时应设置研发支出辅助账，准确归集核算当年可加计扣除的各项研发费用实际发生额，同一个研发项目的资本化支出和费用化支出应当分别设置辅助账，年末汇总分析填报“研发支出辅助账汇总表”，由企业留存备查。企业内部研究开发项目发生的各项支出，应通过设置“研发支出”科目进行归集，该科目借方登记实际发生的研发支出，贷方登记转为无形资产和管理费用的金额，借方余额反映企业正在进行的研究开发项目中满足资本化条件的支出。下一级按照研发项目分别设置“研发支出——费用化支出”和“研发支出——资本化支出”进行明细核算，同时根据有关规定中对研发各项费用科目的归集范围下设人员人工、直接投入、折旧费用与长期待摊费用、设计费用、装备调试费、无形资产摊销、委托外部研究开发费用、其他费用等明细科目，并可根据实际情况再向下设置明细科目。企业在对研发费用进行账务处理时采用财企〔2007〕194号所规范的会计核算口径，在进行研发费用加计扣除时采用财税〔2015〕119号、国家税务总局公告2015年第97号、国家税务总局公告2017年第40号所规范的加计扣除口径，存在一定差异，具体如表6－13所示：

表6－13

费用项目	会计规定	研发费用加计扣除	备注
人员人工费用	企业在职研发人员的工资、奖金、津贴、补贴、社会保险费、住房公积金等人工费用以及外聘研发人员的劳务费用。	直接从事研发活动人员的工资薪金、基本养老保险费、基本医疗保险费、失业保险费、工伤保险费、生育保险费和住房公积金，以及外聘研发人员的劳务费用。	会计上强调“在职”，税收强调“直接”，会计核算范围大于税收范围。
直接投入费用	（1）研发活动直接消耗的材料、燃料和动力费用。	（1）研发活动直接消耗的材料、燃料和动力费用。	
	（2）用于中间试验和产品试制的模具、工艺装备开发及制造费，样品、样机及一般测试手段购置费，试制产品的检验费等。	（2）用于中间试验和产品试制的模具、工艺装备开发及制造费，不构成固定资产的样品、样机及一般测试手段购置费，试制产品的检验费。	
	（3）用于研发活动的仪器、设备、房屋等固定资产的租赁费，设备调整及检验费，以及相关固定资产的运行维护、维修等费用。	（3）用于研发活动的仪器、设备的运行维护、调整、检验、维修等费用，以及通过经营租赁方式租入的用于研发活动的仪器、设备租赁费。	房屋租赁费不计入加计扣除范围。
折旧费用与长期待摊费用	用于研发活动的仪器、设备、房屋等固定资产的折旧费。	用于研发活动的仪器、设备的折旧费。	房屋折旧费不计入加计扣除范围。

续表

费用项目	会计规定	研发费用加计扣除	备注
无形资产摊销	用于研发活动的软件、专利权、非专利技术等无形资产的摊销费用。	用于研发活动的软件、专利权、非专利技术（包括许可证、专有技术、设计和计算方法等）的摊销费用。	
设计试验等费用		新产品设计费、新工艺规程制定费、新药研制的临床试验费、勘探开发技术的现场试验费。	会计上没有列举设计试验费用项目。
其他相关费用	与研发活动直接相关的其他费用，包括技术图书资料费、资料翻译费、会议费、差旅费、办公费、外事费、研发人员培训费、培养费、专家咨询费、高新科技研发保险费用等，研发成果的论证、评审、验收、评估以及知识产权的申请费、注册费、代理费等费用。	与研发活动直接相关的其他费用，如技术图书资料费、资料翻译费、专家咨询费、高新科技研发保险费，研发成果的检索、分析、评议、论证、鉴定、评审、评估、验收费用，知识产权的申请费、注册费、代理费，差旅费、会议费，职工福利费、补充养老保险费、补充医疗保险费。此项费用总额不得超过可加计扣除研发费用总额的 10%。	加计扣除政策及高新研发费用范围中对其他相关费用总额有比例限制。

【例 6－9】 甲企业 2019 年度进行了两项研发活动，项目编号分别为 RD1 和 RD2，其中 RD1 为自主立项、自行研发，RD2 为委托外部机构研发，假设不考虑相关税费，相关资料如下：

1. RD1 在 2019 年 1 至 3 月处于研究阶段，发生研发费用包括：

（1）在职直接从事研发的人员工资 150 000 元，五险一金 60 000 元，职工福利费 20 000 元，补充养老保险费、补充医疗保险费 15 000 元，外聘研发人员劳务费用合计 80 000 元；

（2）耗用原材料和燃料分别为 180 000 元和 35 000 元，设备运行维护费 8 000 元，模具制造费 60 000 元；2 月租赁专用于研发的设备一台，每月租金 10 000 元，租期 1 年；

（3）1 月购买专门用于研发的设备，价款 480 000 元，采取直线法计提折旧，预计使用年限 5 年，残值率为 0，月折旧额为 8 000 元；

公司自有办公楼用于 RD1 项目，分摊折旧额合计 32 000 元；

用于 RD1 项目的专利权摊销费合计 40 000 元；

（4）购买项目所需图书资料费 5 000 元，资料翻译费 2 000 元，研发人员培训费 30 000 元，差旅费和会议费 5 000 元。

RD1 在 2019 年 4 至 12 月处于开发阶段，该阶段支出均满足资本化条件，开发阶段发生的研发费用包括：

（1）在职直接从事研发的人员工资 500 000 元，五险一金 200 000 元，职工福利费 70 000 元，补充养老保险费、补充医疗保险费 36 000 元，外聘研发人员劳务费用合计 250 000 元。

（2）耗用原材料和燃料分别为 580 000 元和 140 000 元，研发试制产品的检验费 6 000 元，模具制造费 150 000 元；租赁专用于研发的设备租金 90 000 元；

（3）购买专门用于研发的设备计提折旧额为 72 000 元；

自有办公楼，分摊折旧额合计 96 000 元；

用于 RD1 项目的专利权摊销费合计 120 000 元；

（4）购买项目所需图书资料费 7 000 元，资料翻译费 3 000 元，办公费 8 000 元；

验收合格，支付评估验收费 5 000 元，专利注册费 3 000 元。

该研发项目于年底达到预定用途形成无形资产，采用直线法摊销，预计无残值，使用期限为 10 年。

2. RD2 委托外部机构进行研发，2019 年共支付劳务费用 200 万元，其中 50 万元支付给境外研发机构。

3. 上年度研发活动直接形成产品在 2019 年度对外销售，其中上年度研发费用中对应的材料部分为 180 000 元。

分析：

（一）RD1 项目

1. 2019 年的费用化研发支出中可加计扣除的研发费包括：

直接从事研发活动人员工资薪金 150 000 元，直接从事研发活动人员五险一金 60 000 元，外聘研发人员的劳务费用 80 000 元，研发活动直接消耗材料费用 180 000 元，研发活动直接消耗燃料费用 35 000 元，用于中间试验和产品试制的模具、工艺装备开发及制造费 60 000 元，用于研发活动的仪器、设备的运行维护、调整、检验、维修等费用 8 000 元，通过经营租赁方式租入的用于研发活动的仪器、设备租赁费 20 000 元，用于研发活动的设备的折旧费 16 000 元，用于研发活动的专利权的摊销费用 40 000 元，技术图书资料费、资料翻译费、专家咨询费、高新科技研发保险费 7 000 元，职工福利费、补充养老保险费、补充医疗保险费 35 000 元，差旅费、会议费 5 000 元。其他相关费用限额 =649 000×10%/(1－10%)=72111 元，其他相关费用支出未超过限额，可全额用于计算加计扣除。费用化支出中可加计扣除的研发费合计 696 000 元，不适用加计扣除的费用包括计提办公楼折旧费 32 000 元和支出研发人员培训费 30 000 元。

2. 2019 年的资本化研发支出中可加计扣除的研发费包括：

直接从事研发活动人员工资薪金 500 000 元，直接从事研发活动人员五险一金 200 000 元，外聘研发人员的劳务费用 250 000 元，研发活动直接消耗材料费用 580 000 元，研发活动直接消耗燃料费用 140 000 元，用于中间试验和产品试制的模具、工艺装备开发及制造费 150 000 元，用于试制产品的检验费 6 000 元，通过经营租赁方式租入的用于研发活动的仪器、设备租赁费 90 000 元，用于研发活动的设备的折旧费 72 000 元，用于研发活动的专利权的摊销费用 120 000 元，技术图书资料费、资料翻译费、专家咨询费、高新科技研发保险费 10 000 元，研发成果的检索、分析、评议、论证、鉴定、评审、评估、验收费用 5 000 元，知识产权的申请费、注册费、代理费 3 000 元，职工福利费、补充养老保险费、补充医疗保险费 106 000 元。其他相关费用限额 =2 108 000×10%/(1－10%)=234 222 元，其他相关费用支出未超过限额，可全额用于计算加计扣除。资本化支出中可加计扣除的研发费合计 2 232 000 元，不适用加计扣除的费用包括计提办公楼折旧费 96 000 元和办公费 8 000 元。

可加计扣除的本年形成无形资产摊销额 =2 232 000/(10×12)=18 600 元。

（二）RD2 项目

RD2 项目向境内机构支付 1 500 000 元委托研发费用，则境内符合条件的研发费用 =2 928 000＋1 500 000×80% =4 128 000 元，委托境外研发费用限

额 =4 128 000 × 2/3 = 2 752 000 元，实际委托境外的研发费用为 500 000 × 80% =400 000 元，未超过境内符合条件研发费用的三分之二，则可以按规定在企业所得税前加计扣除的境外委托研发费用为 400 000 元。甲企业申报表填写如表 6－14 所示：

表 6－14　A107012　　研发费用加计扣除优惠明细表　　单位：元

行次	项　　目	金额（数量）
1	本年可享受研发费用加计扣除项目数量	2
2	一、自主研发、合作研发、集中研发（3＋7＋16＋19＋23＋34）	2 928 000
3	（一）人员人工费用（4＋5＋6）	1 240 000
4	1. 直接从事研发活动人员工资薪金	650 000
5	2. 直接从事研发活动人员五险一金	260 000
6	3. 外聘研发人员的劳务费用	330 000
7	（二）直接投入费用（8＋9＋10＋11＋12＋13＋14＋15）	1 269 000
8	1. 研发活动直接消耗材料费用	760 000
9	2. 研发活动直接消耗燃料费用	175 000
10	3. 研发活动直接消耗动力费用	
11	4. 用于中间试验和产品试制的模具、工艺装备开发及制造费	210 000
12	5. 用于不构成固定资产的样品、样机及一般测试手段购置费	
13	6. 用于试制产品的检验费	6 000
14	7. 用于研发活动的仪器、设备的运行维护、调整、检验、维修等费用	8 000
15	8. 通过经营租赁方式租入的用于研发活动的仪器、设备租赁费	110 000
16	（三）折旧费用（17＋18）	88 000
17	1. 用于研发活动的仪器的折旧费	
18	2. 用于研发活动的设备的折旧费	88 000
19	（四）无形资产摊销（20＋21＋22）	160 000
20	1. 用于研发活动的软件的摊销费用	
21	2. 用于研发活动的专利权的摊销费用	160 000
22	3. 用于研发活动的非专利技术（包括许可证、专有技术、设计和计算方法等）的摊销费用	

续表

行次	项　　目	金额 （数量）
23	（五）新产品设计费等（24+25+26+27）	
24	1. 新产品设计费	
25	2. 新工艺规程制定费	
26	3. 新药研制的临床试验费	
27	4. 勘探开发技术的现场试验费	
28	（六）其他相关费用（29+30+31+32+33）	171 000
29	1. 技术图书资料费、资料翻译费、专家咨询费、高新科技研发保险费	17 000
30	2. 研发成果的检索、分析、评议、论证、鉴定、评审、评估、验收费用	5 000
31	3. 知识产权的申请费、注册费、代理费	3 000
32	4. 职工福利费、补充养老保险费、补充医疗保险费	141 000
33	5. 差旅费、会议费	5 000
34	（七）经限额调整后的其他相关费用	171 000
35	二、委托研发（36+37+39）	2 000 000
36	（一）委托境内机构或个人进行研发活动所发生的费用	1 500 000
37	（二）委托境外机构进行研发活动发生的费用	500 000
38	其中：允许加计扣除的委托境外机构进行研发活动发生的费用	400 000
39	（三）委托境外个人进行研发活动发生的费用	
40	三、年度研发费用小计（2+36×80%+38）	4 528 000
41	（一）本年费用化金额	2 296 000
42	（二）本年资本化金额	2 232 000
43	四、本年形成无形资产摊销额	18 600
44	五、以前年度形成无形资产本年摊销额	
45	六、允许扣除的研发费用合计（41+43+44）	2 314 600
46	减：特殊收入部分	
47	七、允许扣除的研发费用抵减特殊收入后的金额（45-46）	2 314 600
48	减：当年销售研发活动直接形成产品（包括组成部分）对应的材料部分	180 000
49	减：以前年度销售研发活动直接形成产品（包括组成部分）对应材料部分结转金额	

续表

行次	项　　目	金额（数量）
50	八、加计扣除比例（%）	75%
51	九、本年研发费用加计扣除总额（47－48－49）×50	1 600 950
52	十、销售研发活动直接形成产品（包括组成部分）对应材料部分结转以后年度扣减金额（当47－48－49≥0，本行＝0；当47－48－49＜0，本行＝47－48－49的绝对值）	

二、表内、表间关系

1. 表内关系：

（1）第2行＝第3＋7＋16＋19＋23＋34行。

（2）第3行＝第4＋5＋6行。

（3）第7行＝第8＋9＋10＋11＋12＋13＋14＋15行。

（4）第16行＝第17＋18行。

（5）第19行＝第20＋21＋22行。

（6）第23行＝第24＋25＋26＋27行。

（7）第28行＝第29＋30＋31＋32＋33行。

（8）第35行＝第36＋37＋39行。

（9）第40行＝第2行＋第36行×80%＋第38行。

（10）第45行＝第41＋43＋44行。

（11）第47行＝第45－46行。

（12）第51行＝（第47－48－49行）×第50行，当第47－48－49行＜0时，本行＝0。

（13）当第47－48－49行≥0时，第52行＝0；当第47－48－49行＜0时，第52行＝第46－47－48行金额的绝对值。

2. 表间关系：

（1）当表A000000“210－3”项目未填有入库编号时，第51行＝表A107010第26行。

（2）当表 A000000“210 – 3”项目填有入库编号时，第 51 行 = 表 A107010 第 27 行。

三、相关政策

1.《中华人民共和国企业所得税法》（中华人民共和国主席令第 63 号）。

2.《中华人民共和国企业所得税法实施条例》（中华人民共和国国务院令第 512 号）。

3.《财政部　国家税务总局科学技术部关于完善研究开发费用税前加计扣除政策的通知》（财税〔2015〕119 号）。

4.《国家税务总局关于企业研究开发费用税前加计扣除政策有关问题的公告》（国家税务总局公告 2015 年 97 号）。

5.《国家税务总局关于研发费用税前加计扣除归集范围有关问题的公告》（国家税务总局公告 2017 年第 40 号）。

6.《科技部　财政部　国家税务总局关于进一步做好企业研发费用加计扣除政策落实工作的通知》（国科发政〔2017〕211 号）。

7.《财政部　税务总局　科技部关于企业委托境外研究开发费用税前加计扣除政策问题的通知》（财税〔2018〕64 号）。

8.《财政部　税务总局　科技部关于提高研究开发费用税前加计扣除比例的通知》（财税〔2018〕99 号）。

第四节　所得减免优惠明细表（A107020）

“所得减免优惠明细表”（A107020）适用于享受所得减免优惠政策的纳税人填报，如表 6 – 15 所示。纳税人根据税法、及相关税收政策规定，填报本年发生的所得减免优惠情况，“中华人民共和国企业所得税年度纳税申报表（A 类）”（A100000）第 19 行“纳税调整后所得”为负数的，无须填报表 A107020。

表6－15　A107020　　所得减免优惠明细表

行次	减免项目	项目名称	优惠事项名称	优惠方式	项目收入	项目成本	相关税费	应分摊期间费用	纳税调整额	项目所得额		减免所得额
										免税项目	减半项目	
		1	2	3	4	5	6	7	8	9	10	11（9＋10×50%）
1	一、农、林、牧、渔业项目											
2												
3		小计	*	*								
4	二、国家重点扶持的公共基础设施项目											
5												
6		小计	*	*								
7	三、符合条件的环境保护、节能节水项目											
8												
9		小计	*	*								
10	四、符合条件的技术转让项目		*	*						*	*	*
11			*	*						*	*	*
12		小计	*	*								
13	五、清洁发展机制项目		*									
14			*									
15		小计	*	*								

续表

行次	减免项目	项目名称	优惠事项名称	优惠方式	项目收入	项目成本	相关税费	应分摊期间费用	纳税调整额	项目所得额		减免所得额
										免税项目	减半项目	
		1	2	3	4	5	6	7	8	9	10	11（9＋10×50%）
16	六、符合条件的节能服务公司实施的合同能源管理项目		*									
17			*									
18		小计	*	*								
19	七、线宽小于130纳米的集成电路生产项目		*									
20			*									
21		小计	*	*								
22	八、线宽小于65纳米或投资额超过150亿元的集成电路生产项目		*									
23			*									
24		小计	*	*								
25	九、其他											
26												
27		小计	*	*								
28	合计	*	*	*								

根据《财政部　税务总局　国家发展改革委　工业和信息化部关于集成电路生产企业有关企业所得税政策问题的通知》（财税〔2018〕27号）规定，2018年修订版申报表增加“七、线宽小于130纳米的集成电路生产项目”和“八、线宽小于65纳米或投资额超过150亿元的集成电路生产项目”两项内容。

一、项目填报说明

（一）行次填报

1. 第1行至第3行“一、农、林、牧、渔业项目”：按农、林、牧、渔业项目的优惠政策具体内容分别填报，一个项目填报一行，纳税人有多个项目的，可自行增加行次填报。各行相应列次填报金额的合计金额填入“小计”行。根据《财政部　国家税务总局关于发布享受企业所得税优惠政策的农产品初加工范围（试行）的通知》（财税〔2008〕149号）、《国家税务总局关于黑龙江垦区国有农场土地承包费缴纳企业所得税问题的批复》（国税函〔2009〕779号）、《国家税务总局关于“公司+农户”经营模式企业所得税优惠问题的公告》（国家税务总局公告2010年第2号）、《财政部　国家税务总局关于享受企业所得税优惠的农产品初加工有关范围的补充通知》（财税〔2011〕26号）、《国家税务总局关于实施农林牧渔业项目企业所得税优惠问题的公告》（国家税务总局公告2011年第48号）等相关税收政策规定，填报本纳税年度发生的减征、免征企业所得税项目的有关情况。

2. 第4行至第6行“二、国家重点扶持的公共基础设施项目”：按国家重点扶持的公共基础设施项目具体内容分别填报，一个项目填报一行，纳税人有多个项目的，可自行增加行次填报。各行相应列次填报金额的合计金额填入“小计”行。根据《财政部　国家税务总局关于执行公共基础设施项目企业所得税优惠目录有关问题的通知》（财税〔2008〕46号）、《财政部　国家税务总局　国家发展改革委关于公布公共基础设施项目企业所得税优惠目录（2008年版）的通知》（财税〔2008〕116号）、《国家税务总局关于实施国家重点扶持的公共基础设施项目企业所得税优惠问题的通知》（国税发〔2009〕

80号)、《财政部　国家税务总局关于公共基础设施项目和环境保护节能节水项目企业所得税优惠政策问题的通知》(财税〔2012〕10号)、《财政部　国家税务总局关于支持农村饮水安全工程建设运营税收政策的通知》(财税〔2012〕30号)第五条、《国家税务总局关于电网企业电网新建项目享受所得税优惠政策问题的公告》(国家税务总局公告2013年第26号)、《财政部　国家税务总局关于公共基础设施项目享受企业所得税优惠政策问题的补充通知》(财税〔2014〕55号)等相关税收政策规定，从事《公共基础设施项目企业所得税优惠目录》规定的港口码头、机场、铁路、公路、城市公共交通、电力、水利等项目的投资经营的所得，自项目取得第一笔生产经营收入所属纳税年度起，第一年至第三年免征企业所得税，第四年至第六年减半征收企业所得税，不包括企业承包经营、承包建设和内部自建自用该项目的所得。本行填报本纳税年度发生的减征、免征企业所得税项目的有关情况。

3. 第7行至第9行“三、符合条件的环境保护、节能节水项目”：按符合条件的环境保护、节能节水项目的具体内容分别填报，一个项目填报一行。纳税人有多个项目的，可自行增加行次填报。各行相应列次填报金额的合计金额填入“小计”行。根据《财政部　国家税务总局　国家发展改革委关于公布环境保护节能节水项目企业所得税优惠目录(试行)的通知》(财税〔2009〕166号)、《财政部　国家税务总局关于公共基础设施项目和环境保护节能节水项目企业所得税优惠政策问题的通知》(财税〔2012〕10号)等相关税收政策规定，从事符合条件的公共污水处理、公共垃圾处理、沼气综合开发利用、节能减排技术改造、海水淡化等环境保护、节能节水项目的所得，自项目取得第一笔生产经营收入所属纳税年度起，第一年至第三年免征企业所得税，第四年至第六年减半征收企业所得税。本行填报本纳税年度发生的减征、免征企业所得税项目的有关情况。

4. 第10行至第12行“四、符合条件的技术转让项目”：按照不同技术转让项目分别填报，一个项目填报一行，纳税人有多个项目的，可自行增加行次填报。各行相应列次填报金额的合计金额填入“小计”行。根据《国家税务总局关于技术转让所得减免企业所得税有关问题的通知》(国税函〔2009〕212号)、《财政部　国家税务总局关于居民企业技术转让有关企业所得税政策问题的通知》(财税〔2010〕111号)、《国家税务总局关于技术转让所得减免企业所得税有关问题的公告》（国家税务总局公告2013年第62号）、《国家税务总局关于许可使用权技术转让所得企业所得税有关问题的公告》（国家税务总局公告2015年第82号）等相关税收政策规定，一个纳税年度内，居民企业将其拥有的专利技术、计算机软件著作权、集成电路布图设计权、植物新品种、生物医药新品种，以及财政部和国家税务总局确定的其他技术的所有权或5年以上（含5年）全球独占许可使用权、5年以上（含5年）非独占许可使用权转让取得的所得，不超过500万元的部分，免征企业所得税；超过500万元的部分，减半征收企业所得税。居民企业从直接或间接持有股权之和达到100%的关联方取得的技术转让所得，不享受技术转让减免企业所得税优惠政策。本行填报本纳税年度发生的减征、免征企业所得税项目的有关情况。

5. 第13行至第15行“五、清洁发展机制项目”：按照实施的清洁发展机制的不同项目分别填报，一个项目填报一行，纳税人有多个项目的，可自行增加行次填报。各行相应列次填报金额的合计金额填入“小计”行。根据《财政部　国家税务总局关于中国清洁发展机制基金及清洁发展机制项目实施企业有关企业所得税政策问题的通知》（财税〔2009〕30号）等相关税收政策规定，企业实施的将温室气体减排量转让收入的65%上缴给国家的HFC和PFC类CDM项目，以及将温室气体减排量转让收入的30%上缴给国家的N2O类CDM项目，其实施该类CDM项目的所得，自项目取得第一笔减排量转让收入所属纳税年度起，第一年至第三年免征企业所得税，第四年至第六年减半征收企业所得税。本行填报本纳税年度发生的减征、免征企业所得税项目的有关情况。

6. 第16行至第18行“六、符合条件的节能服务公司实施合同能源管理项目”：按照节能服务公司实施合同能源管理的不同项目分别填报，一个项目填报一行，纳税人有多个项目的，可自行增加行次填报。各行相应列次填报金额的合计金额填入“小计”行。根据《财政部　国家税务总局关于促进节能服务产业发展增值税营业税和企业所得税政策问题的通知》（财税〔2010〕110号）、《国家税务总局　国家发展改革委关于落实节能服务企业合同能源管理项目企业所得税优惠政策有关征收管理问题的公告》（国家税务总局　国家发展改革委公告2013年第77号）等相关税收政策规定，符合条件的节能服务公司实施合同能源管理项目，符合税法有关规定的，自项目取得第一笔生产经营收入所属纳税年度起，第一年至第三年免征企业所得税，第四年至第六年按照25%的法定税率减半征收企业所得税。本行填报本纳税年度发生的减征、免征企业所得税项目的有关情况。

7. 第19行至第21行“七、线宽小于130纳米的集成电路生产项目”：按照投资的线宽小于130纳米的集成电路生产项目的不同项目分别填报，一个项目填报一行，纳税人有多个项目的，可自行增加行次填报。各行相应列次填报金额的合计金额填入“小计”行。根据《财政部 税务总局 国家发展改革委 工业和信息化部关于集成电路生产企业有关企业所得税政策问题的通知》（财税〔2018〕27号）规定，线宽小于130纳米，且经营期在10年以上的集成电路生产项目，自项目取得第一笔生产经营收入所属纳税年度起，第一年至第二年免征企业所得税，第三年至第五年按照25%的法定税率减半征收企业所得税。本行填报本纳税年度发生的减征、免征企业所得税项目的有关情况。填报该项目的纳税人还应填报“软件、集成电路企业优惠情况及明细表”（A107042），若纳税人不享受集成电路生产企业减免所得税优惠事项，只需填报表A107042“基本信息”和“关键指标情况”，无须填报“减免税额”。

8. 第22行至第24行“八、线宽小于65纳米或投资额超过150亿元的集成电路生产项目”：按照投资的线宽小于65纳米或投资额超过150亿元的集成电路生产项目的不同项目分别填报，一个项目填报一行，纳税人有多个项目的，可自行增加行次填报。各行相应列次填报金额的合计金额填入“小计”行。根据财税〔2018〕27号规定，线宽小于65纳米或投资额超过150亿元，且经营期在15年以上的集成电路生产项目，自项目取得第一笔生产经营收入所属纳税年度起，第一年至第五年免征企业所得税，第六年至第十年按照25%的法定税率减半征收企业所得税。本行填报本纳税年度发生的减征、免征企业所得税项目的有关情况。填报该项目的纳税人还应填报“软件、集成电路企业优惠情况及明细表”（A107042），若纳税人不享受集成电路生产企业减免所得税优惠事项，只需填报表A107042“基本信息”和“关键指标情况”，无须填报“减免税额”。

9. 第25行至第27行“九、其他”：填报纳税人享受的其他专项减免项目名称、优惠事项名称及减免税代码、项目收入等。按照享受所得减免企业所得税优惠的其他项目内容分别填报，一个项目填报一行，纳税人有多个项目的，可自行增加行次填报。各行相应列次填报金额的合计金额填入“小计”行。

10. 第28行“合计”：填报第一项至第九项“小计”行的合计金额。

（二）列次填报

1. 第1列“项目名称”：填报纳税人享受减免所得优惠的项目在会计核算上的名称。项目名称以纳税人内部规范称谓为准。

2. 第2列“优惠事项名称”：按照该项目享受所得减免企业所得税优惠事项的具体政策内容选择填报。具体说明如下：

（1）“一、农、林、牧、渔业项目”。

在以下优惠事项中选择填报：①蔬菜、谷物、薯类、油料、豆类、棉花、麻类、糖料、水果、坚果的种植；②农作物新品种的选育；③中药材的种植；④林木的培育和种植；⑤牲畜、家禽的饲养；⑥林产品的采集；⑦灌溉、兽医、农技推广、农机作业和维修等农、林、牧、渔服务业项目；⑧农产品初加工；⑨远洋捕捞；⑩花卉、茶以及其他饮料作物和香料作物的种植；⑪海水养殖、内陆养殖；⑫其他。

（2）“二、国家重点扶持的公共基础设施项目”。

在以下优惠事项中选择填报：①港口码头项目；②机场项目；③铁路项目；④公路项目；⑤城市公共交通项目；⑥电力项目；⑦水利项目（不含农村饮水安全工程）；⑧农村饮水安全工程；⑨其他项目。

（3）“三、符合条件的环境保护、节能节水项目”。

在以下优惠事项中选择填报：1. 公共污水处理项目；2. 公共垃圾处理项目；3. 沼气综合开发利用项目；4. 节能减排技术改造项目；5. 海水淡化项目；6. 其他项目。

（4）“四、符合条件的技术转让项目”：本列无须填报。

（5）“五、清洁发展机制项目”：本列无须填报。

（6）“六、符合条件的节能服务公司实施合同能源管理项目”：本列无须填报。

（7）“七、线宽小于 130 纳米的集成电路生产项目”：本列无须填报。

（8）“八、线宽小于 65 纳米或投资额超过 150 亿元的集成电路生产项目”：本列无须填报。

（9）“九、其他”：填报上述所得减免优惠项目以外的其他所得减免优惠政策具体名称。

3. 第 3 列“优惠方式”：填报该项目享受所得减免企业所得税优惠的具体方式。该项目享受免征企业所得税优惠的，填报“免税”；项目享受减半征税企业所得税优惠的，填报“减半征收”。

4. 第 4 列“项目收入”：填报享受所得减免企业所得税优惠项目取得的收入总额。

5. 第 5 列“项目成本”：填报享受所得减免企业所得税优惠项目发生的成本总额。

6. 第 6 列“相关税费”：填报享受所得减免企业所得税优惠项目实际发生的有关税费总额，包括除企业所得税和允许抵扣的增值税以外的各项税金及其附加、合同签订费用、律师费等相关费用及其他支出。

7. 第 7 列“应分摊期间费用”：填报享受所得减免企业所得税优惠项目合理分摊的期间费用总额。合理分摊比例可以按照投资额、销售收入、资产额、人员工资等参数确定，一经确定，不得随意变更。

8. 第 8 列“纳税调整额”：填报纳税人按照税收规定需要调整减免税项目收入、成本、费用的金额，纳税调减以“ - ”号填列。

9. 第 9 列“项目所得额 \ 免税项目”：填报享受所得减免企业所得税优惠的纳税人计算确认的本期免税项目所得额。本列根据第 3 列分析填报，第 3 列填报“免税”的，填报第 4 - 5 - 6 - 7 + 8 列金额，当第 4 - 5 - 6 - 7 + 8 列 <0 时，填报 0。

第 9 列“四、符合条件的技术转让项目”的“小计”行：当第 4 - 5 - 6 - 7 + 8 列≤500 万元时，填报第 4 - 5 - 6 - 7 + 8 列金额（超过 500 万元部分的金额填入第 10 列）；当第 4 - 5 - 6 - 7 + 8 列 <0 时，填报 0。

10. 第 10 列“项目所得额 \ 减半项目”：填报享受所得减免企业所得税优惠的纳税人本期经计算确认的减半征收项目所得额。本列根据第 3 列分析填报，第 3 列填报“减半征税”的，填报第 4 - 5 - 6 - 7 + 8 列金额，当第 4 -

5－6－7＋8列＜0时，填报0。

第10列“四、符合条件的技术转让项目”的“小计”行：填报第4－5－6－7＋8列金额超过500万元的部分。

11. 第11列“减免所得额”：填报享受所得减免企业所得税优惠的企业，该项目按照税收规定实际可以享受免征、减征的所得额，按第9列＋第10列×50%金额填报。

二、表内、表间关系

1. 表内关系：

（1）第3行＝第1＋2行。

（2）第6行＝第4＋5行。

（3）第9行＝第7＋8行。

（4）第12行＝第10＋11行。

（5）第15行＝第13＋14行。

（6）第18行＝第16＋17行。

（7）第21行＝第19＋20行。

（8）第24行＝第22＋23行。

（9）第27行＝第25＋26行。

（10）第28行＝第3＋6＋9＋12＋15＋18＋21＋24＋27行。

（11）当第3列＝“免税”时，第9列＝第4－5－6－7＋8列；当第4－5－6－7＋8列＜0时，第9列＝0。

当第12行第4－5－6－7＋8列≤5 000 000时，第12行第9列＝第4－5－6－7＋8列；当第12行第4－5－6－7＋8列＞5 000 000时，第12行第9列＝5 000 000。

（12）当第3列＝“减半征税”时，第10列＝第4－5－6－7＋8列；当第4－5－6－7＋8列＜0时，第10列＝0。

当第12行第4－5－6－7＋8列≤5 000 000时，第12行第10列＝0；当第12行第4－5－6－7＋8列＞5 000 000时，第12行第10列＝第4－5－6－7＋8列－5 000 000。

（13）第 11 列 = 第 9 列 + 第 10 列 ×50%；当第 9 列 + 第 10 列 ×50% <0 时，第 11 列 =0。

2. 表间关系：

（1）当本表合计行第 11 列≥0，且本表合计行第 11 列≤表 A100000 第 19 行时，合计行第 11 列 = 表 A100000 第 20 行。

（2）当本表合计行第 11 列≥0，且本表合计行第 11 列 > 表 A100000 第 19 行时，表 A100000 第 20 行 = 表 A100000 第 19 行。

第五节　抵扣应纳税所得额明细表（A107030）

“抵扣应纳税所得额明细表”（A107030）适用于享受创业投资企业抵扣应纳税所得额优惠（含结转）的纳税人填报，如表 6 – 16 所示。纳税人根据《中华人民共和国企业所得税法》（中华人民共和国主席令第六十三号）、《国家税务总局关于实施创业投资企业所得税优惠问题的通知》（国税发〔2009〕87 号）、《财政部　国家税务总局关于执行企业所得税优惠政策若干问题的通知》（财税〔2009〕69 号）、《财政部　国家税务总局关于将国家自主创新示范区有关税收试点政策推广到全国范围实施的通知》（财税〔2015〕116 号）、《国家税务总局关于有限合伙制创业投资企业法人合伙人企业所得税有关问题的公告》（国家税务总局公告 2015 年第 81 号）、《财政部　税务总局关于创业投资企业和天使投资个人有关税收试点政策的通知》（财税〔2017〕38 号）、《国家税务总局关于创业投资企业和天使投资个人税收试点政策有关问题的公告》（国家税务总局公告 2017 年第 20 号）等规定，填报本年度发生的创业投资企业抵扣应纳税所得额优惠情况。企业只要本年有新增符合条件的投资额、从有限合伙制创业投资企业分得的应纳税所得额或以前年度结转的尚未抵扣的股权投资余额，无论本年是否抵扣应纳税所得额，均需填报本表。

2017 年版申报表在 2014 年版的基础上，根据财税〔2017〕38 号文件的规定，增加了“投资于种子期、初创期科技型企业”列。

表 6－16　A107030　　抵扣应纳税所得额明细表

行次	项　　目	合计金额	投资于未上市中小高新技术企业	投资于种子期、初创期科技型企业
		1＝2＋3	2	3
一、创业投资企业直接投资按投资额一定比例抵扣应纳税所得额				
1	本年新增的符合条件的股权投资额			
2	税收规定的抵扣率	70%	70%	70%
3	本年新增的可抵扣的股权投资额（1×2）			
4	以前年度结转的尚未抵扣的股权投资余额		*	*
5	本年可抵扣的股权投资额（3＋4）		*	*
6	本年可用于抵扣的应纳税所得额		*	*
7	本年实际抵扣应纳税所得额			
8	结转以后年度抵扣的股权投资余额		*	*
二、通过有限合伙制创业投资企业投资按一定比例抵扣分得的应纳税所得额				
9	本年从有限合伙创投企业应分得的应纳税所得额			
10	本年新增的可抵扣投资额			
11	以前年度结转的可抵扣投资额余额		*	*
12	本年可抵扣投资额（10＋11）		*	*
13	本年实际抵扣应分得的应纳税所得额			
14	结转以后年度抵扣的投资额余额		*	*
三、抵扣应纳税所得额合计				
15	合计（7＋13）			

一、项目填报说明

（一）行次填报：

企业同时存在创业投资企业直接投资和通过有限合伙制创业投资企业投资两种情形的，应先填写本表的“二、通过有限合伙制创业投资企业投资按一定比例抵扣分得的应纳税所得额”。

1. “一、创业投资企业直接投资按投资额一定比例抵扣应纳税所得额”：由创业投资企业（非合伙制）纳税人填报其以股权投资方式直接投资未上市的中小高新技术企业和投资于种子期、初创期科技型企业2年（24个月，下同）以上限额抵免应纳税所得额的金额。对于通过有限合伙制创业投资企业间接投资未上市的中小高新技术企业和投资于种子期、初创期科技型企业享受优惠政策填写本表第9行至第14行。具体行次如下：

（1）第1行“本年新增的符合条件的股权投资额”：填报创业投资企业采取股权投资方式投资于未上市的中小高新技术企业和投资于种子期、初创期科技型企业满2年的，本年新增的符合条件的股权投资额。本行第1列＝本行第2列＋本行第3列。无论企业本年是否盈利，有符合条件的投资额即填报本表，以后年度盈利时填写第4行“以前年度结转的尚未抵扣的股权投资余额”。

（2）第3行“本年新增的可抵扣的股权投资额”：本行填报第1×2行金额。本行第1列＝本行第2列＋本行第3列。

【例6－10】甲企业投资于未上市中小高新技术企业，2017年末有符合条件的股权投资额1 000万元，2018年末变更为1 200万元，2018年全年处置了符合条件的股权投资额200万元，则新增的符合条件的股权投资额＝1 200－（1 000－200）＝400（万元）。该金额的70%即280万元（400×70%），为本年新增可抵扣的股权投资额。甲企业申报表填写如表6－17所示：

表 6－17　A107030　　抵扣应纳税所得额明细表　　单位：万元

行次	项　目	合计金额	投资于未上市中小高新技术企业	投资于种子期、初创期科技型企业
		1＝2＋3	2	3
一、创业投资企业直接投资按投资额一定比例抵扣应纳税所得额				
1	本年新增的符合条件的股权投资额	400	400	
2	税收规定的抵扣率	70%	70%	70%
3	本年新增的可抵扣的股权投资额（1×2）	280	280	

本例中，如果甲企业的股权投资以可供出售金融资产或长期股权投资的权益法核 算，计算本年末符合条件的股权投资额、上年末符合条件的股权投资额和本年处置的符合条件股权投资额时，要剔除由于被投资企业所有者权益变动对股权投资科目的影响。例如，甲企业的某项股权投资初始成本为 500 万元，并以长期股权投资的权益法核算，由于被投资企业所有者权益变动导致年末长期股权投资账户余额增加到 600 万元，增加的 100 万元不能作为计算可抵扣股权投资额的基数。

（3）第 4 行“以前年度结转的尚未抵扣的股权投资余额”：填报以前年度符合条件的尚未抵扣的股权投资余额。

（4）第 5 行“本年可抵扣的股权投资额”：本行填报第 3＋4 行的合计金额。

（5）第 6 行“本年可用于抵扣的应纳税所得额合计金额”：本行第 1 列填报表 A100000 第 19－20－21 行（见表 6－18）；本表第 13 行第 1 列“本年实际抵扣应分得的应纳税所得额”的金额，若金额小于零，则填报零。

（6）第 7 行“本年实际抵扣应纳税所得额”：若第 5 行第 1 列≤第 6 行第 1 列，则本行第 1 列＝第 5 行第 1 列；若第 5 行第 1 列＞第 6 行第 1 列，则本行第 1 列＝第 6 行第 1 列。本行第 1 列＝本行第 2 列＋本行第 3 列。

（7）第 8 行“结转以后年度抵扣的股权投资余额”：填报本年可抵扣的股权投资额大于本年实际抵扣应纳税所得额时，抵扣后余额部分结转以后年度抵扣的金额。

表 6－18　A100000　　中华人民共和国企业所得税年度纳税申报表（A 类）

行次	类别	项　　目	金　额
14	应纳税所得额计算	减：境外所得（填写 A108010）	
15		加：纳税调整增加额（填写 A105000）	
16		减：纳税调整减少额（填写 A105000）	
17		减：免税、减计收入及加计扣除（填写 A107010）	
18		加：境外应税所得抵减境内亏损（填写 A108000）	
19		四、纳税调整后所得（13－14＋15－16－17＋18）	
20		减：所得减免（填写 A107020）	
21		减：弥补以前年度亏损（填写 A106000）	
22		减：抵扣应纳税所得额（填写 A107030）	
23		五、应纳税所得额（19－20－21－22）	

◆计算应纳税所得额时，2017 年版企业所得税年度纳税申报表的主表第 21 行是“弥补以前年度亏损”项目，第 22 行是“抵扣应纳税所得额”项目。这说明创业投资企业抵扣应纳税所得额的税收优惠政策中，所指的应纳税所得额是指先减去所得减免和弥补以前年度亏损后的所得额，由于弥补亏损要受 5 年期限的限制，而创业投资企业如果当期应纳税所得额不足抵扣的，可以无限期结转以后纳税期间继续抵扣，这对于相关创业投资企业更加有利。

【例 6－11】 甲企业 2017 年纳税调整后所得为 400 万元，弥补以前年度亏损 100 万元，则弥补亏损后金额＝400－100＝300（万元），应先填写“企业所得税弥补亏损明细表”（A106000）。本年新增的符合条件的股权投资额 400 万元，以前年度结转的尚未抵扣的股权投资余额 100 万元，本年可抵扣的股权投资额＝400×70%＋100＝380（万元），由于弥补亏损后应纳税所得额小于可抵扣股权投资额，实际抵扣的应纳税所得额＝弥补亏损后可用于抵扣的应纳税所得额＝300（万元），可抵扣股权投资额大于弥补亏损后应纳税所得额的余额＝380－300＝80（万元），可结转以后纳税年度抵扣，如表 6－19 所示。

表 6－19　A107030　　抵扣应纳税所得额明细表

单位：万元

行次	项　　目	合计金额	投资于未上市中小高新技术企业	投资于种子期、初创期科技型企业
		1＝2＋3	2	3
一、创业投资企业直接投资按投资额一定比例抵扣应纳税所得额				
1	本年新增的符合条件的股权投资额	400	400	
2	税收规定的抵扣率	70%	70%	70%
3	本年新增的可抵扣的股权投资额（1×2）	280	280	
4	以前年度结转的尚未抵扣的股权投资余额	100	*	*
5	本年可抵扣的股权投资额（3＋4）	380	*	*
6	本年可用于抵扣的应纳税所得额	300	*	*
7	本年实际抵扣应纳税所得额	300		
8	结转以后年度抵扣的股权投资余额	80	*	*

2.“二、通过有限合伙制创业投资企业投资按一定比例抵扣分得的应纳税所得额”：企业作为有限合伙制创业投资企业的合伙人，通过合伙企业间接投资未上市中小高新技术企业和种子期、初创期科技型企业，享受有限合伙制创业投资企业法人合伙人按投资额的一定比例抵扣应纳税所得额政策，在本部分填报。

（1）第 9 行“本年从有限合伙创投企业应分得的应纳税所得额”：填写企业作为法人合伙人，通过有限合伙制创业投资企业投资未上市的中小高新技术企业或者投资于种子期、初创期科技型企业，无论本年是否盈利、是否抵扣应纳税所得额，只要本年从有限合伙制创业投资企业中分配归属于该法人合伙人的应纳税所得额，需填写本行。本行第 1 列＝本行第 2 列＋本行第 3 列。

（2）第 10 行“本年新增的可抵扣投资额”：填写企业作为法人合伙人，通过有限合伙制创业投资企业投资未上市中小高新技术企业和种子期、初创期科技型企业，本年投资满 2 年符合条件的可抵扣投资额中归属于该法人合伙人的本年新增可抵扣投资额。无论本年是否盈利、是否需要抵扣应纳税所得额，均需填写本行。本行第1列=本行第2列+本行第3列。

有限合伙制创业投资企业的法人合伙人对未上市中小高新技术企业和种子期、初创期科技型企业的投资额，按照有限合伙制创业投资企业的投资额和合伙协议约定的法人合伙人占有限合伙制创业投资企业的出资比例计算确定。其中，有限合伙制创业投资企业的投资额按实缴投资额计算；法人合伙人占有限合伙制创业投资企业的出资比例按法人合伙人对有限合伙制创业投资企业的实缴出资额占该有限合伙制创业投资企业的全部实缴出资额的比例计算。

（3）第11行“以前年度结转的可抵扣投资额”：填写法人合伙人上年度未抵扣，可以结转到本年及以后年度的抵扣投资额。

（4）第12行“本年可抵扣投资额”：填写本年法人合伙人可用于抵扣的投资额合计，包括本年新增和以前年度结转两部分，等于第10行+第11行。

（5）第13行“本年实际抵扣应分得的应纳税所得额”：填写本年法人合伙人享受优惠实际抵扣的投资额，本行第1列为第9行第1列“本年从有限合伙创投企业应分得的应纳税所得额”、第12行第1列“本年可抵扣投资额”、主表第19-20-21行的三者孰小值，若金额小于零，则填报零。本行第1列=第2+3列。

（6）第14行“结转以后年度抵扣的投资额余额”：本年可抵扣投资额大于应分得的应纳税所得额时，抵扣后余额部分结转以后年度抵扣的金额。

3. “三、抵扣应纳税所得额合计”：上述优惠合计额，带入表A100000表计算应纳税所得额。

第15行“合计”=7行+13行。本行第1列=本行第2列+本行第3列。

（二）列次填报

1. 第1列填报抵扣应纳税所得额的整体情况。

2. 第2列填报投资于未上市中小高新技术企业部分。

3. 第3列填报投资于种子期、初创期科技型企业部分。

二、表内、表间关系

1. 表内关系：

（1）第3行=第1×2行。

（2）第5行=第3+4行。

（3）第7行：若第5行≤第6行，则本行第1列=第5行；第5行>第6行，则本行第1列=第6行。

（4）第8行：第5行>第6行时，本行=第5-7行；第5行≤第6行时，本行=0。

（5）第12行=第10+11行。

（6）第14行=第12-13行。

（7）第15行=第7+13行。

（8）第1列=第2列+第3列。

2. 表间关系：

（1）第6行第1列=表A100000第19-20-21行-本表第13行第1列；若表A100000第19-20-21行-本表第13行第1列<0，第6行第1列=0。

（2）第15行第1列=表A100000第22行。

（3）第13行第1列=本表第9行第1列、第12行第1列、表A100000第19-20-21行三者的孰小值；若上述孰小值<0，第13行第1列=0。

三、相关政策

1.《国家税务总局关于实施创业投资企业所得税优惠问题的通知》（国税发〔2009〕87号）。

2.《财政部　国家税务总局关于执行企业所得税优惠政策若干问题的通知》（财税〔2009〕69号）。

3.《财政部　国家税务总局关于将国家自主创新示范区有关税收试点政策推广到全国范围实施的通知》（财税〔2015〕116号）。

4.《国家税务总局关于有限合伙制创业投资企业法人合伙人企业所得税

有关问题的公告》（国家税务总局公告 2015 年第 81 号）。

5.《财政部　税务总局关于创业投资企业和天使投资个人有关税收试点政策的通知》（财税〔2017〕38 号）。

6.《国家税务总局关于创业投资企业和天使投资个人税收试点政策有关问题的公告》（国家税务总局公告 2017 年第 20 号）。

第六节　减免所得税优惠明细表（A107040）

“减免所得税优惠明细表”（A107040）适用于享受所得减免优惠政策的纳税人填报，如表 6－20 所示。纳税人根据税法及相关税收政策规定，填报本年享受减免所得税优惠情况。

2018 年修订版申报表整合“受灾地区农村信用社免征企业所得税”政策的填报行次。根据《财政部　税务总局　商务部　科技部　国家发展改革委关于将服务贸易创新发展试点地区技术先进型服务企业所得税政策推广至全国实施的通知》（财税〔2018〕44 号）的规定，将第 20 行项目名称修订为“二十、服务贸易类技术先进型服务企业减按 15% 的税率征收企业所得税”；根据《财政部　税务总局　国家发展改革委　工业和信息化部关于集成电路生产企业有关企业所得税政策问题的通知》（财税〔2018〕27 号）的规定，增加“二十六、线宽小于 130 纳米的集成电路生产企业减免企业所得税”和“二十七、线宽小于 65 纳米或投资额超过 150 亿元的集成电路生产企业减免企业所得税”两项内容。

《国家税务总局〈关于修订中华人民共和国企业所得税月（季）度预缴纳税申报表（A 类 2018 年版）〉等部分表单样式及填报说明的公告》（国家税务总局公告 2019 年第 3 号）规定，2019 年度及以后年度企业所得税预缴和汇算清缴纳税申报时，将“减免所得税优惠明细表”（A107040）第 1 行“一、符合条件的小型微利企业减免企业所得税”的填报说明修改为“填报享受小型微利企业普惠性所得税减免政策减免企业所得税的金额。本行填报根据本期《中华人民共和国企业所得税年度纳税申报表（A 类）》（A100000）第 23

行计算的减免企业所得税的本年金额”。

表6－20 A107040　　减免所得税优惠明细表

行次	项　　目	金额
1	一、符合条件的小型微利企业减免企业所得税	
2	二、国家需要重点扶持的高新技术企业减按15%的税率征收企业所得税（填写A107041）	
3	三、经济特区和上海浦东新区新设立的高新技术企业在区内取得的所得定期减免企业所得税（填写A107041）	
4	四、受灾地区农村信用社免征企业所得税	*
5	五、动漫企业自主开发、生产动漫产品定期减免企业所得税	
6	六、线宽小于0.8微米（含）的集成电路生产企业减免企业所得税（填写A107042）	
7	七、线宽小于0.25微米的集成电路生产企业减按15%税率征收企业所得税（填写A107042）	
8	八、投资额超过80亿元的集成电路生产企业减按15%税率征收企业所得税（填写A107042）	
9	九、线宽小于0.25微米的集成电路生产企业减免企业所得税（填写A107042）	
10	十、投资额超过80亿元的集成电路生产企业减免企业所得税（填写A107042）	
11	十一、新办集成电路设计企业减免企业所得税（填写A107042）	
12	十二、国家规划布局内集成电路设计企业可减按10%的税率征收企业所得税（填写A107042）	
13	十三、符合条件的软件企业减免企业所得税（填写A107042）	
14	十四、国家规划布局内重点软件企业可减按10%的税率征收企业所得税（填写A107042）	
15	十五、符合条件的集成电路封装、测试企业定期减免企业所得税（填写A107042）	
16	十六、符合条件的集成电路关键专用材料生产企业、集成电路专用设备生产企业定期减免企业所得税（填写A107042）	
17	十七、经营性文化事业单位转制为企业的免征企业所得税	
18	十八、符合条件的生产和装配伤残人员专门用品企业免征企业所得税	
19	十九、技术先进型服务企业（服务外包类）减按15%的税率征收企业所得税	
20	二十、技术先进型服务企业（服务贸易类）减按15%的税率征收企业所得税	
21	二十一、设在西部地区的鼓励类产业企业减按15%的税率征收企业所得税	
22	二十二、新疆困难地区新办企业定期减免企业所得税	
23	二十三、新疆喀什、霍尔果斯特殊经济开发区新办企业定期免征企业所得税	

续表

行次	项　　目	金额
24	二十四、广东横琴、福建平潭、深圳前海等地区的鼓励类产业企业减按15%税率征收企业所得税	
25	二十五、北京冬奥组委、北京冬奥会测试赛赛事组委会免征企业所得税	
26	二十六、线宽小于130纳米的集成电路生产企业减免企业所得税（填写A107042）	
27	二十七、线宽小于65纳米或投资额超过150亿元的集成电路生产企业减免企业所得税（填写A107042）	
28	二十八、其他（28.1+28.2+28.3）	
28.1	（一）从事污染防治的第三方企业减按15%的税率征收企业所得税	
28.2	（二）其他1	
28.3	（三）其他2	
29	二十九、减：项目所得额按法定税率减半征收企业所得税叠加享受减免税优惠	
30	三十、支持和促进重点群体创业就业企业限额减征企业所得税（30.1+30.2）	
30.1	（一）企业招用建档立卡贫困人口就业扣减企业所得税	
30.2	（二）企业招用登记失业半年以上人员就业扣减企业所得税	
31	三十一、扶持自主就业退役士兵创业就业企业限额减征企业所得税	
32	三十二、民族自治地方的自治机关对本民族自治地方的企业应缴纳的企业所得税中属于地方分享的部分减征或免征（□免征□减征：减征幅度____%）	
33	合计（1+2+…+28-29+30+31+32）	

一、项目填报说明

1. 第1行“一、符合条件的小型微利企业减免所得税”：填报享受小型微利企业普惠性所得税减免政策减免企业所得税的金额。本行填报根据本期“中华人民共和国企业所得税年度纳税申报表（A类）”（A100000）第23行计算的减免企业所得税的本年金额。

2. 第2行“二、国家需要重点扶持的高新技术企业减按15%的税率征收企业所得税”：根据税法、《国家税务总局关于实施高新技术企业所得税优惠政策有关问题的公告》（国家税务总局公告2017年第24号）等规定，国家需要重点扶持的高新技术企业减按15%的税率征收企业所得税。本行填报表A107041第31行金额。

3. 第3行“三、经济特区和上海浦东新区新设立的高新技术企业在区内取得的所得定期减免企业所得税”：根据《国务院关于经济特区和上海浦东新区新设立高新技术企业实行过渡性税收优惠的通知》（国发〔2007〕40号）、《财政部　国家税务总局关于贯彻落实国务院关于实施企业所得税过渡优惠政策有关问题的通知》（财税〔2008〕21号）等规定，经济特区和上海浦东新区内，在2008年1月1日（含）之后完成登记注册的国家需要重点扶持的高新技术企业，在经济特区和上海浦东新区内取得的所得，自取得第一笔生产经营收入所属纳税年度起，第一年至第二年免征企业所得税，第三年至第五年按照25%法定税率减半征收企业所得税。本行填报表A107041第32行金额。

4. 第4行“四、受灾地区农村信用社免征企业所得税”：填报受灾地区农村信用社按相关规定免征企业所得税的金额。本行不得填报。

5. 第5行“五、动漫企业自主开发、生产动漫产品定期减免企业所得税”：根据《财政部　国家税务总局关于扶持动漫产业发展有关税收政策问题的通知》（财税〔2009〕65号）、《文化部　财政部　国家税务总局关于印发〈动漫企业认定管理办法（试行）〉的通知》（文市发〔2008〕51号）、《文化部　财政部　国家税务总局关于实施〈动漫企业认定管理办法（试行）〉有关问题的通知》（文产发〔2009〕18号）等规定，经认定的动漫企业自主开发、生产动漫产品，享受软件企业所得税优惠政策。自获利年度起，第一年至第二年免征所得税，第三年至第五年按照25%的法定税率减半征收所得税。本行填报根据表A100000第23行计算的免征、减征企业所得税金额。

6. 第6行“六、线宽小于0.8微米（含）的集成电路生产企业减免企业所得税”：根据《财政部　国家税务总局关于进一步鼓励软件产业和集成电路产业发展企业所得税政策的通知》（财税〔2012〕27号）、《财政部　国家税务总局　发展改革委 工业和信息化部关于软件和集成电路产业企业所得税优惠政策有关问题的通知》（财税〔2016〕49号）、《财政部　税务总局 国家发展改革委 工业和信息化部关于集成电路生产企业有关企业所得税政策问题的通知》（财税〔2018〕27号）等规定，2017年12月31日前设立的集成电路线宽小于0.8微米（含）的集成电路生产企业，自获利年度起第一年至第二年免征企业所得税，第三年至第五年按照25%的法定税率减半征收企业所得税，并享受至期满为止。表A000000“208软件、集成电路企业类型”填报

“110 集成电路生产企业（线宽小于 0.8 微米（含）的企业）”的纳税人可以填报本项，本行填报表 A107042 第 22 行金额。

7. 第 7 行“七、线宽小于 0.25 微米的集成电路生产企业减按 15% 税率征收企业所得税”：根据《财政部　国家税务总局关于进一步鼓励软件产业和集成电路产业发展企业所得税政策的通知》（财税〔2012〕27 号）、《财政部　国家税务总局　发展改革委　工业和信息化部关于软件和集成电路产业企业所得税优惠政策有关问题的通知》（财税〔2016〕49 号）等规定，线宽小于 0.25 微米的集成电路生产企业，可减按 15% 的税率征收企业所得税。表 A000000“208 软件、集成电路企业类型”填报“120 集成电路生产企业（线宽小于 0.25 微米的企业）”且表 A107042“减免方式”填报“400 企业减按 15% 税率征收企业所得税”的纳税人可以填报本项，本行填报表 A107042 第 22 行金额。

8. 第 8 行“八、投资额超过 80 亿元的集成电路生产企业减按 15% 税率征收企业所得税”：根据《财政部　国家税务总局关于进一步鼓励软件产业和集成电路产业发展企业所得税政策的通知》（财税〔2012〕27 号）、《财政部　国家税务总局　发展改革委　工业和信息化部关于软件和集成电路产业企业所得税优惠政策有关问题的通知》（财税〔2016〕49 号）等规定，投资额超过 80 亿元的集成电路生产企业，可减按 15% 的税率征收企业所得税。表 A000000“208 软件、集成电路企业类型”填报“130 集成电路生产企业（投资额超过 80 亿元的企业）”且表 A107042“减免方式”填报“400 企业减按 15% 税率征收企业所得税”的纳税人可以填报本项，本行填报表 A107042 第 22 行金额。

9. 第 9 行“九、线宽小于 0.25 微米的集成电路生产企业减免企业所得税”：根据《财政部　国家税务总局关于进一步鼓励软件产业和集成电路产业发展企业所得税政策的通知》（财税〔2012〕27 号）、《财政部　国家税务总局　发展改革委　工业和信息化部关于软件和集成电路产业企业所得税优惠政策有关问题的通知》（财税〔2016〕49 号）、《财政部　税务总局　国家发展改革委　工业和信息化部关于集成电路生产企业有关企业所得税政策问题的通知》（财税〔2018〕27 号）等规定，2017 年 12 月 31 日前设立的线宽小于 0.25 微米的集成电路生产企业，经营期在 15 年以上的，自获利年度起计算优惠期，第一年至第五年免征企业所得税，第六年至第十年按照 25% 的法定税率减半征收企业所得税，并享受至期满为止。表 A000000“208 软件、集成电路企业类型”填报“120 集成电路生产企业（线宽小于 0.25 微米的企业）”且表 A107042“减免方式”填报“210 企业五免五减半——免税”“220 企业五免五减半——减半征税”的纳税人可以填报本项，本行填报表 A107042 第 22 行金额。

10. 第 10 行：“十、投资额超过 80 亿元的集成电路生产企业减免企业所得税”：根据《财政部　国家税务总局关于进一步鼓励软件产业和集成电路产业发展企业所得税政策的通知》（财税〔2012〕27 号）、《财政部　国家税务总局　发展改革委　工业和信息化部关于软件和集成电路产业企业所得税优惠政策有关问题的通知》（财税〔2016〕49 号）、《财政部　税务总局　国家发展改革委　工业和信息化部关于集成电路生产企业有关企业所得税政策问题的通知》（财税〔2018〕27 号）等规定，2017 年 12 月 31 日前设立的投资额超过 80 亿元的集成电路生产企业，经营期在 15 年以上的，自获利年度起计算优惠期，第一年至第五年免征企业所得税，第六年至第十年按照 25% 的法定税率减半征收企业所得税，并享受至期满为止。表 A000000“208 软件、集成电路企业类型”填报“130 集成电路生产企业（投资额超过 80 亿元的企业）”且表 A107042“减免方式”填报“210 企业五免五减半——免税”“220 企业五免五减半——减半征税”的纳税人可以填报本项，本行填报表 A107042 第 22 行金额。

11. 第 11 行“十一、新办集成电路设计企业减免企业所得税”：根据《财政部　国家税务总局关于进一步鼓励软件产业和集成电路产业发展企业所得税政策的通知》（财税〔2012〕27 号）、《财政部　国家税务总局　发展改革委　工业和信息化部关于软件和集成电路产业企业所得税优惠政策有关问题的通知》（财税〔2016〕49 号）、《财政部　税务总局关于集成电路设计和软件产业企业所得税政策的公告》（财政部　税务总局公告 2019 年第 68 号）等规定，我国境内新办的集成电路设计企业，自获利年度起计算优惠期，第一年至第二年免征企业所得税，第三年至第五年按照 25% 的法定税率减半征收企业所得税，并享受至期满为止。表 A000000“208 软件、集成电路企业类型”填报“210 集成电路设计企业（新办符合条件企业）”的纳税人可以填报本项，本行填报表 A107042 第 22 行金额。

12. 第 12 行“十二、国家规划布局内集成电路设计企业可减按 10% 的税率征收企业所得税”：根据《财政部　国家税务总局关于进一步鼓励软件产业和集成电路产业发展企业所得税政策的通知》（财税〔2012〕27号）、《财政部　国家税务总局　发展改革委　工业和信息化部关于软件和集成电路产业企业所得税优惠政策有关问题的通知》（财税〔2016〕49号）等规定，国家规划布局内的重点集成电路设计企业，如当年未享受免税优惠的，可减按10%税率征收企业所得税。表A000000“208软件、集成电路企业类型”填报“220集成电路设计企业（符合规模条件的重点集成电路设计企业）”“230集成电路设计企业（符合领域的重点集成电路设计企业）”的纳税人可以填报本项，本行填报表A107042第22行金额。

13. 第13行“十三、符合条件的软件企业减免企业所得税”：根据《财政部　国家税务总局关于进一步鼓励软件产业和集成电路产业发展企业所得税政策的通知》（财税〔2012〕27号）、《财政部　国家税务总局　发展改革委　工业和信息化部关于软件和集成电路产业企业所得税优惠政策有关问题的通知》（财税〔2016〕49号）、《财政部　税务总局关于集成电路设计和软件产业企业所得税政策的公告》（财政部　税务总局公告2019年第68号）等规定，我国境内新办的符合条件的企业，自获利年度起计算优惠期，第一年至第二年免征企业所得税，第三年至第五年按照25%的法定税率减半征收企业所得税，并享受至期满为止。表A000000“208软件、集成电路企业类型”填报“311软件企业（一般软件企业—新办符合条件企业）”“321软件企业（嵌入式或信息系统集成软件—新办符合条件企业）”的纳税人可以填报本项，本行填报表A107042第22行金额。

14. 第14行“十四、国家规划布局内重点软件企业可减按10%的税率征收企业所得税”：根据《财政部　国家税务总局关于进一步鼓励软件产业和集成电路产业发展企业所得税政策的通知》（财税〔2012〕27号）、《财政部　国家税务总局　发展改革委　工业和信息化部关于软件和集成电路产业企业所得税优惠政策有关问题的通知》（财税〔2016〕49号）等规定，国家规划布局内的重点软件企业，如当年未享受免税优惠的，可减按10%税率征收企业所得税。表A000000“208软件、集成电路企业类型”填报“312软件企业（一般软件企业—符合规模条件的重点软件企业）”“313软件企业（一般软件企业—符合领域条件的重点软件企业）”“314软件企业（一般软件企业—符合出口条件的重点软件企业）”“322 软件企业（嵌入式或信息系统集成软件—符合规模条件的重点软件企业）”“323 软件企业（嵌入式或信息系统集成软件—符合领域条件的重点软件企业）”“324 软件企业（嵌入式或信息系统集成软件—符合出口条件的重点软件企业）”的纳税人可以填报本项，本行填报表 A107042 第 22 行金额。

15. 第 15 行“十五、符合条件的集成电路封装、测试企业定期减免企业所得税”：根据《财政部　国家税务总局　发展改革委 工业和信息化部关于进一步鼓励集成电路产业发展企业所得税政策的通知》（财税〔2015〕6 号）规定，符合条件的集成电路封装、测试企业，在 2017 年（含 2017 年）前实现获利的，自获利年度起第一年至第二年免征企业所得税，第三年至第五年按照 25% 的法定税率减半征收企业所得税，并享受至期满为止；2017 年前未实现获利的，自 2017 年起计算优惠期，享受至期满为止。表 A000000“208 软件、集成电路企业类型”填报“400 集成电路封装测试企业”的纳税人可以填报本项，本行填报表 A107042 第 22 行金额。

16. 第 16 行“十六、符合条件的集成电路关键专用材料生产企业、集成电路专用设备生产企业定期减免企业所得税”：根据《财政部　国家税务总局　发展改革委　工业和信息化部关于进一步鼓励集成电路产业发展企业所得税政策的通知》（财税〔2015〕6 号）规定，符合条件的集成电路关键专用材料生产企业、集成电路专用设备生产企业，在 2017 年（含 2017 年）前实现获利的，自获利年度起第一年至第二年免征企业所得税，第三年至第五年按照 25% 的法定税率减半征收企业所得税，并享受至期满为止；2017 年前未实现获利的，自 2017 年起计算优惠期，享受至期满为止。表 A000000“208 软件、集成电路企业类型”填报“500 集成电路关键专用材料生产企业”“600 集成电路专用设备生产企业”的纳税人可以填报本项，本行填报表 A107042 第 22 行金额。

17. 第 17 行“十七、经营性文化事业单位转制为企业的免征企业所得税”：根据《财政部　税务总局　中央宣传部关于继续实施文化体制改革中经营性文化事业单位转制为企业若干税收政策的通知》（财税〔2019〕16 号）等规定，从事新闻出版、广播影视和文化艺术的经营性文化事业单位转制为企业的，自转制注册之日起五年内免征企业所得税。2018 年 12 月 31 日之前已完成转制的企业，自 2019 年 1 月 1 日起可继续免征五年企业所得税。本行填报根据表 A100000 第 23 行计算的免征企业所得税金额。

18. 第 18 行“十八、符合条件的生产和装配伤残人员专门用品企业免征企业所得税”：根据《财政部　国家税务总局　民政部关于生产和装配伤残人员专门用品企业免征企业所得税的通知》（财税〔2016〕111 号）等规定，符合条件的生产和装配伤残人员专门用品的企业免征企业所得税。本行填报根据表 A100000 第 23 行计算的免征企业所得税金额。

19. 第 19 行“十九、技术先进型服务企业（服务外包类）减按 15% 的税率征收企业所得税”：根据《财政部　税务总局　商务部　科技部　国家发展改革委关于将技术先进型服务企业所得税政策推广至全国实施的通知》（财税〔2017〕79 号）等规定，对经认定的技术先进型服务企业，减按 15% 的税率征收企业所得税。表 A000000“206 技术先进型服务企业类型”填报“110 信息技术外包服务（ITO）”“120 技术性业务流程外包服务（BPO）”“130 技术性知识流程外包服务（KPO）”的纳税人可以填报本项，本行填报根据表 A100000 第 23 行计算的减征企业所得税金额。

20. 第 20 行“二十、技术先进型服务企业（服务贸易类）减按 15% 的税率征收企业所得税”：根据《财政部　税务总局　商务部　科技部　国家发展改革委关于将服务贸易创新发展试点地区技术先进型服务企业所得税政策推广至全国实施的通知》（财税〔2018〕44 号）等规定，对经认定的技术先进型服务企业（服务贸易类），减按 15% 的税率征收企业所得税。表 A000000“206 技术先进型服务企业类型”填报“210 计算机和信息服务”“220 研究开发和技术服务”“230 文化技术服务”“240 中医药医疗服务”的纳税人可以填报本项，本行填报根据表 A100000 第 23 行计算的减征企业所得税金额。

21. 第 21 行“二十一、设在西部地区的鼓励类产业企业减按 15% 的税率征收企业所得税”：根据《财政部　海关总署　国家税务总局关于深入实施西部大开发战略有关税收政策问题的通知》（财税〔2011〕58 号）、《国家税务总局关于深入实施西部大开发战略有关企业所得税问题的公告》（国家税务总局公告 2012 年第 12 号）、《财政部　海关总署　国家税务总局关于赣州市执行西部大开发税收政策问题的通知》（财税〔2013〕4 号）、《西部地区鼓励类产业目录》（中华人民共和国国家发展和改革委员会令第 15 号）、《国家税务总局关于执行〈西部地区鼓励类产业目录〉有关企业所得税问题的公告》

（国家税务总局公告 2015 年第 14 号）等规定，对设在西部地区的鼓励类产业企业减按 15% 的税率征收企业所得税；对设在赣州市的鼓励类产业的内资和外商投资企业减按 15% 税率征收企业所得税。本行填报根据表 A100000 第 23 行计算的减征企业所得税金额。

跨地区经营汇总纳税企业总机构和分支机构因享受该项优惠政策适用不同税率的，本行填报按照《国家税务总局关于印发〈跨地区经营汇总纳税企业所得税征收管理办法〉的公告》（国家税务总局公告 2012 年第 57 号）第十八条规定计算的减免税额。

22. 第 22 行“二十二、新疆困难地区新办企业定期减免企业所得税”：根据《财政部　国家税务总局关于新疆困难地区新办企业所得税优惠政策的通知》（财税〔2011〕53 号）、《财政部　国家税务总局　国家发展改革委　工业和信息化部关于完善新疆困难地区重点鼓励发展产业企业所得税优惠目录的通知》（财税〔2016〕85 号）等规定，对在新疆困难地区新办的属于《新疆困难地区重点鼓励发展产业企业所得税优惠目录》范围内的企业，自取得第一笔生产经营收入所属纳税年度起，第一年至第二年免征企业所得税，第三年至第五年减半征收企业所得税。本行填报根据表 A100000 第 23 行计算的免征、减征企业所得税金额。

23. 第 23 行“二十三、新疆喀什、霍尔果斯特殊经济开发区新办企业定期免征企业所得税”：根据《财政部　国家税务总局关于新疆喀什霍尔果斯两个特殊经济开发区企业所得税优惠政策的通知》（财税〔2011〕112 号）、《财政部　国家税务总局　国家发展改革委　工业和信息化部关于完善新疆困难地区重点鼓励发展产业企业所得税优惠目录的通知》（财税〔2016〕85 号）等规定，对在新疆喀什、霍尔果斯两个特殊经济开发区内新办的属于《新疆困难地区重点鼓励发展产业企业所得税优惠目录》范围内的企业，自取得第一笔生产经营收入所属纳税年度起，五年内免征企业所得税。本行填报根据表 A100000 第 23 行计算的免征企业所得税金额。

24. 第 24 行“二十四、广东横琴、福建平潭、深圳前海等地区的鼓励类产业企业减按 15% 税率征收企业所得税”：根据《财政部　国家税务总局关于广东横琴新区、福建平潭综合实验区、深圳前海深港现代化服务业合作区企业所得税优惠政策及优惠目录的通知》（财税〔2014〕26 号）、《财政部税务总局关于平潭综合实验区企业所得税优惠目录增列有关旅游产业项目的通知》（财税〔2017〕75号）、《财政部　税务总局关于横琴新区企业所得税优惠目录增列旅游产业项目的通知》（财税〔2019〕63号）等规定，对设在广东横琴新区、福建平潭综合实验区和深圳前海深港现代服务业合作区的鼓励类产业企业减按15%的税率征收企业所得税。本行填报根据表A100000第23行计算的减征企业所得税金额。

25. 第25行“二十五、北京冬奥组委、北京冬奥会测试赛赛事组委会免征企业所得税”：根据《财政部　税务总局　海关总署关于北京2022年冬奥会和冬残奥会税收政策的通知》（财税〔2017〕60号）等规定，为支持发展奥林匹克运动，确保北京2022年冬奥会和冬残奥会顺利举办，对北京冬奥组委免征应缴纳的企业所得税，北京冬奥会测试赛赛事组委会取得的收入及发生的涉税支出比照执行北京冬奥组委的税收政策。本行填报北京冬奥组委、北京冬奥会测试赛赛事组委会根据表A100000第23行计算的免征企业所得税金额。

26. 第26行“二十六、线宽小于130纳米的集成电路生产企业减免企业所得税”：根据财税〔2018〕27号规定，集成电路线宽小于130纳米，且经营期在10年以上的集成电路生产企业，自企业获利年度起，第一年至第二年免征企业所得税，第三年至第五年按照25%的法定税率减半征收企业所得税。表A000000“208软件、集成电路企业类型”填报“140集成电路生产企业（线宽小于130纳米的企业）”的纳税人可以填报本项，本行填报表A107042第22行金额。

27. 第27行“二十七、线宽小于65纳米或投资额超过150亿元的集成电路生产企业减免企业所得税”：根据财税〔2018〕27号规定，集成电路线宽小于65纳米或投资额超过150亿元，且经营期在15年以上的集成电路生产企业，自企业获利年度起，第一年至第五年免征企业所得税，第六年至第十年按照25%的法定税率减半征收企业所得税。表A000000“208软件、集成电路企业类型”填报“150集成电路生产企业（线宽小于65纳米或投资额超过150亿元的企业）”的纳税人可以填报本项，本行填报表A107042第22行金额。

28. 第28行“二十八、其他”：根据相关行次计算结果填报。本行=第28.1+28.2+28.3行，各行按照以下要求填报：

第28.1行“（一）从事污染防治的第三方企业减按15%的税率征收企业所得税”：根据《财政部　税务总局　国家发展改革委　生态环境部关于从事污染防治的第三方企业所得税政策问题的公告》（财政部　税务总局　国家发展改革委　生态环境部公告2019年第60号）规定，对符合条件的从事污染防治的第三方企业减按15%的税率征收企业所得税。本行填报根据表A100000第23行计算的减征企业所得税金额；

第28.2行“（二）其他1”：填报当年新出台且本表未列明的其他税收优惠政策，需填报项目名称、减免税代码及免征、减征企业所得税金额。

第28.3行“（三）其他2”：填报国务院根据税法授权制定的及本表未列明的其他税收优惠政策，需填报项目名称、减免税代码及免征、减征企业所得税金额。

29. 第29行“二十九、项目所得额按法定税率减半征收企业所得税叠加享受减免税优惠”：纳税人同时享受优惠税率和所得项目减半情形下，在填报本表低税率优惠时，所得项目按照优惠税率减半计算多享受优惠的部分。

企业从事农林牧渔业项目、国家重点扶持的公共基础设施项目、符合条件的环境保护、节能节水项目、符合条件的技术转让、集成电路生产项目、其他专项优惠等所得额应按法定税率25%减半征收，同时享受小型微利企业、高新技术企业、技术先进型服务企业、集成电路线生产企业、国家规划布局内重点软件企业和集成电路设计企业等优惠税率政策，由于申报表填报顺序，按优惠税率减半叠加享受减免税优惠部分，应在本行对该部分金额进行调整。本行应大于等于0且小于等于第1+2+…+20+22+…+28行的值。

计算公式：本行=减半项目所得额×50%×(25%－优惠税率)。

30. 第30行“三十、支持和促进重点群体创业就业企业限额减征企业所得税”：根据《财政部　税务总局　人力资源社会保障部　国务院扶贫办关于进一步支持和促进重点群体创业就业有关税收政策的通知》（财税〔2019〕22号）等规定，企业招用建档立卡贫困人口，以及在人力资源社会保障部门公共就业服务机构登记失业半年以上且持《就业创业证》或《就业失业登记证》（注明“企业吸纳税收政策”）的人员，与其签订1年以上期限劳动合同并依法缴纳社会保险费的，自签订劳动合同并缴纳社会保险当月起，在3年内按实际招用人数予以定额依次扣减增值税、城市维护建设税、教育费附加、地方教育附加和企业所得税优惠。定额标准为每人每年 6000 元，最高可上浮 30%，各省、自治区、直辖市人民政府可根据本地区实际情况在此幅度内确定具体定额标准。本行填报企业纳税年度终了时实际减免的增值税、城市维护建设税、教育费附加和地方教育附加小于核定的减免税总额部分，在企业所得税汇算清缴时扣减的企业所得税金额。当年扣减不完的，不再结转以后年度扣减。本行填报第 30.1 + 30.2 行的合计金额。

企业招用建档立卡贫困人口就业扣减企业所得税、企业招用登记失业半年以上人员就业扣减企业所得税，分别填报第 30.1 行、第 30.2 行。

31. 第 31 行“三十一、扶持自主就业退役士兵创业就业企业限额减征企业所得税”：根据《财政部　税务总局　退役军人部关于进一步扶持自主就业退役士兵创业就业有关税收政策的通知》（财税〔2019〕21 号）等规定，企业招用自主就业退役士兵，与其签订 1 年以上期限劳动合同并依法缴纳社会保险费的，自签订劳动合同并缴纳社会保险当月起，在 3 年内按实际招用人数予以定额依次扣减增值税、城市维护建设税、教育费附加、地方教育附加和企业所得税优惠。定额标准为每人每年 6000 元，最高可上浮 50%，各省、自治区、直辖市人民政府可根据本地区实际情况在此幅度内确定具体定额标准。本行填报企业纳税年度终了时实际减免的增值税、城市维护建设税、教育费附加和地方教育附加小于核定的减免税总额部分，在企业所得税汇算清缴时扣减的企业所得税金额。当年扣减不完的，不再结转以后年度扣减。

32. 第 32 行“三十二、民族自治地方的自治机关对本民族自治地方的企业应缴纳的企业所得税中属于地方分享的部分减征或免征（□免征□减征：减征幅度____%）”：根据税法、《财政部　国家税务总局关于贯彻落实国务院关于实施企业所得税过渡优惠政策有关问题的通知》（财税〔2008〕21 号）、《中华人民共和国民族区域自治法》的规定，实行民族区域自治的自治区、自治州、自治县的自治机关对本民族自治地方的企业应缴纳的企业所得税中属于地方分享的部分，可以决定减征或者免征，自治州、自治县决定减征或者免征的，须报省、自治区、直辖市人民政府批准。

纳税人填报该行次时，根据享受政策的类型选择“免征”或“减征”填报，二者必选其一。选择“免征”是指企业所得税款地方分成 40% 部分全部免征；选择“减征：减征幅度____%”需填报“减征幅度”，减征幅度范围是1至100，表示企业所得税地方分成部分减征的百分比。如，地方分享部分减半征收，则选择“减征”，并在“减征幅度”后填写“50%”。本行填报（应纳所得税额－本表以上行次优惠合计）×40%×减征幅度的金额，以上行次不包括第28.1行、第28.2行、第30.1行、第30.2行。

33. 第33行“合计”：填报第1＋2＋…＋28－29＋30＋31＋32行的合计金额。

二、表内、表间关系

1. 表内关系：

（1）第28行＝第28.1＋第28.2行。

（2）第30行＝第30.1＋30.2行。

（3）第33行＝第1＋2＋…＋28－29＋30＋31＋32行。

2. 表间关系：

（1）第2行＝表A107041第31行。

（2）第3行＝表A107041第32行。

（3）当表A000000“208软件、集成电路企业类型”填报“110集成电路生产企业（线宽小于0.8微米（含）的企业）”时，第6行＝表A107042第22行。

（4）当表A000000“208软件、集成电路企业类型”填报“120集成电路生产企业（线宽小于0.25微米的企业）”且“减免方式”填报“400企业减按15%税率征收企业所得税”的，第7行＝表A107042第22行。

（5）当表A000000“208软件、集成电路企业类型”填报“130集成电路生产企业（投资额超过80亿元的企业）”且“减免方式”填报“400企业减按15%税率征收企业所得税”的，第8行＝表A107042第22行。

（6）当表A000000“208软件、集成电路企业类型”填报“120集成电路生产企业（线宽小于0.25微米的企业）”且“减免方式”填报“210企业五免五减半——免税”“220企业五免五减半——减半征税”的，第9行＝表A107042第22行。

（7）当表A000000“208软件、集成电路企业类型”填报“130集成电路生产企业（投资额超过80亿元的企业）”且“减免方式”填报“210企业五免五减半——免税”“220企业五免五减半——减半征税”的，第10行=表A107042第22行。

（8）当表A000000“208软件、集成电路企业类型”填报“210集成电路设计企业（新办符合条件企业）”时，第11行=表A107042第22行。

（9）当表A000000“208软件、集成电路企业类型”填报“220集成电路设计企业（符合规模条件的重点集成电路设计企业）”“230集成电路设计企业（符合领域的重点集成电路设计企业）”时，第12行=表A107042第22行。

（10）当表A000000“208软件、集成电路企业类型”填报“311软件企业（一般软件企业—新办符合条件企业）”“321软件企业（嵌入式或信息系统集成软件—新办符合条件企业）”时，第13行=表A107042第22行。

（11）当表A000000“208软件、集成电路企业类型”填报“312软件企业（一般软件企业—符合规模条件的重点软件企业）”“313软件企业（一般软件企业—符合领域条件的重点软件企业）”“314软件企业（一般软件企业—符合出口条件的重点软件企业）”“322软件企业（嵌入式或信息系统集成软件—符合规模条件的重点软件企业）”“323软件企业（嵌入式或信息系统集成软件—符合领域条件的重点软件企业）”“324软件企业（嵌入式或信息系统集成软件—符合出口条件的重点软件企业）”时，第14行=表A107042第22行。

（12）当表A000000“208软件、集成电路企业类型”填报“400集成电路封装测试企业”时，第15行=表A107042第22行。

（13）当表A000000“208软件、集成电路企业类型”填报“500集成电路关键专用材料生产企业”“600集成电路专用设备生产企业”时，第16行=表A107042第22行。

（14）当表A000000“208软件、集成电路企业类型”填报“140集成电路生产企业（线宽小于130纳米的企业）”时，第26行=表A107042第22行。

（15）当表A000000“208软件、集成电路企业类型”填报“150集成电路生产企业（线宽小于65纳米或投资额超过150亿元的企业）”时，第27行=表A107042第22行。

（16）第32行=（表A100000第25行-本表第1+2+3+4+5…+30+31行）×40%×减征幅度。

（17）第33行=表A100000第26行。

三、相关政策

1.《中华人民共和国企业所得税法》（中华人民共和国主席令第63号）。

2.《中华人民共和国企业所得税法实施条例》（中华人民共和国国务院令第512号）。

3.《财政部　税务总局　商务部　科技部　国家发展改革委关于将服务贸易创新发展试点地区技术先进型服务企业所得税政策推广至全国实施的通知》（财税〔2018〕44号）。

4.《财政部　税务总局　国家发展改革委　工业和信息化部关于集成电路生产企业有关企业所得税政策问题的通知》（财税〔2018〕27号）。

5.《国家税务总局〈关于修订中华人民共和国企业所得税月（季）度预缴纳税申报表（A类2018年版）〉等部分表单样式及填报说明的公告》（国家税务总局公告2019年第3号）。

第七节　高新技术企业优惠情况及明细表（A107041）

"高新技术企业优惠情况及明细表"（A107041）适用于具备高新技术企业资格的纳税人填报，如表6-21所示。纳税人根据《中华人民共和国企业所得税法》（中华人民共和国主席令第六十三号）、《科技部 财政部 国家税务总局关于修订印发〈高新技术企业认定管理办法〉的通知》（国科发火〔2016〕32号）、《科学技术部 财政部 国家税务总局关于修订印发〈高新技术企业认定管理工作指引〉的通知》（国科发火〔2016〕195号）、《国家税务总局关于实施高新技术企业所得税优惠政策有关问题的公告》（国家税务总局公告2017年第24号）等相关税收政策规定，填报高新技术企业基本信息和本年优惠情况。不论是否享受优惠政策，高新技术企业资格在有效期内的纳税人均需填报本表。

2017 年版申报表与 2014 年版申报表相比，主要根据《关于修订印发〈高新技术企业认定管理办法〉的通知》（国科发火〔2016〕32 号）对高新技术企业认定条件的变化作出了相应修改，具体变化包括：（1）删除“是否发生重大安全、质量事故”“是否有环境等违法、违规行为，受到有关部门处罚的”“是否发生偷骗税行为”等项目。（2）“对企业主要产品（服务）发挥核心支持作用的技术所属范围”要求填报到三级明细领域，如“一、电子信息技术（一）软件 L 系统软件”。（3）明确“本年企业总收入”包括收入总额和不征税收入。（4）删除“七、本年具有大学专科以上学历的科技人员占企业当年职工总数的比例”。（5）对“七、归集的高新研发费用金额”八、销售（营业）收入”“九、三年研发费用占销售（营业）收入的比例”的归集年度从当年扩展至 3 年（当年、前一年度、前二年度）。（6）增加对“国家需要重点扶持的高新技术企业减征企业所得税”“经济特区和上海浦东新区新设立的高新技术企业定期减免税额”的填报。

表 6－21　A107041　　高新技术企业优惠情况及明细表

税收优惠基本信息				
1	企业主要产品（服务）发挥核心支持作用的技术所属范围	国家重点支持的高新技术领域	一级领域	
2			二级领域	
3			三级领域	
税收优惠有关情况				
4	收入指标	一、本年高新技术产品（服务）收入（5＋6）		
5		其中：产品（服务）收入		
6		技术性收入		
7		二、本年企业总收入（8－9）		
8		其中：收入总额		
9		不征税收入		
10		三、本年高新技术产品（服务）收入占企业总收入的比例（4÷7）		
11	人员指标	四、本年科技人员数		
12		五、本年职工总数		
13		六、本年科技人员占企业当年职工总数的比例（11÷12）		

续表

税收优惠有关情况						
14	研发费用指标	高新研发费用归集年度	本年度	前一年度	前二年度	合计
			1	2	3	4
15		七、归集的高新研发费用金额（16 +25）				
16		（一）内部研究开发投入（17 + … + 22 +24）				
17		1. 人员人工费用				
18		2. 直接投入费用				
19		3. 折旧费用与长期待摊费用				
20		4. 无形资产摊销费用				
21		5. 设计费用				
22		6. 装备调试费与实验费用				
23		7. 其他费用				
24		其中：可计入研发费用的其他费用				
25		（二）委托外部研发费用[（26 +28）×80%]				
26		1. 境内的外部研发费				
27		2. 境外的外部研发费				
28		其中：可计入研发费用的境外的外部研发费				
29		八、销售（营业）收入				
30		九、三年研发费用占销售（营业）收入的比例（15 行 4 列 ÷29 行 4 列）				
31	减免税额	十、国家需要重点扶持的高新技术企业减征企业所得税				
32		十一、经济特区和上海浦东新区新设立的高新技术企业定期减免税额				

一、项目填报说明

1. 第 1 行至第 3 行：“企业主要产品（服务）发挥核心支持作用的技术所属范围”：填报对企业主要产品（服务）发挥核心支持作用的技术属于《国家重点支持的高新技术领域》规定的具体范围，填报至三级明细领域，如

“一、电子信息技术（一）软件 1. 系统软件”。

2. 第 4 行“一、本年高新技术产品（服务）收入”：填报第 5 + 6 行金额。

3. 第 5 行“产品（服务）收入”：填报纳税人本年发挥核心支持作用的技术属于《国家重点支持的高新技术领域》规定范围的产品（服务）收入。

4. 第 6 行“技术性收入”：包括技术转让收入、技术服务收入和接受委托研究开发收入。

5. 第 7 行“二、本年企业总收入”：填报第 8 – 9 行金额。

6. 第 8 行“（一）收入总额”：填报纳税人本年以货币形式和非货币形式从各种来源取得的收入总额。包括：销售货物收入，提供劳务收入，转让财产收入，股息、红利等权益性投资收益，利息收入，租金收入，特许权使用费收入，接受捐赠收入，其他收入。

7. 第 9 行“不征税收入”：填报纳税人本年符合相关政策规定的不征税收入。

8. 第 10 行“三、本年高新技术产品（服务）收入占企业总收入的比例”：填报第 4 ÷ 7 行计算后的比例。

9. 第 11 行“四、本年科技人员数”：填报纳税人直接从事研发和相关技术创新活动，以及专门从事上述活动的管理和提供直接技术服务的，累计实际工作时间在 183 天以上的人员，包括在职、兼职和临时聘用人员。

10. 第 12 行“五、本年职工总数”：填报纳税人本年在职、兼职和临时聘用人员。在职人员可以通过企业是否签订劳动合同或缴纳社会保险费来判断。兼职、临时聘用人员全年须在企业累计工作 183 天以上。

11. 第 13 行“六、本年科技人员占企业当年职工总数的比例”：填报第 11 ÷ 12 行的比例。

12. 第 14 行“高新研发费用归集年度”：本行无填报事项。

与计算研发费比例相关的第 15 行至第 29 行需填报三年数据，实际经营不满三年的按实际经营时间填报。

13. 第 15 行“七、本年归集的高新研发费用金额”：填报第 16 + 25 行金额。

14. 第 16 行“（一）内部研究开发投入”：填报第 17 + 18 + 19 + 20 + 21 +

22+24行金额。

15. 第17行“1. 人员人工费用”：填报纳税人科技人员的工资薪金、基本养老保险费、基本医疗保险费、失业保险费、工伤保险费、生育保险费和住房公积金，以及外聘科技人员的劳务费用。

16. 第18行“2. 直接投入费用”：填报纳税人为实施研究开发活动而实际发生的相关支出。包括：直接消耗的材料、燃料和动力费用；用于中间试验和产品试制的模具、工艺装备开发及制造费，不构成固定资产的样品、样机及一般测试手段购置费，试制产品的检验费；用于研究开发活动的仪器、设备的运行维护、调整、检验、检测、维修等费用，以及通过经营租赁方式租入的用于研发活动的固定资产租赁费。

17. 第19行“3. 折旧费用与长期待摊费用”：填报纳税人用于研究开发活动的仪器、设备和在用建筑物的折旧费；研发设施的改建、改装、装修和修理过程中发生的长期待摊费用。

18. 第20行“4. 无形资产摊销费用”：填报纳税人用于研究开发活动的软件、知识产权、非专利技术（专有技术、许可证、设计和计算方法等）的摊销费用。

19. 第21行“5. 设计费用”：填报纳税人为新产品和新工艺进行构思、开发和制造，进行工序、技术规范、规程制定、操作特性方面的设计等发生的费用，包括为获得创新性、创意性、突破性产品进行的创意设计活动发生的相关费用。

20. 第22行“6. 装备调试费与实验费用”：填报纳税人工装准备过程中研究开发活动所发生的费用，包括研制特殊、专用的生产机器，改变生产和质量控制程序，或制定新方法及标准等活动所发生的费用。

21. 第23行“7. 其他费用”：填报纳税人与研究开发活动直接相关的其他费用，包括技术图书资料费、资料翻译费、专家咨询费、高新科技研发保险费，研发成果的检索、论证、评审、鉴定、验收费用，知识产权的申请费、注册费、代理费，会议费、差旅费、通讯费等。

22. 第24行“可计入研发费用的其他费用”：填报纳税人为研究开发活动所发生的其他费用中不超过研究开发总费用的20%的金额，按第17行至第22行之和×20%÷（1－20%）与第23行的孰小值填报。

23. 第25行“（二）委托外部研发费用”：填报纳税人委托境内外其他机构或个人进行研究开发活动所发生的费用（研究开发活动成果为委托方企业拥有，且与该企业的主要经营业务紧密相关）。委托外部研发费用的实际发生额应按照独立交易原则确定，实际发生额的80%可计入委托方研发费用总额。本行填报（第26+28行）×80%的金额。

24. 第26行“1. 境内的外部研发费用”：填报纳税人委托境内其他机构或个人进行的研究开发活动所支出的费用。本行填报实际发生境内的外部研发费用。

25. 第27行“2. 境外的外部研发费用”：填报纳税人委托境外机构或个人完成的研究开发活动所发生的费用。受托研发的境外机构是指依照外国（地区）及港澳台法律成立的企业和其他取得收入的组织；受托研发的境外个人是指外籍及港澳台个人。本行填报实际发生境外的外部研发费用。

26. 第28行“可计入研发费用的境外的外部研发费用”：根据《高新技术企业认定管理办法》等规定，纳税人在中国境内发生的研发费用总额占全部研发费用总额的比例不低于60%，即境外发生的研发费用总额占全部研发费用总额的比例不超过40%。本行填报（第17+18+…+22+23+26行）×40%÷(1－40%)与第27行的孰小值。

27. 第29行“八、销售（营业）收入”：填报纳税人主营业务收入与其他业务收入之和。

28. 第30行“九、三年研发费用占销售（营业）收入的比例”：填报第15行4列÷第29行4列的比例。

29. 第31行“十、国家需要重点扶持的高新技术企业减征企业所得税”：本行填报经济特区和上海浦东新区外的高新技术企业或虽是经济特区和上海浦东新区新设的高新技术企业但取得区外所得的减免税金额。经济特区和上海浦东新区新设的高新技术企业定期减免政策期满后，只享受15%税率优惠政策的，减免税金额也在本行填报。

30. 第32行“十一、经济特区和上海浦东新区新设立的高新技术企业定期减免”：本行填报在经济特区和上海浦东新区新设的高新技术企业区内所得的减免税金额。

二、表内、表间关系

1. 表内关系：

（1）第 4 行 = 第 5 + 6 行。

（2）第 7 行 = 第 8 - 9 行。

（3）第 10 行 = 第 4 ÷ 7 行。

（4）第 13 行 = 第 11 ÷ 12 行。

（5）第 15 行 = 第 16 + 25 行。

（6）第 16 行 = 第 17 + 18 + 19 + 20 + 21 + 22 + 24 行。

（7）第 25 行 = （第 26 + 28 行） × 80%。

（8）第 30 行 = 第 15 行第 4 列 ÷ 第 29 行第 4 列。

2. 表间关系：

（1）第 31 行 = 表 A107040 第 2 行。

（2）第 32 行 = 表 A107040 第 3 行。

三、相关政策

1.《中华人民共和国企业所得税法》（中华人民共和国主席令第 63 号）。

2.《中华人民共和国企业所得税法实施条例》（中华人民共和国国务院令第 512 号）。

3.《科技部　财政部　国家税务总局关于修订印发〈高新技术企业认定管理办法〉的通知》（国科发火〔2016〕32 号）。

4.《科学技术部　财政部　国家税务总局关于修订印发〈高新技术企业认定管理工作指引〉的通知》（国科发火〔2016〕195 号）。

5.《国家税务总局关于实施高新技术企业所得税优惠政策有关问题的公告》（国家税务总局公告 2017 年第 24 号）。

第八节　软件、集成电路企业优惠情况及明细表（A107042）

“软件、集成电路企业优惠情况及明细表”（A107042）适用于享受软件、集成电路企业优惠政策的纳税人填报，如表6－22所示。纳税人根据《中华人民共和国企业所得税法》（中华人民共和国主席令第六十三号）、《财政部 国家税务总局关于进一步鼓励软件产业和集成电路产业发展企业所得税政策的通知》（财税〔2012〕27号）、《财政部　国家税务总局　发展改革委 工业和信息化部关于软件和集成电路产业企业所得税优惠政策有关问题的通知》（财税〔2016〕49号）、《财政部　国家税务总局　发展改革委 工业和信息化部关于进一步鼓励集成电路产业发展企业所得税政策的通知》（财税〔2015〕6号）、《国家发展和改革委员会 工业和信息化部 财政部 国家税务总局关于印发国家规划布局内重点软件和集成电路设计领域的通知》（发改高技〔2016〕1056号）、《财政部　税务总局 国家发展改革委 工业和信息化部关于集成电路生产企业有关企业所得税政策问题的通知》（财税〔2018〕27号）等相关政策规定，填报本年发生的软件、集成电路企业优惠有关情况。

表6－22　A107042　　软件、集成电路企业优惠情况及明细表

税收优惠基本信息			
减免方式1		获利年度\开始计算优惠期年度1	
减免方式2		获利年度\开始计算优惠期年度2	

税收优惠有关情况			
行次	项　　目		金额（数量等）
1	人员指标	一、企业本年月平均职工总人数	
2		其中：签订劳动合同关系且具有大学专科以上学历的职工人数	
3		研究开发人员人数	
4		二、大学专科以上职工占企业本年月平均职工总人数的比例（2÷1）	
5		三、研究开发人员占企业本年月平均职工总人数的比例（3÷1）	

续表

<table>
<tr><td colspan="5">税收优惠有关情况</td></tr>
<tr><td>行次</td><td colspan="3">项　　目</td><td>金额（数量等）</td></tr>
<tr><td>6</td><td rowspan="4">研发费用指标</td><td colspan="2">四、研发费用总额</td><td></td></tr>
<tr><td>7</td><td colspan="2">其中：企业在中国境内发生的研发费用金额</td><td></td></tr>
<tr><td>8</td><td colspan="2">五、研发费用占销售（营业）收入的比例</td><td></td></tr>
<tr><td>9</td><td colspan="2">六、境内研发费用占研发费用总额的比例（7 ÷ 6）</td><td></td></tr>
<tr><td>10</td><td rowspan="12">收入指标</td><td colspan="2">七、企业收入总额</td><td></td></tr>
<tr><td>11</td><td colspan="2">八、符合条件的销售（营业）收入</td><td></td></tr>
<tr><td>12</td><td colspan="2">九、符合条件的收入占收入总额的比例（11 ÷ 10）</td><td></td></tr>
<tr><td>13</td><td rowspan="2">十、集成电路设计企业、软件企业填报</td><td>（一）自主设计\开发销售（营业）收入</td><td></td></tr>
<tr><td>14</td><td>（二）自主设计\开发收入占企业收入总额的比例（13 ÷ 10）</td><td></td></tr>
<tr><td>15</td><td rowspan="3">十一、重点软件企业或重点集成电路设计企业符合“领域”的填报</td><td>（一）适用的领域</td><td></td></tr>
<tr><td>16</td><td>（二）适用领域的销售（营业）收入</td><td></td></tr>
<tr><td>17</td><td>（三）领域内的销售收入占符合条件的销售收入的比例（16 ÷ 11）</td><td></td></tr>
<tr><td>18</td><td rowspan="3">十二、重点软件企业符合“出口”的填报</td><td>（一）年度软件出口收入总额（美元）</td><td></td></tr>
<tr><td>19</td><td>（二）年度软件出口收入总额（人民币）</td><td></td></tr>
<tr><td>20</td><td>（三）软件出口收入总额占本企业年度收入总额的比例（19 ÷ 10）</td><td></td></tr>
<tr><td>21</td><td>十三、集成电路关键专用材料或专用设备生产企业填报</td><td>产品适用目录</td><td></td></tr>
<tr><td>22</td><td colspan="3">减免税额</td><td></td></tr>
</table>

一、项目填报说明

享受软件、集成电路企业优惠政策的纳税人均需按照企业整体情况填报表 107042，其中填报“所得减免优惠明细表”（A107020）“七、线宽小于 130 纳米的集成电路生产项目”“八、线宽小于 65 纳米或投资额超过 150 亿元的集成电路生产项目”减免项目的纳税人，应当填报除表 107042 第 22 行

"减免税额"以外的本表其他相应项目。

（一）税收优惠基本信息

当企业同时享受多种软件、集成电路企业优惠政策时，可根据实际情况填报"减免方式1"和"减免方式2"，并同时填报对应的"获利年度\开始计算优惠期年度1"和"获利年度\开始计算优惠期年度2"。

1. 减免方式：纳税人根据"企业所得税年度纳税申报基础信息表"（A000000）"208 软件、集成电路企业类型"填报的企业类型和实际经营情况，从"软件、集成电路企业优惠方式代码表"（如表6－23所示）"代码"列中选择相应代码，填入本项。在"110""120""210""220""300""400"六个代码中，纳税人仅可从中选择一项填列。

表6－23　　软件、集成电路企业优惠方式代码表

代码	减免方式类型	软件、集成电路企业类型
110	企业二免三减半（免税）	110 集成电路生产企业（线宽小于0.8微米（含）的企业）
		140 集成电路生产企业（线宽小于130纳米的企业）
		150 集成电路生产企业（线宽小于65纳米或投资额超过150亿元的企业）
		210 集成电路设计企业（新办符合条件企业）
		311 软件企业（一般软件企业—新办符合条件企业）
		321 软件企业（嵌入式或信息系统集成软件—新办符合条件企业）
		400 集成电路封装测试企业
		500 集成电路关键专用材料生产企业
		600 集成电路专用设备生产企业
120	企业二免三减半（减半征收）	110 集成电路生产企业（线宽小于0.8微米（含）的企业）
		140 集成电路生产企业（线宽小于130纳米的企业）
		150 集成电路生产企业（线宽小于65纳米或投资额超过150亿元的企业）
		210 集成电路设计企业（新办符合条件企业）
		311 软件企业（一般软件企业—新办符合条件企业）
		321 软件企业（嵌入式或信息系统集成软件—新办符合条件企业）
		400 集成电路封装测试企业
		500 集成电路关键专用材料生产企业
		600 集成电路专用设备生产企业

续表

代码	减免方式类型	软件、集成电路企业类型
210	企业五免五减半（免税）	120 集成电路生产企业（线宽小于 0.25 微米的企业）
		130 集成电路生产企业（投资额超过 80 亿元的企业）
220	企业五免五减半（减半征收）	120 集成电路生产企业（线宽小于 0.25 微米的企业）
		130 集成电路生产企业（投资额超过 80 亿元的企业）
300	企业减按 10% 税率征收企业所得税	220 集成电路设计企业（符合规模条件的重点集成电路设计企业）
		230 集成电路设计企业（符合领域的重点集成电路设计企业）
		312 软件企业（一般软件企业—符合规模条件的重点软件企业）
		313 软件企业（一般软件企业—符合领域条件的重点软件企业）
		314 软件企业（一般软件企业—符合出口条件的重点软件企业）
		322 软件企业（嵌入式或信息系统集成软件—符合规模条件的重点软件企业）
		323 软件企业（嵌入式或信息系统集成软件—符合领域条件的重点软件企业）
		324 软件企业（嵌入式或信息系统集成软件—符合出口条件的重点软件企业）
400	企业减按 15% 税率征收企业所得税	120 集成电路生产企业（线宽小于 0.25 微米的企业）
		130 集成电路生产企业（投资额超过 80 亿元的企业）
510	项目所得二免三减半（免税）	140 集成电路生产企业（线宽小于 130 纳米的企业）
520	项目所得二免三减半（减半征收）	140 集成电路生产企业（线宽小于 130 纳米的企业）
610	项目所得五免五减半（免税）	150 集成电路生产企业（线宽小于 65 纳米或投资额超过 150 亿元的企业）
620	项目所得五免五减半（减半征收）	150 集成电路生产企业（线宽小于 65 纳米或投资额超过 150 亿元的企业）

2. “获利年度\开始计算优惠期年度”：适用选择“二免三减半”“五免五减半”定期减免类型的纳税人填报。其中，“开始计算优惠期年度”按照财税〔2012〕27 号、财税〔2015〕6 号、财税〔2018〕27 号等文件的相关规定确定。

（二）税收优惠有关情况

第1行至第12行为必填行次。第13行和第14行适用于集成电路设计企业和软件企业填报，第15行至第17行适用于国家规划布局内的重点软件企业、重点集成电路企业中的符合领域条件的企业填报，第18行至第20行适用于国家规划布局内的重点软件企业中符合出口条件的企业填报，第21行适用于集成电路关键专用材料或专用设备生产企业填报。

1. 第1行“一、企业本年月平均职工总人数”：填报纳税人本年月平均职工总人数。本年月平均职工总人数计算方法：

月平均人数 =（月初数 + 月末数）÷2

全年月平均职工总人数 = 全年各月平均数之和 ÷12

2. 第2行“签订劳动合同关系且具有大学专科以上学历的职工人数”：填报纳税人本年签订劳动合同关系且具有大学专科以上学历的职工人数。

3. 第3行“研究开发人员人数”：填报纳税人本年研究开发人员人数。

4. 第4行“二、大学专科以上职工占企业本年月平均职工总人数的比例”：填报第2÷1行比例。

5. 第5行“三、研究开发人员占企业本年月平均职工总人数的比例”：填报第3÷1行比例。

6. 第6行“四、研发费用总额”：填报企业按照《财政部　国家税务总局　科技部关于完善研发费用税前加计扣除政策的通知》（财税〔2015〕119号）、《国家税务总局关于企业研究开发费用税前加计扣除政策有关问题的公告》（国家税务总局公告2015年第97号）、《国家税务总局关于研发费用税前加计扣除归集范围有关问题的公告》（国家税务总局公告2017年第40号）等文件规定口径归集的研发费用。

7. 第7行“企业在中国境内发生的研发费用金额”：填报纳税人本年在中国境内发生的研发费用。

8. 第8行“五、研发费用占销售（营业）收入的比例”：填报研发费用占销售（营业）收入的比例，即本表第6行÷表A101010第1行比例。

9. 第9行“六、境内研发费用占研发费用总额的比例”：填报第7÷6行比例。

10. 第10行“七、企业收入总额”：填报纳税人本年以货币形式和非货币形式从各种来源取得的收入总额。包括：销售货物收入，提供劳务收入，转让财产收入，股息、红利等权益性投资收益，利息收入，租金收入，特许权使用费收入，接受捐赠收入，其他收入。

11. 第11行“八、符合条件的销售（营业）收入”：根据企业类型分析填报，具体如下：

（1）集成电路生产企业：填报本年度集成电路制造销售（营业）收入；

（2）集成电路设计企业：填报本年度集成电路设计销售（营业）收入；

（3）软件企业：一般软件企业填报本年软件产品开发销售（营业）收入；嵌入式或信息系统集成软件企业填报嵌入式软件产品和信息系统集成产品开发销售（营业）收入；

（4）集成电路封装、测试企业：填报本年集成电路封装、测试销售（营业）收入；

（5）集成电路关键专用材料生产企业：填报本年集成电路关键专用材料销售（营业）收入；

（6）集成电路专用设备生产企业：填报本年集成电路专用设备销售（营业）收入。

12. 第12行“九、符合条件的收入占收入总额的比例”：填报第11÷10行比例。

13. 第13行“（一）自主设计\开发销售（营业）收入”：根据企业类型分析填报，具体如下：

（1）集成电路设计企业：填报本年度集成电路自主设计销售（营业）收入。

（2）软件企业：一般软件企业填报本年软件产品自主开发销售（营业）收入；嵌入式或信息系统集成软件企业填报本年自主开发嵌入式软件产品和信息系统集成产品开发销售（营业）收入。

14. 第14行“（二）自主设计\开发收入占企业收入总额的比例”：填报第13÷10行比例。

15. 第15行“（一）适用的领域”：根据发改高技〔2016〕1056号文件，选择填报适用的领域。

16. 第16行“（二）适用领域的销售（营业）收入”：填报符合第15行选择“适用的领域”的销售（营业）收入。如第15行填报领域为“（一）基础软件：操作系统、数据库、中间件”，则该行填报该业务的销售（营业）收入。

17. 第17行“（三）领域内的销售收入占符合条件的销售收入的比例”：填报第16÷11行比例。

18. 第18行“（一）年度软件出口收入总额（美元）”：填报企业年度软件出口收入总额，以美元计算。

19. 第19行“（二）年度软件出口收入总额（人民币）”：填报企业年度软件出口收入，换算成人民币以后的金额。

20. 第20行“（三）软件出口收入总额占本企业年度收入总额的比例”：填报第19÷10行比例。

21. 第21行“产品适用目录”：适用于集成电路关键专用材料或专用设备生产企业填报。目录见财税〔2015〕6号文件所附《集成电路关键专用材料企业所得税优惠目录》《集成电路专用设备企业所得税优惠目录》。按照两个目录中的“产品名称”填列本行。

22. 第22行“减免税额”：填报本年享受集成电路、软件企业优惠的金额。当减免方式为“项目所得二免三减半（免税）”“项目所得二免三减半（减半征收）”“项目所得五免五减半（免税）”“项目所得五免五减半（减半征收）”时，本行无须填报。

二、表内、表间关系

1. 表内关系：

（1）第4行=第2÷1行。

（2）第5行=第3÷1行。

（3）第9行=第7÷6行。

（4）第12行=第11÷10行。

（5）第14行=第13÷10行。

（6）第17行=第16÷11行。

（7）第 20 行 = 第 19 ÷ 10 行。

2. 表间关系：

（1）第 8 行 = 第 6 行 ÷ 表 A101010 第 1 行。

（2）第 22 行 = 表 A107040 第 6 行至第 16 行、第 26 行至第 27 行，根据以下规则判断填报：

当表 A000000 “208 软件、集成电路企业类型” 填报 “110 集成电路生产企业（线宽小于 0.8 微米（含）的企业）” 时，第 22 行 = 表 A107040 第 6 行；

当表 A000000 “208 软件、集成电路企业类型” 填报 “120 集成电路生产企业（线宽小于 0.25 微米的企业）” 且 “减免方式” 填报 “400 企业减按 15% 税率征收企业所得税” 的，第 22 行 = 表 A107040 第 7 行；

当表 A000000 “208 软件、集成电路企业类型” 填报 “130 集成电路生产企业（投资额超过 80 亿元的企业）” 且 “减免方式” 填报 “400 企业减按 15% 税率征收企业所得税” 的，第 22 行 = 表 A107040 第 8 行；

当表 A000000 “208 软件、集成电路企业类型” 填报 “120 集成电路生产企业（线宽小于 0.25 微米的企业）” 且 “减免方式” 填报 “210 企业五免五减半——免税” “220 企业五免五减半——减半征税” 的，第 22 行 = 表 A107040 第 9 行；

当表 A000000 “208 软件、集成电路企业类型” 填报 “130 集成电路生产企业（投资额超过 80 亿元的企业）” 且 “减免方式” 填报 “210 企业五免五减半——免税” “220 企业五免五减半——减半征税” 的，第 22 行 = 表 A107040 第 10 行；

当表 A000000 “208 软件、集成电路企业类型” 填报 “210 集成电路设计企业（新办符合条件企业）” 时，第 22 行 = 表 A107040 第 11 行；

当表 A000000 “208 软件、集成电路企业类型” 填报 “220 集成电路设计企业（符合规模条件的重点集成电路设计企业）” “230 集成电路设计企业（符合领域的重点集成电路设计企业）” 时，第 22 行 = 表 A107040 第 12 行；

当表 A000000 “208 软件、集成电路企业类型” 填报 “311 软件企业（一般软件企业—新办符合条件企业）” “321 软件企业（嵌入式或信息系统集成软件—新办符合条件企业）”时，第22行=表A107040第13行；

当表A000000“208软件、集成电路企业类型”填报“312软件企业（一般软件企业—符合规模条件的重点软件企业）”“313软件企业（一般软件企业—符合领域条件的重点软件企业）”“314软件企业（一般软件企业—符合出口条件的重点软件企业）”“322软件企业（嵌入式或信息系统集成软件—符合规模条件的重点软件企业）”“323软件企业（嵌入式或信息系统集成软件—符合领域条件的重点软件企业）”“324软件企业（嵌入式或信息系统集成软件—符合出口条件的重点软件企业）”时，第22行=表A107040第14行；

当表A000000“208软件、集成电路企业类型”填报“400集成电路封装测试企业”时，第22行=表A107040第15行；

当表A000000“208软件、集成电路企业类型”填报“500集成电路关键专用材料生产企业”“600集成电路专用设备生产企业”时，第22行=表A107040第16行；

当表A000000“208软件、集成电路企业类型”填报“140集成电路生产企业（线宽小于130纳米的企业）”时，第22行=表A107040第26行；

当表A000000“208软件、集成电路企业类型”填报“150集成电路生产企业（线宽小于65纳米或投资额超过150亿元的企业）”时，第22行=表A107040第27行。

三、相关政策

1.《中华人民共和国企业所得税法》（中华人民共和国主席令第63号）。

2.《中华人民共和国企业所得税法实施条例》（中华人民共和国国务院令第512号）。

3.《财政部　国家税务总局关于进一步鼓励软件产业和集成电路产业发展企业所得税政策的通知》（财税〔2012〕27号）。

4.《财政部　国家税务总局　发展改革委　工业和信息化部关于软件和集成电路产业企业所得税优惠政策有关问题的通知》（财税〔2016〕49号）。

5.《国家发展和改革委员会　工业和信息化部　财政部　国家税务总局关于印发国家规划布局内重点软件和集成电路设计领域的通知》（发改高技〔2016〕1056号）。

6.《财政部　国家税务总局　发展改革委　工业和信息化部关于进一步鼓励集成电路产业发展企业所得税政策的通知》（财税〔2015〕6号）。

第九节　税额抵免优惠明细表（A107050）

“税收抵免优惠明细表”（A107050）适用于享受专用设备投资额抵免优惠（含结转）的纳税人填报，如表6－24所示。纳税人根据《中华人民共和国企业所得税法》（中华人民共和国主席令第六十三号）、《财政部　国家税务总局关于执行环境保护专用设备企业所得税优惠目录、节能节水专用设备企业所得税优惠目录和安全生产专用设备企业所得税优惠目录有关问题的通知》（财税〔2008〕48号）、《财政部　国家税务总局　国家发展改革委关于公布节能节水专用设备企业所得税优惠目录（2008年版）和环境保护专用设备企业所得税优惠目录（2008年版）的通知》（财税〔2008〕115号）、《财政部　国家税务总局　安全监管总局关于公布〈安全生产专用设备企业所得税优惠目录（2008年版）〉的通知》（财税〔2008〕118号）、《财政部　国家税务总局关于执行企业所得税优惠政策若干问题的通知》（财税〔2009〕69号）、《国家税务总局关于环境保护、节能节水、安全生产等专用设备投资抵免企业所得税有关问题的通知》（国税函〔2010〕256号）、《财政部　税务总局 国家发展改革委 工业和信息化部 环境保护部关于印发节能节水和环境保护专用设备企业所得税优惠目录（2017年版）的通知》（财税〔2017〕71号）等相关税收政策规定，填报本年发生的专用设备投资额抵免优惠（含结转）情况。

表 6 - 24　A107050　　税额抵免优惠明细表

行次	项目	年度	本年抵免前应纳税额	本年允许抵免的专用设备投资额	本年可抵免税额	以前年度已抵免额						本年实际抵免的各年度税额	可结转以后年度抵免的税额
						前五年度	前四年度	前三年度	前二年度	前一年度	小计		
		1	2	3	4（3×10%）	5	6	7	8	9	10（5+…+9）	11	12（4-10-11）
1	前五年度												*
2	前四年度					*							
3	前三年度					*	*						
4	前二年度					*	*	*					
5	前一年度					*	*	*	*				
6	本年度					*	*	*	*	*	*		
7	本年实际抵免税额合计												*
8	可结转以后年度抵免的税额合计												
9	专用设备投资情况	本年允许抵免的环境保护专用设备投资额											
10	专用设备投资情况	本年允许抵免节能节水的专用设备投资额											
11	专用设备投资情况	本年允许抵免的安全生产专用设备投资额											

一、项目填报说明

1. 第1列“年度”：填报公历年份。第6行为本年，第5行至第1行依次填报。

2. 第2列“本年抵免前应纳税额”：填报纳税人“中华人民共和国企业所得税年度纳税申报表（A类）”（表A100000）第25行“应纳所得税额”减第26行“减免所得税额”后的额。2012和2013年度的“当年抵免前应纳税额”：填报“企业所得税年度纳税申报表（A类）”（2008年版）第27行“应纳所得税额”减第28行“减免所得税额”后的余额。2014、2015和2016年度的“当年抵免前应纳税额”：填报纳税人“中华人民共和国企业所得税年度纳税申报表（A类）”（2014年版）第25行“应纳所得税额”减第26行“减免所得税额”后的余额。

3. 第3列“本年允许抵免的专用设备投资额”：填报纳税人本年购置并实际使用《环境保护专用设备企业所得税优惠目录》《节能节水专用设备企业所得税优惠目录》和《安全生产专用设备企业所得税优惠目录》规定的环境保护、节能节水、安全生产等专用设备的发票价税合计金额，但不包括允许抵扣的增值税进项税额、按有关规定退还的增值税税款以及设备运输、安装和调试等费用。

4. 第4列“本年可抵免税额”：填报第3列×10%的金额。

5. 第5列至第9列“以前年度已抵免额”：填报纳税人以前年度已抵免税额，其中前五年度、前四年度、前三年度、前二年度、前一年度与“项目”列中的前五年度、前四年度、前三年度、前二年度、前一年度相对应。

6. 第10列“以前年度已抵免额—小计”：填报第5+6+7+8+9列的合计金额。

7. 第11列“本年实际抵免的各年度税额”：第1行至第6行填报纳税人用于依次抵免前5个年度及本年尚未抵免的税额，第11列小于等于第4－10列，且第11列第1行至第6行合计金额不得大于第6行第2列的金额。

8. 第12列“可结转以后年度抵免的税额”：填报第4－10－11列的余额。

9. 第7行第11列“本年实际抵免税额合计”：填报第11列第1+2+…+6

行的合计金额。

10. 第8行第12列“可结转以后年度抵免的税额合计”：填报第12列第2+3+⋯+6行的合计金额。

11. 第9行“本年允许抵免的环境保护专用设备投资额”：填报纳税人本年购置并实际使用《环境保护专用设备企业所得税优惠目录》规定的环境保护专用设备的发票价税合计价格，但不包括允许抵扣的增值税进项税额、按有关规定退还的增值税税款以及设备运输、安装和调试等费用。

12. 第10行“本年允许抵免节能节水的专用设备投资额”：填报纳税人本年购置并实际使用《节能节水专用设备企业所得税优惠目录》规定的节能节水等专用设备的发票价税合计价格，但不包括允许抵扣的增值税进项税额、按有关规定退还的增值税税款以及设备运输、安装和调试等费用。

13. 第11行“本年允许抵免的安全生产专用设备投资额”：填报纳税人本年购置并实际使用《安全生产专用设备企业所得税优惠目录》规定的安全生产等专用设备的发票价税合计价格，但不包括允许抵扣的增值税进项税额、按有关规定退还的增值税税款以及设备运输、安装和调试等费用。

二、表内、表间关系

1. 表内关系：

（1）第4列=第3列×10%。

（2）第10列=第5+6+⋯+9列。

（3）第11列≤第4－10列。

（4）第12列=第4－10－11列。

（5）第6行第3列=第9+10+11行。

（6）第7行第11列=第11列第1+2+⋯+6行。

（7）第8行第12列=第12列第2+3+⋯+6行。

2. 表间关系：

（1）第7行第11列≤表A100000第25－26行。

（2）第7行第11列=表A100000第27行。

（3）第2列=表A100000第25行－表A100000第26行。

2014、2015和2016年度：第2列＝“中华人民共和国企业所得税年度纳税申报表（A类）”（2014年版）第25－26行。

三、相关政策

1.《中华人民共和国企业所得税法》（中华人民共和国主席令第63号）。

2.《中华人民共和国企业所得税法实施条例》（中华人民共和国国务院令第512号）。

3.《财政部　国家税务总局关于执行环境保护专用设备企业所得税优惠目录、节能 节水专用设备企业所得税优惠目录和安全生产专用设备企业所得税优惠目录有关问题的通知》（财税〔2008〕48号）。

4.《财政部　国家税务总局　国家发展改革委关于公布节能节水专用设备企业所得税优惠目录（2008年版）和环境保护专用设备企业所得税优惠目录（2008年版）的通知》（财税〔2008〕115号）。

5.《财政部　国家税务总局　安全监管总局关于公布〈安全生产专用设备企业所得税优惠目录（2008年版）〉的通 知》（财税〔2008〕118号）。

6.《财政部　国家税务总局关于执行企业所得税优惠政策若干问题的通知》（财税〔2009〕69号）。

7.《国家税务总局关于环境保护　节能节水　安全生产等专用设备投资抵免企业所得税有关问题的通知》（国税函〔2010〕256号）。

8.《财政部　税务总局　国家发展改革委　工业和信息化部　环境保护部关于印发节能节水和环境保护专用设备企业所得税优惠目录（2017年版）的通知》（财税〔2017〕71号）。

9.《财政部　税务总局　应急管理部〈关于印发安全生产专用设备企业所得税优惠目录（2018年版）〉的通知》（财税〔2018〕84号）。

第七章

境外所得税收抵免相关项目明细表

第一节　境外所得税收抵免明细表（A108000）

“境外所得税收抵免明细表”（A108000）适用于取得境外所得的纳税人填报，如表7-1所示。纳税人应根据《中华人民共和国企业所得税法》（中华人民共和国主席令第六十三号）、《财政部　国家税务总局关于企业境外所得税收抵免有关问题的通知》（财税〔2009〕125号）、《国家税务总局关于发布〈企业境外所得税收抵免操作指南〉的公告》（国家税务总局公告2010年第1号）、《财政部　国家税务总局关于我国石油企业从事油（气）资源开采所得税收抵免有关问题的通知》（财税〔2011〕23号）、《财政部　税务总局关于完善企业境外所得税收抵免政策问题的通知》（财税〔2017〕84号）等规定，填报本年来源于或发生于其他国家、地区的所得按照税收规定计算应缴纳和应抵免的企业所得税。

表 7－1　A108000

境外所得税收抵免明细表

行次	国家（地区）	境外税前所得	境外所得纳税调整后所得	弥补境外以前年度亏损	境外应纳税所得额	抵减境内亏损	抵减境内亏损后的境外应纳税所得额	税率	境外所得应纳税额	境外所得可抵免税额	境外所得抵免限额	本年可抵免境外所得税额	未超过境外所得税抵免限额的余额	本年可抵免以前年度未抵免境外所得税额	按简易办法计算				境外所得抵免所得税额合计
															按低于12.5%的实际税率计算的抵免额	按12.5%计算的抵免额	按25%计算的抵免额	小计	
	1	2	3	4	5（3－4）	6	7（5－6）	8	9（7×8）	10	11	12	13（11－12）	14	15	16	17	18（15＋16＋17）	19（12＋14＋18）
1																			
2																			
3																			
4																			
5																			
6																			
7																			
8																			
9																			
10	合计																		

一、项目填报说明

（一）行次填报：

纳税人若选择“分国（地区）不分项”的境外所得抵免方式，应根据“境外所得纳税调整后所得明细表”（A108010）、“境外分支机构弥补亏损明细表”（A108020）、“跨年度结转抵免境外所得税明细表”（A108030）分国（地区）别逐行填报本表。纳税人若选择“不分国（地区）不分项”的境外所得抵免方式，应按照税收规定计算可抵免境外所得税税额和抵免限额，并根据表 A108010、表 A108020、表 A108030 的合计金额填报本表第 1 行。

（二）列次填报：

1. 第 1 列“国家（地区）”：纳税人若选择“分国（地区）不分项”的境外所得抵免方式，填报纳税人境外所得来源的国家（地区）名称，来源于同一国家（地区）的境外所得合并到一行填报；纳税人若选择“不分国（地区）不分项”的境外所得抵免方式，无须填报。

2. 第 2 列“境外税前所得”：填报表 A108010 第 14 列的金额。

3. 第 3 列“境外所得纳税调整后所得”：填报表 A108010 第 18 列的金额。

4. 第 4 列“弥补境外以前年度亏损”：填报表 A108020 第 4 + 8 列的合计金额。

5. 第 5 列“境外应纳税所得额”：填报第 3 − 4 列的余额。当第 3 − 4 列 < 0 时，本列填报 0。

6. 第 6 列“抵减境内亏损”：当纳税人选择用境外所得抵减弥补境内亏损时，填报纳税人境外所得按照税收规定抵减境内的亏损额（包括抵减的当年度境内亏损额和弥补的以前年度境内亏损额）；当纳税人选择不用境外所得抵减弥补境内亏损时，填报 0。

7. 第 7 列“抵减境内亏损后的境外应纳税所得额”：填报第 5 − 6 列金额。

8. 第 8 列“税率”：填报法定税率 25%。符合《财政部　国家税务总局关于高新技术企业境外所得适用税率及税收抵免问题的通知》（财税〔2011〕47 号）第一条规定的高新技术企业填报 15%。

9. 第 9 列“境外所得应纳税额”：填报第 7 ×8 列金额。

10. 第 10 列“境外所得可抵免税额”：填报表 A108010 第 13 列金额。

11. 第 11 列“境外所得抵免限额”：境外所得抵免限额按以下公式计算：

抵免限额 = 中国境内、境外所得依照企业所得税法和条例的规定计算的应纳税总额 × 来源于某国（地区）的应纳税所得额 ÷ 中国境内、境外应纳税所得总额。

12. 第 12 列“本年可抵免境外所得税额”：填报纳税人本年来源于境外的所得已缴纳所得税在本年度允许抵免的金额。按第 10 列、第 11 列孰小值填报。

13. 第 13 列“未超过境外所得税抵免限额的余额”：填报纳税人本年在抵免限额内抵免完境外所得税后有余额的，可用于抵免以前年度结转的待抵免的所得税额。按第 11 – 12 列金额填报。

14. 第 14 列“本年可抵免以前年度未抵免境外所得税额”：填报纳税人本年可抵免以前年度未抵免、结转到本年度抵免的境外所得税额，按表 A108030 第 13 列金额填报。

15. 第 15 列至第 18 列由选择简易办法计算抵免额的纳税人填报。

（1）第 15 列“按低于 12.5% 的实际税率计算的抵免额”：纳税人从境外取得营业利润所得以及符合境外税额间接抵免条件的股息所得，所得来源国（地区）的实际有效税率低于 12.5% 的，填报按照实际有效税率计算的抵免额。

（2）第 16 列“按 12.5% 计算的抵免额”：纳税人从境外取得营业利润所得以及符合境外税额间接抵免条件的股息所得，除第 15 列情形外，填报按照 12.5% 计算的抵免额。

（3）第 17 列“按 25% 计算的抵免额”：纳税人从境外取得营业利润所得以及符合境外税额间接抵免条件的股息所得，所得来源国（地区）的实际有效税率高于 25% 的，填报按照 25% 计算的抵免额。

16. 第 19 列“境外所得抵免所得税额合计”：填报第 12 + 14 + 18 列金额。

二、表内、表间关系

1. 表内关系：

（1）第 5 列 = 第 3 - 4 列，当第 3 - 4 列 <0 时，本列 = 0。

（2）第 6 列≤第 5 列。

（3）第 7 列 = 第 5 - 6 列。

（4）第 9 列 = 第 7 × 8 列。

（5）第 12 列 = 第 10 列、第 11 列孰小值。

（6）第 13 列 = 第 11 - 12 列。

（7）第 14 列≤第 13 列。

（8）第 18 列 = 第 15 + 16 + 17 列。

（9）第 19 列 = 第 12 + 14 + 18 列。

2. 表间关系：

（1）若选择“分国（地区）不分项”的境外所得抵免方式，第 2 列各行 = 表 A108010 第 14 列相应行次；若选择“不分国（地区）不分项”的境外所得抵免方式，第 1 行第 2 列 = 表 A108010 第 14 列合计。

（2）若选择“分国（地区）不分项”的境外所得抵免方式，第 3 列各行 = 表 A108010 第 18 列相应行次；若选择“不分国（地区）不分项”的境外所得抵免方式，第 1 行第 3 列 = 表 A108010 第 18 列合计。

（3）若选择“分国（地区）不分项”的境外所得抵免方式，第 4 列各行 = 表 A108020 第 4 列相应行次 + 第 8 列相应行次；若选择“不分国（地区）不分项”的境外所得抵免方式，第 1 行第 4 列 = 表 A108020 第 4 列合计 + 第 8 列合计。

（4）若选择“分国（地区）不分项”的境外所得抵免方式，第 6 列合计≤第 5 列合计、表 A106000 第 8 列第 1 行至第 10 行合计 + 表 A100000 第 18 行的孰小值；若选择“不分国（地区）不分项”的境外所得抵免方式，第 1 行第 6 列≤第 1 行第 5 列、表 A106000 第 8 列第 1 行至第 10 行合计 + 表 A100000 第 18 行的孰小值。

（5）第 9 列合计 = 表 A100000 第 29 行。

（6）若选择“分国（地区）不分项”的境外所得抵免方式，第10列各行=表A108010第13列相应行次；若选择“不分国（地区）不分项”的境外所得抵免方式，第1行第10列=表A108010第13列合计。

（7）若选择“分国（地区）不分项”的境外所得抵免方式，第14列各行=表A108030第13列相应行次；若选择“不分国（地区）不分项”的境外所得抵免方式，第1行第14列=表A108030第13列合计。

（8）第19列合计=表A100000第30行。

三、相关政策

1.《中华人民共和国企业所得税法》（中华人民共和国主席令第63号）。

2.《中华人民共和国企业所得税法实施条例》（中华人民共和国国务院令第512号）。

3.《财政部　国家税务总局关于企业境外所得税收抵免有关问题的通知》（财税〔2009〕125号）。

4.《国家税务总局关于发布〈企业境外所得税收抵免操作指南〉的公告》（国家税务总局公告2010年第1号）。

5.《财政部　国家税务总局关于我国石油企业从事油（气）资源开采所得税收抵免有关问题的通知》（财税〔2011〕23号）。

6.《财政部　税务总局关于完善企业境外所得税收抵免政策问题的通知》（财税〔2017〕84号）。

第二节　境外所得纳税调整后所得明细表（A108010）

“境外所得纳税调整后所得明细表”（A108010）适用于取得境外所得的纳税人填报，如表7-2所示。纳税人应根据税法、《财政部　国家税务总局关于企业境外所得税收抵免有关问题的通知》（财税〔2009〕125号）和《国家税务总局关于发布〈企业境外所得税收抵免操作指南〉的公告》（国家税

表 7－2　A108010　　境外所得纳税调整后所得明细表

行次	国家（地区）	境外税后所得								境外所得可抵免的所得税额				境外税前所得	境外分支机构收入与支出纳税调整额	境外分支机构调整分摊扣除的有关成本费用	境外所得对应调整的相关成本费用支出	境外所得纳税调整后所得
		分支机构营业利润所得	股息、红利等权益性投资所得	利息所得	租金所得	特许权使用费所得	财产转让所得	其他所得	小计	直接缴纳的所得税额	间接负担的所得税额	享受税收饶让抵免税额	小计					
	1	2	3	4	5	6	7	8	9（2＋…＋8）	10	11	12	13（10＋11＋12）	14（9＋10＋11）	15	16	17	18（14＋15－16－17）
1																		
2																		
3																		
4																		
5																		
6																		
7																		
8																		
9																		
10	合计																	

务总局公告 2010 年第 1 号）、《财政部　国家税务总局关于我国石油企业从事油（气）资源开采所得税收抵免有关问题的通知》（财税〔2011〕23 号）、《财政部　税务总局关于完善企业境外所得税收抵免政策问题的通知》（财税〔2017〕84 号）规定，填报本年来源于或发生于不同国家、地区的所得按照税收规定计算的境外所得纳税调整后所得。对于境外所得税收抵免方式选择“不分国（地区）不分项”的纳税人，也应按照规定计算可抵免境外所得税税额，并按国（地区）别逐行填报。

一、项目填报说明

1. 第 1 列“国家（地区）”：填报纳税人境外所得来源的国家（地区）名称，来源于同一个国家（地区）的境外所得可合并到一行填报。

2. 第 2 列至第 9 列“境外税后所得”：填报纳税人取得的来源于境外的税后所得，包含已计入利润总额以及按照税法相关规定已在《纳税调整项目明细表》（A105000）进行纳税调整的境外税后所得。

3. 第 10 列“直接缴纳的所得税额”：填报纳税人来源于境外的营业利润所得在境外所缴纳的企业所得税，以及就来源于或发生于境外的股息、红利等权益性投资所得、利息、租金、特许权使用费、财产转让等所得在境外被源泉扣缴的预提所得税。

4. 第 11 列“间接负担的所得税额”：填报纳税人从其直接或者间接控制的外国企业分得的来源于中国境外的股息、红利等权益性投资收益，外国企业在境外实际缴纳的所得税额中属于该项所得负担的部分。

5. 第 12 列“享受税收饶让抵免税额”：填报纳税人从与我国政府订立税收协定（或安排）的国家（地区）取得的所得，按照该国（地区）税收法律享受了免税或减税待遇，且该免税或减税的数额按照税收协定应视同已缴税额的金额。

6. 第 15 列“境外分支机构收入与支出纳税调整额”：填报纳税人境外分支机构收入、支出按照税收规定计算的纳税调整额。

7. 第 16 列“境外分支机构调整分摊扣除的有关成本费用”：填报纳税人境外分支机构应合理分摊的总部管理费等有关成本费用，同时在“纳税调整项目明细表”（A105000）进行纳税调增。

8. 第 17 列“境外所得对应调整的相关成本费用支出”：填报纳税人实际发生与取得境外所得有关但未直接计入境外所得应纳税所得的成本费用支出，同时在“纳税调整项目明细表”（A105000）进行纳税调增。

9. 第 18 列“境外所得纳税调整后所得”：填报第 14 + 15 − 16 − 17 列的金额。

二、表内、表间关系

1. 表内关系：

（1）第 9 列 = 第 2 + 3 + … + 8 列。

（2）第 13 列 = 第 10 + 11 + 12 列。

（3）第 14 列 = 第 9 + 10 + 11 列。

（4）第 18 列 = 第 14 + 15 − 16 − 17 列。

2. 表间关系：

（1）若选择“分国（地区）不分项”的境外所得抵免方式，第 13 列各行 = 表 A108000 第 10 列相应行次；若选择“不分国（地区）不分项”的境外所得抵免方式，第 13 列合计 = 表 A108000 第 1 行第 10 列。

（2）若选择“分国（地区）不分项”的境外所得抵免方式，第 14 列各行 = 表 A108000 第 2 列相应行次；若选择“不分国（地区）不分项”的境外所得抵免方式，第 14 列合计 = 表 A108000 第 1 行第 2 列。

（3）第 14 列合计 − 第 11 列合计 = 表 A100000 第 14 行。

（4）第 16 列合计 + 第 17 列合计 = 表 A105000 第 28 行第 3 列。

（5）若选择“分国（地区）不分项”的境外所得抵免方式，第 18 列相应行次 = 表 A108000 第 3 列相应行次；若选择“不分国（地区）不分项”的境外所得抵免方式，第 18 列合计 = 表 A108000 第 1 行第 3 列。

三、相关政策

1.《中华人民共和国企业所得税法》（中华人民共和国主席令第 63 号）。

2.《中华人民共和国企业所得税法实施条例》（中华人民共和国国务院令第 512 号）。

3.《财政部　国家税务总局关于企业境外所得税收抵免有关问题的通知》（财税〔2009〕125 号）。

4.《国家税务总局关于发布〈企业境外所得税收抵免操作指南〉的公告》（国家税务总局公告 2010 年第 1 号）。

5.《财政部　国家税务总局关于我国石油企业从事油（气）资源开采所得税收抵免有关问题的通知》（财税〔2011〕23 号）。

6.《财政部　税务总局关于完善企业境外所得税收抵免政策问题的通知》（财税〔2017〕84 号）。

第三节　境外分支机构弥补亏损明细表（A108020）

“境外分支机构弥补亏损明细表”（A108020）适用于取得境外所得的纳税人填报，如表 7－3 所示。纳税人应根据《中华人民共和国企业所得税法》（中华人民共和国主席令第六十三号）、《财政部　国家税务总局关于企业境外所得税收抵免有关问题的通知》（财税〔2009〕125 号）、《国家税务总局关于发布〈企业境外所得税收抵免操作指南〉的公告》（国家税务总局公告 2010 年第 1 号）、《财政部　国家税务总局关于我国石油企业从事油（气）资源开采所得税收抵免有关问题的通知》（财税〔2011〕23 号）、《财政部　税务总局关于完善企业境外所得税收抵免政策问题的通知》（财税〔2017〕84 号）、《财政部　税务总局关于延长高新技术企业和科技型中小企业亏损结转年限的通知》（财税〔2018〕76 号）、《国家税务总局关于延长高新技术企业和科技型中小企业亏损结转弥补年限有关企业所得税处理问题的公告》（国家税务总局公告 2018 年第 45 号）规定，填报境外分支机构本年及以前年度发生的税前尚未弥补的非实际亏损额和实际亏损额、结转以后年度弥补的非实际亏损额和实际亏损额，并按国（地区）别逐行填报。

表7－3 A108020 **境外分支机构弥补亏损明细表**

行次	国家（地区）	非实际亏损额的弥补				实际亏损额的弥补			
		以前年度结转尚未弥补的非实际亏损额	本年发生的非实际亏损额	本年弥补的以前年度非实际亏损额	结转以后年度弥补的非实际亏损额	以前年度结转尚未弥补的实际亏损额	本年发生的实际亏损额	本年弥补的以前年度实际亏损额	结转以后年度弥补的实际亏损额
	1	2	3	4	5（2＋3－4）	6	7	8	9
1									
2									
3									
4									
5									
6									
7									
8									
9									
10	合计								

一、项目填报说明

纳税人选择“分国（地区）不分项”的境外所得抵免方式，在汇总计算境外应纳税所得额时，企业在境外同一国家（地区）设立不具有独立纳税地位的分支机构，按照企业所得税法及实施条例的有关规定计算的亏损，不得抵减其境内或他国（地区）的应纳税所得额，但可以用同一国家（地区）其他项目或以后年度的所得按规定弥补。纳税人选择“不分国（地区）不分项”的境外所得抵免方式，按照财税〔2017〕84 号规定按国（地区）别逐行填报。在填报本表时，应按照国家税务总局公告 2010 年第 1 号第三条等有关规定，分析填报企业的境外分支机构发生的实际亏损额和非实际亏损额及其弥补、结转的金额。

1. 第 1 列“国家（地区）”：填报纳税人境外所得来源的国家（地区）名称，来源于同一国家（地区）的境外所得合并到一行填报。

2. 第 2 列至第 5 列“非实际亏损额的弥补”：填报纳税人境外分支机构非实际亏损额未弥补金额、本年发生的金额、本年弥补的金额、结转以后年度弥补的金额。

3. 第 6 列至第 9 列“实际亏损额的弥补”：填报纳税人境外分支机构实际亏损额弥补金额。

二、表内、表间关系

1. 表内关系：

第 5 列 = 第 2 + 3 − 4 列。

2. 表间关系：

若选择“分国（地区）不分项”的境外所得抵免方式，第 4 列各行 + 第 8 列各行 = 表 A108000 第 4 列相应行次；若选择“不分国（地区）不分项”的境外所得抵免方式，第 4 列合计 + 第 8 列合计 = 表 A108000 第 1 行第 4 列。

三、相关政策

1.《中华人民共和国企业所得税法》（中华人民共和国主席令第63号）。

2.《中华人民共和国企业所得税法实施条例》（中华人民共和国国务院令第512号）。

3.《财政部　国家税务总局关于企业境外所得税收抵免有关问题的通知》（财税〔2009〕125号）。

4.《国家税务总局关于发布〈企业境外所得税收抵免操作指南〉的公告》（国家税务总局公告2010年第1号）。

5.《财政部　国家税务总局关于我国石油企业从事油（气）资源开采所得税收抵免有关问题的通知》（财税〔2011〕23号）。

6.《财政部　税务总局关于完善企业境外所得税收抵免政策问题的通知》（财税〔2017〕84号）。

7.《财政部　税务总局关于延长高新技术企业和科技型中小企业亏损结转年限的通知》（财税〔2018〕76号）。

8.《国家税务总局关于延长高新技术企业和科技型中小企业亏损结转弥补年限有关企业所得税处理问题的公告》（国家税务总局公告2018年第45号）。

第四节　跨年度结转抵免境外所得税明细表（A108030）

“跨年度结转抵免境外所得税明细表”（A108030）适用于取得境外所得的纳税人填报，如表7－4所示。纳税人应根据《中华人民共和国企业所得税法》（中华人民共和国主席令第六十三号）、《财政部　国家税务总局关于企业境外所得税收抵免有关问题的通知》（财税〔2009〕125号）、《国家税务总局关于发布〈企业境外所得税收抵免操作指南〉的公告》（国家税务总局公

表 7-4　A108030

跨年度结转抵免境外所得税明细表

行次	国家（地区）	前五年境外所得已缴所得税未抵免余额						本年实际抵免以前年度未抵免的境外已缴所得税额						结转以后年度抵免的境外所得已缴所得税额					
		前五年	前四年	前三年	前二年	前一年	小计	前五年	前四年	前三年	前二年	前一年	小计	前四年	前三年	前二年	前一年	本年	小计
	1	2	3	4	5	6	7（2+…+6）	8	9	10	11	12	13（8+…+12）	14（3-9）	15（4-10）	16（5-11）	17（6-12）	18	19（14+…+18）
1																			
2																			
3																			
4																			
5																			
6																			
7																			
8																			
9																			
10	合计																		

告 2010 年第 1 号)、《财政部　国家税务总局关于我国石油企业从事油（气）资源开采所得税收抵免有关问题的通知》（财税〔2011〕23 号)、《财政部　税务总局关于完善企业境外所得税收抵免政策问题的通知》（财税〔2017〕84 号）规定，填报本年发生的来源于不同国家或地区的境外所得按照我国税收法律、法规的规定可以抵免的所得税额，并按国（地区）别逐行填报。

一、项目填报说明

1. 第 2 列至第 7 列“前五年境外所得已缴所得税未抵免余额”：填报纳税人前五年境外所得已缴纳的企业所得税尚未抵免的余额。

2. 第 8 列至第 13 列“本年实际抵免以前年度未抵免的境外已缴所得税额”：填报纳税人用本年未超过境外所得税款抵免限额的余额抵免以前年度未抵免的境外已缴所得税额。

3. 第 14 列至第 19 列“结转以后年度抵免的境外所得已缴所得税额”：填报纳税人以前年度和本年未能抵免并结转以后年度抵免的境外所得已缴所得税额。

二、表内、表间关系

1. 表内关系：

（1）第 7 列 = 第 2 + 3 + … + 6 列。

（2）第 13 列 = 第 8 + 9 + … + 12 列。

（3）第 19 列 = 第 14 + 15 + … + 18 列。

2. 表间关系：

（1）若选择“分国（地区）不分项”的境外所得抵免方式，第 13 列各行 = 表 A108000 第 14 列相应行次；若选择“不分国（地区）不分项”的境外所得抵免方式，第 13 列合计 = 表 A108000 第 1 行第 14 列。

（2）若选择“分国（地区）不分项”的境外所得抵免方式，第 18 列各行 = 表 A108000 第 10 列相应行次 − 第 12 列相应行次（当表 A108000 第 10 列相应行次大于第 12 列相应行次时填报）；若选择“不分国（地区）不分项”

的境外所得抵免方式，第18列合计=表A108000第1行第10列-第1行第12列（当表A108000第1行第10列次大于第1行第12列时填报）。

三、相关政策

1.《中华人民共和国企业所得税法》（中华人民共和国主席令第63号）。

2.《中华人民共和国企业所得税法实施条例》（中华人民共和国国务院令第512号）。

3.《财政部　国家税务总局关于企业境外所得税收抵免有关问题的通知》（财税〔2009〕125号）。

4.《国家税务总局关于发布〈企业境外所得税收抵免操作指南〉的公告》（国家税务总局公告2010年第1号）。

5.《财政部　国家税务总局关于我国石油企业从事油（气）资源开采所得税收抵免有关问题的通知》（财税〔2011〕23号）。

（6）《财政部　税务总局关于完善企业境外所得税收抵免政策问题的通知》（财税〔2017〕84号）。

第八章

跨地区经营汇总纳税相关项目明细表

第一节　跨地区经营汇总纳税企业年度分摊企业所得税明细表（A109000）

“跨地区经营汇总纳税企业年度分摊企业所得税明细表”（A109000）适用于跨地区经营汇总纳税的纳税人填报，如表8－1所示。纳税人应根据《中华人民共和国企业所得税法》（中华人民共和国主席令第六十三号）、《财政部　国家税务总局　中国人民银行关于印发〈跨省市总分机构企业所得税分配及预算管理办法〉的通知》（财预〔2012〕40号）、《国家税务总局关于印发〈跨地区经营汇总纳税企业所得税征收管理办法〉的公告》（国家税务总局公告2012年第57号）规定计算企业每一纳税年度应缴的企业所得税、总机构和分支机构应分摊的企业所得税。仅在同一省（自治区、直辖市和计划单列市）内设立不具有法人资格分支机构的汇总纳税企业，省（自治区、直辖市和计划单列市）参照上述文件规定制定企业所得税分配管理办法的，按照其规定填报本表。

表8-1 A109000 跨地区经营汇总纳税企业年度分摊企业所得税明细表

行次	项目	金额
1	一、实际应纳所得税额	
2	减：境外所得应纳所得税额	
3	加：境外所得抵免所得税额	
4	二、用于分摊的本年实际应纳所得税额（1-2+3）	
5	三、本年累计已预分、已分摊所得税额（6+7+8+9）	
6	（一）总机构直接管理建筑项目部已预分所得税额	
7	（二）总机构已分摊所得税额	
8	（三）财政集中已分配所得税额	
9	（四）分支机构已分摊所得税额	
10	其中：总机构主体生产经营部门已分摊所得税额	
11	四、本年度应分摊的应补（退）的所得税额（4-5）	
12	（一）总机构分摊本年应补（退）的所得税额（11×总机构分摊比例）	
13	（二）财政集中分配本年应补（退）的所得税额（11×财政集中分配比例）	
14	（三）分支机构分摊本年应补（退）的所得税额（11×分支机构分摊比例）	
15	其中：总机构主体生产经营部门分摊本年应补（退）的所得税额(11×总机构主体生产经营部门分摊比例)	
16	五、境外所得抵免后的应纳所得税额（2-3）	
17	六、总机构本年应补（退）所得税额（12+13+15+16）	

一、项目填报说明

1. 第1行“实际应纳所得税额”：填报表A100000第31行的金额。

2. 第2行“境外所得应纳所得税额”：填报表A100000第29行的金额。

3. 第3行“境外所得抵免所得税额”：填报表A100000第30行的金额。

4. 第4行“用于分摊的本年实际应纳所得税额”：填报第1-2+3行的金额。

5. 第5行“本年累计已预分、已分摊所得税额”：填报企业按照税收规定计算的分支机构本年累计已分摊的所得税额、建筑企业总机构直接管理的跨地区项目部本年累计已预分并就地预缴的所得税额。填报第6+7+8+9行的合计金额。

6. 第6行“总机构直接管理建筑项目部已预分所得税额”：填报建筑企业总机构按照规定在预缴纳税申报时，向其总机构直接管理的项目部所在地按照项目收入的0.2%预分的所得税额。

7. 第7行“总机构已分摊所得税额”：填报企业在预缴申报时已按照规定比例计算缴纳的由总机构分摊的所得税额。

8. 第8行“财政集中已分配所得税额”：填报企业在预缴申报时已按照规定比例计算缴纳的由财政集中分配的所得税额。

9. 第9行“分支机构已分摊所得税额”：填报企业在预缴申报时已按照规定比例计算缴纳的由所属分支机构分摊的所得税额。

10. 第10行“其中：总机构主体生产经营部门已分摊所得税额”：填报企业在预缴申报时已按照规定比例计算缴纳的由总机构主体生产经营部门分摊的所得税额。

11. 第11行“本年度应分摊的应补（退）的所得税额”：填报企业本年度应补（退）的所得税额，不包括境外所得应纳所得税额。填报第4－5行的余额。

12. 第12行“总机构分摊本年应补（退）的所得税额”：填报第11行×总机构分摊比例后的金额。

13. 第13行“财政集中分配本年应补（退）的所得税额”：填报第11行×财政集中分配比例后的金额。

14. 第14行“分支机构分摊本年应补（退）的所得税额”：填报第11行×分支机构分摊比例后的金额。

15. 第15行“其中：总机构主体生产经营部门分摊本年应补（退）的所得税额”：填报第11行×总机构主体生产经营部门分摊比例后的金额。

16. 第16行“境外所得抵免后的应纳所得税额”：填报第2－3行的余额。

17. 第17行“总机构本年应补（退）所得税额”：填报第12＋13＋15＋16行的合计金额。

二、表内、表间关系

1. 表内关系：

（1）第4行＝第1－2＋3行。

（2）第5行＝第6＋7＋8＋9行。

（3）第11行＝第4－5行。

（4）第12行＝第11行×总机构分摊比例。

（5）第13行=第11行×财政集中分配比例。

（6）第14行=第11行×分支机构分摊比例。

（7）第15行=第11行×总机构主体生产经营部门分摊比例。

（8）第16行=第2-3行。

（9）第17行=第12+13+15+16行。

2. 表间关系：

（1）第1行=表A10000第31行。

（2）第2行=表A10000第29行。

（3）第3行=表A10000第30行。

（4）第5行=表A10000第32行。

（5）第12+16行=表A10000第34行。

（6）第13行=表A100000第35行。

（7）第15行=表A10000第36行。

三、相关政策

1.《中华人民共和国企业所得税法》（中华人民共和国主席令第63号）。

2.《中华人民共和国企业所得税法实施条例》（中华人民共和国国务院令第512号）。

3.《财政部　国家税务总局　中国人民银行关于印发〈跨省市总分机构企业所得税分配及预算管理办法〉的通知》（财预〔2012〕40号）。

4.《国家税务总局关于印发〈跨地区经营汇总纳税企业所得税征收管理办法〉的公告》（国家税务总局公告2012年第57号）。

第二节　企业所得税汇总纳税分支机构所得税分配表（A109010）

“企业所得税汇总纳税分支机构所得税分配表”（A109010）适用于跨地区经营汇总纳税的总机构填报，如表8-2所示。纳税人应根据《中华人民共

表 8－2　A109010　企业所得税汇总纳税分支机构所得税分配表

税款所属期间：　　年　月　日至　　年　月　日

总机构名称（盖章）：

总机构统一社会信用代码（纳税人识别号）：　　　　金额单位：元（列至角分）

<table>
<tr><td colspan="2">应纳所得税额</td><td>总机构分摊所得税额</td><td colspan="3">总机构财政集中分配所得税额</td><td colspan="2">分支机构分摊所得税额</td></tr>
<tr><td colspan="2"></td><td></td><td colspan="3"></td><td colspan="2"></td></tr>
<tr><td rowspan="16">分支机构情况</td><td rowspan="2">分支机构统一社会信用代码（纳税人识别号）</td><td rowspan="2">分支机构名称</td><td colspan="3">三项因素</td><td rowspan="2">分配比例</td><td rowspan="2">分配所得税额</td></tr>
<tr><td>营业收入</td><td>职工薪酬</td><td>资产总额</td></tr>
<tr><td></td><td></td><td></td><td></td><td></td><td></td><td></td></tr>
<tr><td></td><td></td><td></td><td></td><td></td><td></td><td></td></tr>
<tr><td></td><td></td><td></td><td></td><td></td><td></td><td></td></tr>
<tr><td></td><td></td><td></td><td></td><td></td><td></td><td></td></tr>
<tr><td></td><td></td><td></td><td></td><td></td><td></td><td></td></tr>
<tr><td></td><td></td><td></td><td></td><td></td><td></td><td></td></tr>
<tr><td></td><td></td><td></td><td></td><td></td><td></td><td></td></tr>
<tr><td></td><td></td><td></td><td></td><td></td><td></td><td></td></tr>
<tr><td></td><td></td><td></td><td></td><td></td><td></td><td></td></tr>
<tr><td></td><td></td><td></td><td></td><td></td><td></td><td></td></tr>
<tr><td></td><td></td><td></td><td></td><td></td><td></td><td></td></tr>
<tr><td></td><td></td><td></td><td></td><td></td><td></td><td></td></tr>
<tr><td></td><td></td><td></td><td></td><td></td><td></td><td></td></tr>
<tr><td>合计</td><td></td><td></td><td></td><td></td><td></td><td></td></tr>
</table>

和国企业所得税法》（中华人民共和国主席令第六十三号）、《财政部 国家税务 总局中国人民银行关于印发〈跨省市总分机构企业所得税分配及预算管理办法〉的通知》（财预〔2012〕40号）、《国家税务总局关于印发〈跨地区经营汇总纳税企业所得税征收管理办法〉的公告》（国家税务总局公告2012年第57号）规定计算总分机构每一纳税年度应缴的企业所得税额、总机构和分支机构应分摊的企业所得税额。对于仅在同一省（自治区、直辖市和计划单列市）内设立不具有法人资格分支机构的企业，根据本省（自治区、直辖市和计划单列市）汇总纳税分配办法在总机构和各分支机构分配企业所得税额的，填报本表。

一、项目填报说明

1. "税款所属时期"：填报公历1月1日至12月31日。

2. "总机构名称""分支机构名称"：填报营业执照、税务登记证等证件载明的纳税人名称。

3. "总机构统一社会信用代码（纳税人识别号）""分支机构统一社会信用代码（纳税人识别号）"：填报工商等部门核发的纳税人统一社会信用代码。未取得统一社会信用代码的，填报税务机关核发的纳税人识别号。

4. "应纳所得税额"：填报企业汇总计算的、且不包括境外所得应纳所得税额的本年应补（退）的所得税额。数据来源于"跨地区经营汇总纳税企业年度分摊企业所得税明细表"（A109000）第11行"本年度应分摊的应补（退）所得税额"。

5. "总机构分摊所得税额"：对于跨省（自治区、直辖市、计划单列市）经营汇总纳税企业，填报企业本年应补（退）所得税额×25%后的金额；对于同一省（自治区、直辖市、计划单列市）内跨地区经营汇总纳税企业，填报企业本年应补（退）所得税额×规定比例后的金额。

6. "总机构财政集中分配所得税额"：对于跨省（自治区、直辖市、计划单列市）经营汇总纳税企业，填报企业本年应补（退）所得税额×25%后的金额；对于同一省（自治区、直辖市、计划单列市）内跨地区经营汇总纳税企业，填报企业本年应补（退）所得税额×规定比例后的金额。

7. “分支机构分摊所得税额”：对于跨省（自治区、直辖市、计划单列市）经营汇总纳税企业，填报企业本年应补（退）的所得税额×50%后的金额；对于同一省（自治区、直辖市、计划单列市）内跨地区经营汇总纳税企业，填报企业本年应补（退）所得税额×规定比例后的金额。

8. “营业收入”：填报上一年度各分支机构销售商品、提供劳务、让渡资产使用权等日常经营活动实现的全部收入的合计额。

9. “职工薪酬”：填报上一年度各分支机构为获得职工提供的服务而给予各种形式的报酬以及其他相关支出的合计额。

10. “资产总额”：填报上一年度各分支机构在经营活动中实际使用的应归属于该分支机构的资产合计额。

11. “分配比例”：填报经总机构所在地主管税务机关审核确认的各分支机构分配比例，分配比例应保留小数点后十位。

12. “分配所得税额”：填报分支机构按照分支机构分摊所得税额乘以相应的分配比例的金额。

13. “合计”：填报上一年度各分支机构的营业收入总额、职工薪酬总额和资产总额三项因素的合计金额及本年各分支机构分配比例和分配税额的合计金额。

二、表内、表间关系

1. 表内关系：

（1）总机构分摊所得税额＝应纳所得税额×总机构分摊比例。

（2）总机构财政集中分配所得税额＝应纳所得税额×财政集中分配比例。

（3）分支机构分摊所得税额＝应纳所得税额×分支机构分摊比例。

（4）分支机构分配比例＝（该分支机构营业收入÷分支机构营业收入合计）×35%＋（该分支机构职工薪酬÷分支机构职工薪酬合计）×35%＋（该分支机构资产总额÷分支机构资产总额合计）×30%。

（5）分支机构分配所得税额＝分支机构分摊所得税额×该分支机构分配比例。

2. 表间关系：

应纳所得税额 = 表 A109000 第 11 行。

三、相关政策

1.《中华人民共和国企业所得税法》（中华人民共和国主席令第 63 号）。

2.《中华人民共和国企业所得税法实施条例》（中华人民共和国国务院令第 512 号）。

3.《财政部　国家税务总局　中国人民银行关于印发〈跨省市总分机构企业所得税分配及预算管理办法〉的通知》（财预〔2012〕40 号）。

4.《国家税务总局关于印发〈跨地区经营汇总纳税企业所得税征收管理办法〉的公告》（国家税务总局公告 2012 年第 57 号）。

第九章

企业所得税前扣除凭证

第一节 税前扣除凭证管理

一、税前扣除凭证的定义及种类

（一）税前扣除凭证的定义

税前扣除凭证，是指企业在计算企业所得税应纳税所得额时，证明与取得收入有关的、合理的支出实际发生，并据以税前扣除的各类凭证。发票只是税前扣除凭证的一种。发票，是指在购销商品、提供或者接受服务以及从事其他经营活动中，开具、收取的收付款凭证。

（二）税前扣除凭证种类

税前扣除凭证按照来源分为内部凭证和外部凭证。

内部凭证是指企业自制用于成本、费用、损失和其他支出核算的会计原始凭证。内部凭证的填制和使用应当符合国家会计法律、法规等相关规定。

外部凭证是指企业发生经营活动和其他事项时，从其他单位、个人取得的用于证明其支出发生的凭证，包括但不限于发票（包括纸质发票和电子发票）、财政票据、完税凭证、收款凭证、分割单等。

企业的很多支出还需要内部凭证与外部凭证联合佐证，方可证实其真实性。比如，企业资产计提折旧，不仅需要购置资产时的发票等外部凭证，还需资产折旧明细核算凭证等内部凭证。

二、税前扣除凭证管理

企业应在企业所得税法规定的当年度汇算清缴期结束前取得税前扣除凭证，包括合同协议、支出依据、付款凭证等留存备查，以证实税前扣除凭证的真实性。企业在规定的期限未能补开、换开符合规定的发票、其他外部凭证，并且未能按照规定提供相关资料证实其支出真实性的，相应支出不得在发生年度税前扣除。

（一）基本原则

税前扣除凭证在管理中遵循真实性、合法性、关联性的原则。真实性是指税前扣除凭证反映的经济业务真实，且支出已经实际发生；合法性是指税前扣除凭证的形式、来源符合国家法律、法规等相关规定；关联性是指税前扣除凭证与其反映的支出相关联且有证明力。

（二）具体内容

1. 应税项目的税前扣除凭证。

企业在境内发生的支出项目属于增值税应税项目（以下简称“应税项目”）的，对方为已办理税务登记的增值税纳税人，其支出以发票（包括按照规定由税务机关代开的发票）作为税前扣除凭证；对方为依法无须办理税务登记的单位或者从事小额零星经营业务的个人，其支出以税务机关代开的发票或者收款凭证及内部凭证作为税前扣除凭证，收款凭证应载明收款单位名称、个人姓名及身份证号、支出项目、收款金额等相关信息。

小额零星经营业务的判断标准是个人从事应税项目经营业务的销售额不超过增值税相关政策规定的起征点。

税务总局对应税项目开具发票另有规定的，以规定的发票或者票据作为税前扣除凭证。

发票是确定经济收支行为发生的法定凭证，是会计核算的原始依据，也是税务检查的重要依据。发票的种类主要包括增值税发票管理新系统（以下简称新系统）开具的增值税发票和非新系统开具的增值税发票，如表 9－1 其中：

新系统开具的增值税发票主要包括增值税专用发票、增值税普通发票、增值税电子普通发票、机动车销售统一发票和二手车销售统一发票等；非新系统开具的增值税发票主要包括通用发票和行业发票。通用发票包括通用机打发票、通用定额发票和通用手工发票；行业发票包括景点门票、航空运输电子客票行程单、铁路运输票据、公路客运票据和水路运输票据等。

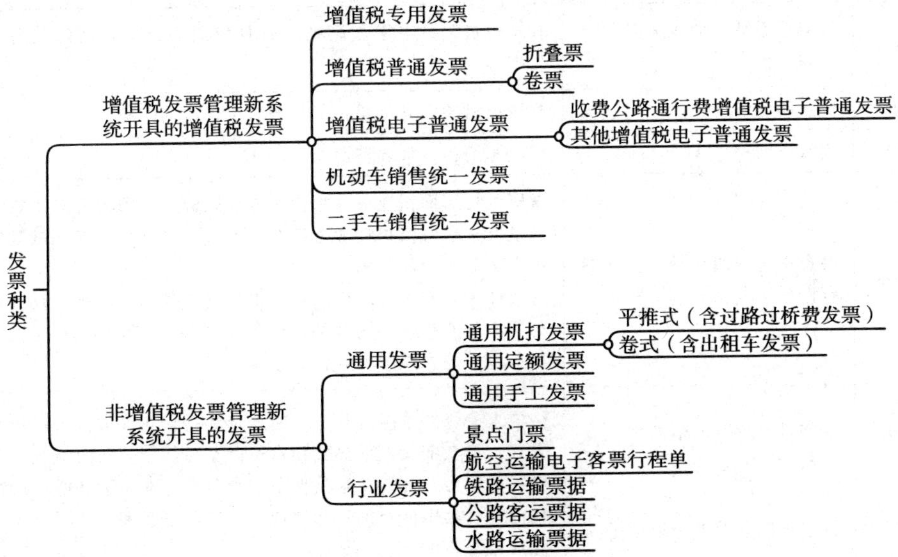

图 9－1　发票各类示意图

2. 非应税项目的税前扣除凭证。

企业在境内发生的支出项目不属于应税项目的，对方为单位的，以对方开具的发票以外的其他外部凭证作为税前扣除凭证；对方为个人的，以内部凭证作为税前扣除凭证。

企业在境内发生的支出项目虽不属于应税项目，但按税务总局规定可以开具发票的，可以发票作为税前扣除凭证。可开具普通发票的未发生销售行为不征税项目如表 9－1 所示。

表 9－1　　未发生销售行为的不征税项目

编码	不征税项目	说　明
600	未发生销售行为的不征税项目	用于纳税人收取款项但未发生销售货物、服务、无形资产或不动产情形
601	预付卡销售和充值	单用途卡发卡企业或者售卡企业销售单用途卡，或者接受单用途卡持卡人充值取得的预收资金，不缴纳增值税。 支付机构销售多用途卡取得的等值人民币资金，或者接受多用途卡持卡人充值取得的充值资金，不缴纳增值税。（国家税务总局公告 2016 年第 53 号）
602	销售自行开发的房地产项目预收款	收款预收款时纳税义务未发生（财税〔2016〕36 号附件 1（实施办法））
603	已申报缴纳营业税未开票补开票	在地税机关已申报营业税未开具发票的，补开增值税普通发票
604	代收印花税	非税务机关等其他单位为税务机关代收的印花税
605	代收车船税	代收车船税，代收行为
606	融资性售后回租承租方出售资产	融资性售后回租业务是指承租方以融资为目的将资产出售给经批准从事融资租赁业务的企业后，又将该项资产从该融资租赁企业租回的行为。 融资性售后回租业务中承租方出售资产时，资产所有权以及与资产所有权有关的全部报酬和风险并未完全转移。（国家税务总局公告 2010 年第 13 号）
607	资产重组涉及的不动产	纳税人在资产重组过程中，通过合并、分立、出售、置换等方式，将全部或者部分实物资产以及与其相关联的债权、负债和劳动力一并转让给其他单位和个人，不属于增值税的征税范围，其中涉及的货物转让，不征收增值税。（国家税务总局公告 2011 年第 13 号）
608	资产重组涉及的土地使用权	
609	代理进口免税货物货款	纳税人代理进口按规定免征进口增值税的货物，其销售额不包括向委托方收取并代为支付的货款。向委托方收取并代为支付的款项，不得开具增值税专用发票，可以开具增值税普通发票。（国家税务总局公告 2016 年 69 号）

续表

编码	不征税项目	说　明
610	有奖发票奖金支付	未发生销售行为
611	不征税自来水	原对城镇公共供水用水户在基本水价（自来水价格）外征收水资源费的试点省份，在水资源费改税试点期间，按照不增加城镇公共供水企业负担的原则，城镇公共供水企业缴纳的水资源税所对应的水费收入，不计征增值税，按“不征税自来水”项目开具增值税普通发票。（国家税务总局公告2017年第47号）
612	建筑服务预收款	收款预收款时纳税义务未发生（财税〔2017〕58号）

3. 其他扣除凭证。

（1）从境外购进货物或劳务的税前扣除凭证。

企业从境外购进货物或者劳务发生的支出，以对方开具的发票或者具有发票性质的收款凭证、相关税费缴纳凭证作为税前扣除凭证。

（2）共同接受劳务分摊的扣除凭证。

企业与其他企业（包括关联企业）、个人在境内共同接受应纳增值税劳务（以下简称“应税劳务”）发生的支出，采取分摊方式的，应当按照独立交易原则进行分摊，企业以发票和分割单作为税前扣除凭证，共同接受应税劳务的其他企业以企业开具的分割单作为税前扣除凭证。

企业与其他企业、个人在境内共同接受非应税劳务发生的支出，采取分摊方式的，企业以发票外的其他外部凭证和分割单作为税前扣除凭证，共同接受非应税劳务的其他企业以企业开具的分割单作为税前扣除凭证。

（3）租用资产发生费用的扣除凭证。

企业租用（包括企业作为单一承租方租用）办公、生产用房等资产发生的水、电、燃气、冷气、暖气、通讯线路、有线电视、网络等费用，出租方作为应税项目开具发票的，企业以发票作为税前扣除凭证；出租方采取分摊方式的，企业以出租方开具的其他外部凭证作为税前扣除凭证。

（4）其他外部凭证。

企业在补开、换开发票、其他外部凭证过程中，因对方注销、撤销、依法被吊销营业执照、被税务机关认定为非正常户等特殊原因无法补开、换开发票、其他外部凭证的，可凭以下资料证实支出真实性后，其支出允许税前扣除：

①无法补开、换开发票、其他外部凭证原因的证明资料（包括工商注销、机构撤销、列入非正常经营户、破产公告等证明资料）；

②相关业务活动的合同或者协议；

③采用非现金方式支付的付款凭证；

④货物运输的证明资料；

⑤货物入库、出库内部凭证；

⑥企业会计核算记录以及其他资料

前款第①项至第③项为必备资料。

第二节　补救措施

一、税前扣除凭证的取得时间

企业应在企业所得税法规定的当年度汇算清缴期结束前取得税前扣除凭证。

二、不合规凭证不得作为税前扣除凭证

企业取得私自印制、伪造、变造、作废、开票方法非法取得、虚开、填写不规范等不符合规定的发票（以下简称不合规发票），以及取得不符合国家法律、法规等相关规定的其他外部凭证（以下简称不合规其他外部凭证），不得作为税前扣除凭证。

三、未按规定取得扣除凭证的补救措施

（一）汇算清缴期内的补救措施

企业应当取得而未取得发票、其他外部凭证或者取得不合规发票、不合

规其他外部凭证的，若支出真实且已实际发生，应当在当年度汇算清缴期结束前，要求对方补开、换开发票、其他外部凭证。补开、换开后的发票、其他外部凭证符合规定的，可以作为税前扣除凭证。

（二）税务机关发现后的补救措施

汇算清缴期结束后，税务机关发现企业应当取得而未取得发票、其他外部凭证或者取得不合规发票、不合规其他外部凭证并且告知企业的，企业应当自被告知之日起60日内补开、换开符合规定的发票、其他外部凭证。其中，因对方特殊原因无法补开、换开发票、其他外部凭证的，企业应当按照规定，自被告知之日起60日内提供可以证实其支出真实性的相关资料。

（三）汇算清缴期结束后企业的补救措施

除发生上述（二）规定的情形外，企业以前年度应当取得而未取得发票、其他外部凭证，且相应支出在该年度没有税前扣除的，在以后年度取得符合规定的发票、其他外部凭证或者按照该规定提供可以证实其支出真实性的相关资料，相应支出可以追补至该支出发生年度税前扣除，但追补年限不得超过五年。

（四）未能补救的支出不得税前扣除

企业在规定的期限未能补开、换开符合规定的发票、其他外部凭证，并且未能按照规定提供相关资料证实其支出真实性的，相应支出不得在发生年度税前扣除。

第十章

企业所得税优惠备查与备案资料

第一节　备查资料

企业享受优惠事项采取“自行判别、申报享受、相关资料留存备查”的办理方式。企业应当根据经营情况以及相关税收规定自行判断是否符合优惠事项规定的条件，符合条件的可以按照《企业所得税优惠事项管理目录(2017年版)》列示的时间自行计算减免税额，并通过填报企业所得税纳税申报表享受税收优惠。同时，按照《企业所得税优惠政策事项办理办法》的规定归集和留存相关资料备查。

留存备查资料是指与企业享受优惠事项有关的合同、协议、凭证、证书、文件、账册、说明等资料。留存备查资料分为主要留存备查资料和其他留存备查资料两类。主要留存备查资料由企业按照《企业所得税优惠事项管理目录（2017年版)》列示的资料清单准备，其他留存备查资料由企业根据享受优惠事项情况自行补充准备。

企业所得税优惠事项的名称、政策概述、主要政策依据、主要留存备查资料、享受优惠时间、后续管理要求等，见表10－1《企业所得税优惠事项管理目录（2017年版)》

表 10－1　　企业所得税优惠事项管理目录（2017年版）

序号	优惠事项名称	政策概述	主要政策依据	主要留存备查资料	享受优惠时间	后续管理要求
1	国债利息收入免征企业所得税	企业持有国务院财政部门发行的国债取得的利息收入免征企业所得税。	1.《中华人民共和国企业所得税法》第二十六条第一项； 2.《中华人民共和国企业所得税法实施条例》第八十二条； 3.《国家税务总局关于企业国债投资业务企业所得税处理问题的公告》（国家税务总局公告2011年第36号）。	1. 国债净价交易交割单； 2. 购买、转让国债的证明，包括持有时间、票面金额、利率等相关材料； 3. 应收利息（投资收益）科目明细账或按月汇总表； 4. 减免税计算过程的说明。	预缴享受	由省税务机关（含计划单列市税务机关）规定。
2	取得的地方政府债券利息收入免征企业所得税	企业取得的地方政府债券利息收入（所得）免征企业所得税。	1.《财政部 国家税务总局关于地方政府债券利息所得免征所得税问题的通知》（财税〔2011〕76号）； 2.《财政部 国家税务总局关于地方政府债券利息免征所得税问题的通知》（财税〔2013〕5号）。	1. 购买地方政府债券证明，包括持有时间、票面金额、利率等相关材料； 2. 应收利息（投资收益）科目明细账或按月汇总表； 3. 减免税计算过程的说明。	预缴享受	由省税务机关（含计划单列市税务机关）规定。
3	符合条件的居民企业之间的股息、红利等权益性投资收益免征企业所得税	居民企业直接投资于其他居民企业取得的权益性投资收益免征企业所得税。所称股息、红利等权益性投资收益，不包括连续持有居民企业公开发行并上市流通的股票不足12个月取得的投资收益。	1.《中华人民共和国企业所得税法》第二十六条第二项； 2.《中华人民共和国企业所得税法实施条例》第十七条、第八十三条； 3.《财政部 国家税务总局关于执行企业所得税优惠政策若干问题的通知》（财税〔2009〕69号）； 4.《国家税务总局关于贯彻落实企业所得税法若干税收问题的通知》（国税函〔2010〕79号）。	1. 被投资企业的最新公司章程（企业在证券交易市场购买上市公司股票获得股权的，提供相关记账凭证、本公司持股比例以及持股时间超过12个月情况说明）； 2. 被投资企业股东会（或股东大会）利润分配决议或公告、分配表； 3. 被投资企业进行清算所得税处理的，留存被投资企业填报的加盖主管税务机关受理章的《中华人民共和国清算所得税申报表》及附表三《剩余财产计算和分配明细表》复印件； 4. 投资收益、应收股利科目明细账或按月汇总表。	预缴享受	由省税务机关（含计划单列市税务机关）规定。

续表

序号	优惠事项名称	政策概述	主要政策依据	主要留存备查资料	享受优惠时间	后续管理要求
4	内地居民企业通过沪港通投资且连续持有H股满12个月取得的股息红利所得免征企业所得税	对内地企业投资者通过沪港通投资香港联交所上市股票取得的股息红利所得，计入其收入总额，依法计征企业所得税。其中，内地居民企业连续持有H股满12个月取得的股息红利所得，依法免征企业所得税。	《财政部　国家税务总局　证监会关于沪港股票市场交易互联互通机制试点有关税收政策的通知》（财税〔2014〕81号）。	1. 相关记账凭证、本公司持股比例以及持股时间超过12个月的情况说明； 2. 被投资企业股东会（或股东大会）利润分配决议或公告、分配表； 3. 投资收益、应收股利科目明细账或按月汇总表。	预缴享受	由省税务机关（含计划单列市税务机关）规定。
5	内地居民企业通过深港通投资且连续持有H股满12个月取得的股息红利所得免征企业所得税	对内地企业投资者通过深港通投资香港联交所上市股票取得的股息红利所得，计入其收入总额，依法计征企业所得税。其中，内地居民企业连续持有H股满12个月取得的股息红利所得，依法免征企业所得税。	《财政部　国家税务总局　证监会关于深港股票市场交易互联互通机制试点有关税收政策的通知》（财税〔2016〕127号）。	1. 相关记账凭证、本公司持股比例以及持股时间超过12个月的情况说明； 2. 被投资企业股东会（或股东大会）利润分配决议或公告、分配表； 3. 投资收益、应收股利科目明细账或按月汇总表。	预缴享受	由省税务机关（含计划单列市税务机关）规定。

续表

序号	优惠事项名称	政策概述	主要政策依据	主要留存备查资料	享受优惠时间	后续管理要求
6	符合条件的非营利组织的收入免征企业所得税	符合条件的非营利组织取得的捐赠收入、不征税收入以外的政府补助收入（但不包括政府购买服务取得的收入）、会费收入、不征税收入和免税收入孳生的银行存款利息收入等为免税收入。免税收入不包括非营利组织从事营利性活动取得的收入。	1.《中华人民共和国企业所得税法》第二十六条第四项； 2.《中华人民共和国企业所得税法实施条例》第八十四条、第八十五条； 3.《财政部　国家税务总局关于非营利组织企业所得税免税收入问题的通知》（财税〔2009〕122号）； 4.《财政部　国家税务总局关于非营利组织免税资格认定管理有关问题的通知》（财税〔2014〕13号）； 5.《财政部　税务总局关于非营利组织免税资格认定管理有关问题的通知》（财税〔2018〕13号）。	1. 非营利组织免税资格有效认定文件或其他相关证明； 2. 非营利组织认定资料； 3. 当年资金来源及使用情况、公益活动和非营利活动的明细情况； 4. 当年工资薪金情况专项报告，包括薪酬制度、工作人员整体平均工资薪金水平、工资福利占总支出比例、重要人员工资薪金信息（至少包括工资薪金水平排名前10的人员）； 5. 当年财务报表； 6. 登记管理机关出具的事业单位、社会团体、基金会、社会服务机构、宗教活动场所、宗教院校当年符合相关法律法规和国家政策的事业发展情况或非营利活动的材料； 7. 应纳税收入及其有关的成本、费用、损失，与免税收入及其有关的成本、费用、损失分别核算的情况说明； 8. 取得各类免税收入的情况说明； 9. 各类免税收入的凭证。	预缴享受	由省税务机关（含计划单列市税务机关）规定。

续表

序号	优惠事项名称	政策概述	主要政策依据	主要留存备查资料	享受优惠时间	后续管理要求
7	符合条件的非营利组织（科技企业孵化器）的收入免征企业所得税	符合非营利组织条件的科技企业孵化器的收入，按照企业所得税法及其实施条例和有关税收政策规定享受企业所得税优惠政策。	1.《中华人民共和国企业所得税法》第二十六条第四项； 2.《中华人民共和国企业所得税法实施条例》第八十四条、第八十五条； 3.《财政部　国家税务总局关于非营利组织企业所得税免税收入问题的通知》（财税〔2009〕122 号）； 4.《财政部　国家税务总局关于非营利组织免税资格认定管理有关问题的通知》（财税〔2014〕13 号）； 5.《财政部　国家税务总局关于科技企业孵化器税收政策的通知》（财税〔2016〕89 号）； 6.《财政部　税务总局关于非营利组织免税资格认定管理有关问题的通知》（财税〔2018〕13 号）。	1. 非营利组织免税资格有效认定文件或其他相关证明； 2. 非营利组织认定资料； 3. 当年资金来源及使用情况、公益活动和非营利活动的明细情况； 4. 当年工资薪金情况专项报告，包括薪酬制度、工作人员整体平均工资薪金水平、工资福利占总支出比例、重要人员工资薪金信息（至少包括工资薪金水平排名前 10 的人员）； 5. 当年财务报表； 6. 登记管理机关出具的事业单位、社会团体、基金会、社会服务机构、宗教活动场所、宗教院校当年符合相关法律法规和国家政策的事业发展情况或非营利活动的材料； 7. 应纳税收入及其有关的成本、费用、损失，与免税收入及其有关的成本、费用、损失分别核算的情况说明； 8. 取得各类免税收入的情况说明； 9. 各类免税收入的凭证。	预缴享受	由省税务机关（含计划单列市税务机关）规定。

续表

序号	优惠事项名称	政策概述	主要政策依据	主要留存备查资料	享受优惠时间	后续管理要求
8	符合条件的非营利组织（国家大学科技园）的收入免征企业所得税	符合非营利组织条件的国家大学科技园的收入，按照企业所得税法及其实施条例和有关税收政策规定享受企业所得税优惠政策。	1.《中华人民共和国企业所得税法》第二十六条第四项； 2.《中华人民共和国企业所得税法实施条例》第八十四条、第八十五条； 3.《财政部　国家税务总局关于非营利组织企业所得税免税收入问题的通知》（财税〔2009〕122号）； 4.《财政部　国家税务总局关于非营利组织免税资格认定管理有关问题的通知》（财税〔2014〕13号）； 5.《财政部　国家税务总局关于国家大学科技园税收政策的通知》（财税〔2016〕98号）； 6.《财政部　税务总局关于非营利组织免税资格认定管理有关问题的通知》（财税〔2018〕13号）。	1. 非营利组织免税资格有效认定文件或其他相关证明； 2. 非营利组织认定资料； 3. 当年资金来源及使用情况、公益活动和非营利活动的明细情况； 4. 当年工资薪金情况专项报告，包括薪酬制度、工作人员整体平均工资薪金水平、工资福利占总支出比例、重要人员工资薪金信息（至少包括工资薪金水平排名前10的人员）； 5. 当年财务报表； 6. 登记管理机关出具的事业单位、社会团体、基金会、社会服务机构、宗教活动场所、宗教院校当年符合相关法律法规和国家政策的事业发展情况或非营利活动的材料； 7. 应纳税收入及其有关的成本、费用、损失，与免税收入及其有关的成本、费用、损失分别核算的情况说明； 8. 取得各类免税收入的情况说明； 9. 各类免税收入的凭证。	预缴享受	由省税务机关（含计划单列市税务机关）规定。

续表

序号	优惠事项名称	政策概述	主要政策依据	主要留存备查资料	享受优惠时间	后续管理要求
9	投资者从证券投资基金分配中取得的收入暂不征收企业所得税	对投资者从证券投资基金分配中取得的收入，暂不征收企业所得税。	《财政部　国家税务总局关于企业所得税若干优惠政策的通知》（财税〔2008〕1 号）。	1. 购买证券投资基金记账凭证； 2. 证券投资基金分配公告； 3. 免税的分配收入明细账及按月汇总表。	预缴享受	由省税务机关（含计划单列市税务机关）规定。
10	中国清洁发展机制基金取得的收入免征企业所得税	中国清洁发展机制基金取得的 CDM 项目温室气体减排量转让收入上缴国家的部分，国际金融组织赠款收入，基金资金的存款利息收入、购买国债的利息收入，国内外机构、组织和个人的捐赠收入，免征企业所得税。	《财政部　国家税务总局关于中国清洁发展机制基金及清洁发展机制项目实施企业有关企业所得税若干优惠政策问题的通知》（财税〔2009〕30 号）。	由省税务机关规定。	预缴享受	由省税务机关规定。

续表

序号	优惠事项名称	政策概述	主要政策依据	主要留存备查资料	享受优惠时间	后续管理要求
11	中国保险保障基金有限责任公司取得的保险保障基金等收入免征企业所得税	对中国保险保障基金有限责任公司取得的境内保险公司依法缴纳的保险保障基金，依法从撤销或破产保险公司清算财产中获得的受偿收入和向有关责任方追偿所得，以及依法从保险公司风险处置中获得的财产转让所得，捐赠所得，银行存款利息收入，购买政府债券、中央银行、中央企业和中央级金融机构发行债券的利息收入，国务院批准的其他资金运用取得的收入免征企业所得税。	《财政部　国家税务总局关于保险保障基金有关税收政策问题的通知》（财税〔2016〕10号）。	由省税务机关规定。	预缴享受	由省税务机关规定。

续表

序号	优惠事项名称	政策概述	主要政策依据	主要留存备查资料	享受优惠时间	后续管理要求
12	中央电视台的广告费和有线电视费收入免征企业所得税	中央电视台的广告费和有线电视费收入，免予征收企业所得税。	《财政部　国家税务总局关于中央电视台广告费和有线电视费收入企业所得税政策问题的通知》（财税〔2016〕80号）。	由省税务机关规定。	预缴享受	由省税务机关规定。
13	中国奥委会取得的由北京冬奥组委支付的收入	对按中国奥委会、主办城市签订的《联合市场开发计划协议》和中国奥委会、主办城市、国际奥委会签订的《主办城市合同》规定，中国奥委会取得的由北京冬奥组委分期支付的收入、按比例支付的盈余分成收入免征企业所得税。	《财政部　税务总局　海关总署关于北京2022年冬奥会和冬残奥会税收政策的通知》（财税〔2017〕60号）。	由省税务机关规定。	预缴享受	由省税务机关规定。
14	中国残奥委会取得的由北京冬奥组委分期支付的收入免征企业所得税	对中国残奥委会根据《联合市场开发计划协议》取得的由北京冬奥组委分期支付的收入免征企业所得税。	《财政部　税务总局　海关总署关于北京2022年冬奥会和冬残奥会税收政策的通知》（财税〔2017〕60号）。	由省税务机关规定。	预缴享受	由省税务机关规定。

续表

序号	优惠事项名称	政策概述	主要政策依据	主要留存备查资料	享受优惠时间	后续管理要求
15	综合利用资源生产产品取得的收入在计算应纳税所得额时减计收入	企业以《资源综合利用企业所得税优惠目录》规定的资源作为主要原材料，生产国家非限制和非禁止并符合国家及行业相关标准的产品取得的收入，减按90%计入企业当年收入总额。	1.《中华人民共和国企业所得税法》第三十三条； 2.《中华人民共和国企业所得税法实施条例》第九十九条； 3.《财政部　国家税务总局关于执行资源综合利用企业所得税优惠目录有关问题的通知》（财税〔2008〕47号）； 4.《财政部　国家税务总局　国家发展改革委关于公布资源综合利用企业所得税优惠目录（2008年版）的通知》（财税〔2008〕117号）。	1. 企业实际资源综合利用情况（包括综合利用的资源、技术标准、产品名称等）的说明； 2. 综合利用资源生产产品取得的收入核算情况说明。	预缴享受	由省税务机关（含计划单列市税务机关）规定。
16	金融机构取得的涉农贷款利息收入在计算应纳税所得额时减计收入	对金融机构农户小额贷款的利息收入在计算应纳税所得额时，按90%计入收入总额。	《财政部　税务总局关于延续支持农村金融发展有关税收政策的通知》（财税〔2017〕44号）。	1. 相关利息收入的核算情况说明； 2. 相关贷款合同。	预缴享受	由省税务机关（含计划单列市税务机关）规定。
17	保险机构取得的涉农保费收入在计算应纳税所得额时减计收入	对保险公司为种植业、养殖业提供保险业务的保费收入，在计算应纳税所得额时，按90%计入收入总额。	《财政部　税务总局关于延续支持农村金融发展有关税收政策的通知》（财税〔2017〕44号）。	1. 相关保费收入的核算情况说明； 2. 相关保险合同。	预缴享受	由省税务机关（含计划单列市税务机关）规定。

续表

序号	优惠事项名称	政策概述	主要政策依据	主要留存备查资料	享受优惠时间	后续管理要求
18	小额贷款公司取得的农户小额贷款利息收入在计算应纳税所得额时减计收入	对经省级金融管理部门（金融办、局等）批准成立的小额贷款公司取得的农户小额贷款利息收入，在计算应纳税所得额时，按90%计入收入总额。	《财政部　税务总局关于小额贷款公司有关税收政策的通知》（财税〔2017〕48 号）。	1. 相关利息收入的核算情况说明； 2. 相关贷款合同； 3. 省级金融管理部门（金融办、局等）出具的小额贷款公司准入资格文件。	预缴享受	由省税务机关（含计划单列市税务机关）规定。
19	取得铁路债券利息收入减半征收企业所得税	企业持有铁路债券取得的利息收入，减半征收企业所得税。	1.《财政部　国家税务总局关于铁路建设债券利息收入企业所得税政策的通知》（财税〔2011〕99 号）； 2.《财政部　国家税务总局关于 2014 2015 年铁路建设债券利息收入企业所得税政策的通知》（财税〔2014〕2 号）； 3.《财政部　国家税务总局关于铁路债券利息收入所得税政策问题的通知》（财税〔2016〕30 号）。	1. 购买铁路债券证明资料，包括持有时间、票面金额、利率等相关资料； 2. 应收利息（投资收益）科目明细账或按月汇总表； 3. 减免税计算过程的说明。	预缴享受	由省税务机关（含计划单列市税务机关）规定。

续表

序号	优惠事项名称	政策概述	主要政策依据	主要留存备查资料	享受优惠时间	后续管理要求
20	开发新技术、新产品、新工艺发生的研究开发费用加计扣除	企业为开发新技术、新产品、新工艺发生的研究开发费用，未形成无形资产计入当期损益的，在按照规定据实扣除的基础上，按照研究开发费用的50%加计扣除；形成无形资产的，按照无形资产成本150%摊销。对从事文化产业支撑技术等领域的文化企业，开发新技术、新产品、新工艺发生的研究开发费用，允许按照税收法律法规的规定，在计算应纳税所得额时加计扣除。	1.《中华人民共和国企业所得税法》第三十条； 2.《中华人民共和国企业所得税法实施条例》第九十五条； 3.《财政部　海关总署　国家税务总局关于继续实施支持文化企业发展若干税收政策的通知》（财税〔2014〕85号）； 4.《财政部　国家税务总局　科技部关于完善研究开发费用税前加计扣除政策的通知》（财税〔2015〕119号）； 5.《科技部　财政部　国家税务总局关于进一步做好企业研发费用加计扣除政策落实工作的通知》（国科发政〔2017〕211号）； 6.《国家税务总局关于企业研发费用税前加计扣除政策有关问题的公告》（国家税务总局公告2015年第97号； 7.《国家税务总局关于研发费用税前加计扣除政策有关问题的公告》（国家税务总局公告2017年第40号）。	1. 自主、委托、合作研究开发项目计划书和企业有权部门关于自主、委托、合作研究开发项目立项的决议文件； 2. 自主、委托、合作研究开发专门机构或项目组的编制情况和研发人员名单； 3. 经科技行政主管部门登记的委托、合作研究开发项目的合同； 4. 从事研发活动的人员（包括外聘人员）和用于研发活动的仪器、设备、无形资产的费用分配说明（包括工作使用情况记录及费用分配计算证据材料）； 5. 集中研发项目研发费决算表、集中研发项目费用分摊明细情况表和实际分享收益比例等资料； 6. “研发支出”辅助账及汇总表； 7. 企业如果已取得地市级（含）以上科技行政主管部门出具的鉴定意见，应作为资料留存备查。	汇缴享受	由省税务机关（含计划单列市税务机关）规定。

续表

序号	优惠事项名称	政策概述	主要政策依据	主要留存备查资料	享受优惠时间	后续管理要求
21	企业为获得创新性、创意性、突破性的产品进行创意设计活动而发生的相关费用加计扣除	企业为获得创新性、创意性、突破性的产品进行创意设计活动而发生的相关费用，可以按照规定进行税前加计扣除。创意设计活动是指多媒体软件、动漫游戏软件开发，数字动漫、游戏设计制作；房屋建筑工程设计（绿色建筑评价标准为三星）、风景园林工程专项设计；工业设计、多媒体设计、动漫及衍生产品设计、模型设计等。	1.《财政部　国家税务总局　科技部关于完善研究开发费用税前加计扣除政策的通知》（财税〔2015〕119 号）； 2.《国家税务总局关于企业研发费用税前加计扣除政策有关问题的公告》（国家税务总局公告 2015 年第 97 号； 3.《国家税务总局关于研发费用税前加计扣除政策有关问题的公告》（国家税务总局公告 2017 年第 40 号）。	1. 创意设计活动相关合同； 2. 创意设计活动相关费用核算情况的说明。	汇缴享受	由省税务机关（含计划单列市税务机关）规定。

续表

序号	优惠事项名称	政策概述	主要政策依据	主要留存备查资料	享受优惠时间	后续管理要求
22	科技型中小企业开发新技术、新产品、新工艺发生的研究开发费用加计扣除	科技型中小企业开展研发活动中实际发生的研发费用，未形成无形资产计入当期损益的，在按规定据实扣除的基础上，再按照实际发生额的75%在税前加计扣除；形成无形资产的，在上述期间按照无形资产成本的175%在税前摊销。	1.《中华人民共和国企业所得税法》第三十条； 2.《中华人民共和国企业所得税法实施条例》第九十五条； 3.《财政部　国家税务总局　科技部关于完善研究开发费用税前加计扣除政策的通知》（财税〔2015〕119号）； 4.《财政部　税务总局　科技部关于提高科技型中小企业研究开发费用税前加计扣除比例的通知》（财税〔2017〕34号）； 5.《科技部　财政部　国家税务总局关于印发〈科技型中小企业评价办法〉的通知》（国科发政〔2017〕115号）； 6.《国家税务总局关于企业研发费用税前加计扣除政策有关问题的公告》（国家税务总局公告2015年第97号； 7.《国家税务总局关于提高科技型中小企业研究开发费用税前加计扣除比例有关问题的公告》（国家税务总局公告2017年第18号）； 8.《国家税务总局关于研发费用税前加计扣除政策有关问题的公告》（国家税务总局公告2017年第40号）。	1. 自主、委托、合作研究开发项目计划书和企业有权部门关于自主、委托、合作研究开发项目立项的决议文件； 2. 自主、委托、合作研究开发专门机构或项目组的编制情况和研发人员名单； 3. 经科技行政主管部门登记的委托、合作研究开发项目的合同； 4. 从事研发活动的人员（包括外聘人员）和用于研发活动的仪器、设备、无形资产的费用分配说明（包括工作使用情况记录及费用分配计算证据材料）； 5. 集中研发项目研发费决算表、集中研发项目费用分摊明细情况表和实际分享收益比例等资料； 6. “研发支出”辅助账及汇总表； 7. 企业已取得的地市级（含）以上科技行政主管部门出具的鉴定意见； 8. 科技型中小企业取得的入库登记编号证明资料。	汇缴享受	由省税务机关（含计划单列市税务机关）规定。

续表

序号	优惠事项名称	政策概述	主要政策依据	主要留存备查资料	享受优惠时间	后续管理要求
23	安置残疾人员所支付的工资加计扣除	企业安置残疾人员的，在按照支付给残疾职工工资据实扣除的基础上，按照支付给残疾职工工资的100%加计扣除。残疾人员的范围适用《中华人民共和国残疾人保障法》的有关规定。	1.《中华人民共和国企业所得税法》第三十条； 2.《中华人民共和国企业所得税法实施条例》第九十六条； 3.《财政部　国家税务总局关于安置残疾人员就业有关企业所得税优惠政策问题的通知》（财税〔2009〕70号）。	1. 为安置的每位残疾人按月足额缴纳了企业所在区县人民政府根据国家政策规定的基本养老保险、基本医疗保险、失业保险和工伤保险等社会保险证明资料； 2. 通过非现金方式支付工资薪酬的证明； 3. 安置残疾职工名单及其《残疾人证》或《残疾军人证》； 4. 与残疾人员签订的劳动合同或服务协议。	汇缴享受	由省税务机关（含计划单列市税务机关）规定。
24	从事农、林、牧、渔业项目的所得减免征收企业所得税	企业从事蔬菜、谷物、薯类、油料、豆类、棉花、麻类、糖料、水果、坚果的种植，农作物新品种选育，中药材种植，林木培育和种植，牲畜、家禽饲养，林产品采集，灌溉、农产品初加工、兽医、农技推广、	1.《中华人民共和国企业所得税法》第二十七条第一项； 2.《中华人民共和国企业所得税法实施条例》第八十六条； 3.《财政部　国家税务总局关于发布享受企业所得税优惠政策的农产品初加工范围（试行）的通知》（财税〔2008〕149号）； 4.《财政部　国家税务总局关于享受企业所得税优惠的农产品初加工有关范围的补充通知》（财税〔2011〕26号）；	1. 企业从事相关业务取得的资格证书或证明资料，包括有效期内的远洋渔业企业资格证书、从事农作物新品种选育的认定证书、动物防疫条件合格证、林木种子生产经营许可证、兽医的资格证明等； 2. 与农户签订的委托养殖合同（“公司+农户”经营模式的企业）； 3. 与家庭承包户签订的内部承包合同（国有农场实行内部家庭承包经营）； 4. 农产品初加工项目及工艺流程说明（两个或两个以上的分项目说明）；	预缴享受	由省税务机关（含计划单列市税务机关）规定。

续表

序号	优惠事项名称	政策概述	主要政策依据	主要留存备查资料	享受优惠时间	后续管理要求
24		农机作业和维修等农、林、牧、渔服务业项目，远洋捕捞项目所得免征企业所得税。企业从事花卉、茶以及其他饮料作物和香料作物种植，海水养殖、内陆养殖项目所得减半征收企业所得税。“公司+农户”经营模式从事农、林、牧、渔业项目生产企业，可以按照《中华人民共和国企业所得税法实施条例》第八十六条的有关规定，享受减免企业所得税优惠政策。	5.《国家税务总局关于黑龙江垦区国有农场土地承包费缴纳企业所得税问题的批复》（国税函〔2009〕779号）； 6.《国家税务总局关于“公司+农户”经营模式企业所得税优惠问题的公告》（国家税务总局公告2010年第2号）； 7.《国家税务总局关于实施农林牧渔业项目企业所得税优惠问题的公告》（国家税务总局公告2011年第48号）。	5. 同时从事适用不同企业所得税待遇项目的，每年度单独计算减免税项目所得的计算过程及其相关账册，期间费用合理分摊的依据和标准； 6. 生产场地证明资料，包括土地使用权证、租用合同等； 7. 企业委托或受托其他企业或个人从事符合规定的农林牧渔业项目的委托合同、受托合同、支出明细等证明材料。		

续表

序号	优惠事项名称	政策概述	主要政策依据	主要留存备查资料	享受优惠时间	后续管理要求
25	从事国家重点扶持的公共基础设施项目投资经营的所得定期减免企业所得税	企业从事《公共基础设施项目企业所得税优惠目录》规定的港口码头、机场、铁路、公路、城市公共交通、电力、水利等项目的投资经营的所得，自项目取得第一笔生产经营收入所属纳税年度起，第一年至第三年免征企业所得税，第四年至第六年减半征收企业所得税；企业承包经营、承包建设和内部自建自用的项目，不得享受上述规定的企业所得税优惠。饮水工程运营管理单位从事《公共基础设施项目企业所得税优惠目录》规定的饮水	1.《中华人民共和国企业所得税法》第二十七条第二项； 2.《中华人民共和国企业所得税法实施条例》第八十七条、第八十九条； 3.《财政部　国家税务总局关于执行公共基础设施项目企业所得税优惠目录有关问题的通知》（财税〔2008〕46 号）； 4.《财政部　国家税务总局　国家发展改革委关于公布公共基础设施项目企业所得税优惠目录（2008 年版）的通知》（财税〔2008〕116 号）； 5.《财政部　国家税务总局关于公共基础设施项目和环境保护　节能节水项目企业所得税优惠政策问题的通知》（财税〔2012〕10 号）； 6.《财政部　国家税务总局关于公共基础设施项目享受企业所得税优惠政策问题的补充通知》（财税〔2014〕55 号）； 7.《财政部　国家税务总局关于继续实行农村饮水安全工程建设运营税收优惠政策的通知》（财税〔2016〕19 号）；	1. 有关部门批准该项目文件； 2. 公共基础设施项目建成并投入运行后取得的第一笔生产经营收入凭证（原始凭证及账务处理凭证）； 3. 公共基础设施项目完工验收报告；	预缴享受	由省税务机关（含计划单列市税务机关）规定。

续表

序号	优惠事项名称	政策概述	主要政策依据	主要留存备查资料	享受优惠时间	后续管理要求
25		工程新建项目投资经营的所得，自项目取得第一笔生产经营收入所属纳税年度起，第一年至第三年免征企业所得税，第四年至第六年减半征收企业所得税。	8.《国家税务总局关于实施国家重点扶持的公共基础设施项目企业所得税优惠问题的通知》（国税发〔2009〕80号）； 9.《国家税务总局关于电网企业电网新建项目享受所得税优惠政策问题的公告》（国家税务总局公告2013年第26号）。	4. 项目权属变动情况及转让方已享受优惠情况的说明及证明资料（优惠期间项目权属发生变动的）； 5. 公共基础设施项目所得分项目核算资料，以及合理分摊期间共同费用的核算资料； 6. 符合《公共基础设施项目企业所得税优惠目录》规定范围、条件和标准的情况说明及证据资料。		
26	从事符合条件的环境保护、节能节水项目的所得定期减免企业所得税	企业从事《环境保护、节能节水项目企业所得税优惠目录》所列项目的所得，自项目取得第一笔生产经营收入所属纳税年度起，第一年至第三年免征企业所得税，第四年至第六年减半征收企业所得税。	1.《中华人民共和国企业所得税法》第二十七条第三项； 2.《中华人民共和国企业所得税法实施条例》第八十八条、第八十九条； 3.《财政部　国家税务总局　国家发展改革委关于公布环境保护节能节水项目企业所得税优惠目录（试行）的通知》（财税〔2009〕166号）； 4.《财政部　国家税务总局关于公共基础设施项目和环境保护　节能节水项目企业所得税优惠政策问题的通知》（财税〔2012〕10号）； 5.《财政部　国家税务总局　国家发展改革委关于垃圾填埋沼气发电列入〈环境保护、节能节水项目企业所得税优惠目录（试行）〉的通知》（财税〔2016〕131号）。	1. 符合《环境保护、节能节水项目企业所得税优惠目录》规定范围、条件和标准的情况说明及证据资料； 2. 环境保护、节能节水项目取得的第一笔生产经营收入凭证（原始凭证及账务处理凭证）； 3. 环境保护、节能节水项目所得分项目核算资料，以及合理分摊期间共同费用的核算资料； 4. 项目权属变动情况及转让方已享受优惠情况的说明及证明资料（优惠期间项目权属发生变动的）。	预缴享受	由省税务机关（含计划单列市税务机关）规定。

续表

序号	优惠事项名称	政策概述	主要政策依据	主要留存备查资料	享受优惠时间	后续管理要求
27	符合条件的技术转让所得减免征收企业所得税	一个纳税年度内，居民企业技术转让所得不超过500万元的部分，免征企业所得税；超过500万元的部分，减半征收企业所得税。	1.《中华人民共和国企业所得税法》第二十七条第四项； 2.《中华人民共和国企业所得税法实施条例》第九十条； 3.《财政部　国家税务总局关于居民企业技术转让有关企业所得税政策问题的通知》（财税〔2010〕111号）； 4.《财政部　国家税务总局关于将国家自主创业示范区有关税收试点政策推广到全国范围实施的通知》（财税〔2015〕116号）； 5.《国家税务总局关于技术转让所得减免企业所得税有关问题的通知》（国税函〔2009〕212号）； 6.《国家税务总局关于技术转让所得减免企业所得税有关问题的公告》（国家税务总局公告2013年第62号）； 7.《国家税务总局关于许可使用权技术转让所得企业所得税有关问题的公告》（国家税务总局公告2015年第82号）。	1. 所转让的技术产权证明； 2. 企业发生境内技术转让： （1）技术转让合同（副本）； （2）技术合同登记证明； （3）技术转让所得归集、分摊、计算的相关资料； （4）实际缴纳相关税费的证明资料； 3. 企业向境外转让技术： （1）技术出口合同（副本）； （2）技术出口合同登记证书或技术出口许可证； （3）技术出口合同数据表； （4）技术转让所得归集、分摊、计算的相关资料； （5）实际缴纳相关税费的证明资料； （6）有关部门按照商务部、科技部发布的《中国禁止出口限制出口技术目录》出具的审查意见； 4. 转让技术所有权的，其成本费用情况；转让使用权的，其无形资产费用摊销情况； 5. 技术转让年度，转让双方股权关联情况。	预缴享受	由省税务机关（含计划单列市税务机关）规定。

续表

序号	优惠事项名称	政策概述	主要政策依据	主要留存备查资料	享受优惠时间	后续管理要求
28	实施清洁发展机制项目的所得定期减免企业所得税	清洁发展机制项目（以下简称“CDM项目”）实施企业将温室气体减排量转让收入的65%上缴给国家的HFC和PFC类CDM项目，以及将温室气体减排量转让收入的30%上缴给国家的N2O类CDM项目，其实施该类CDM项目的所得，自项目取得第一笔减排量转让收入所属纳税年度起，第一年至第三年免征企业所得税，第四年至第六年减半征收企业所得税。	《财政部　国家税务总局关于中国清洁发展机制基金及清洁发展机制项目实施企业有关企业所得税政策问题的通知》（财税〔2009〕30号）。	1. 清洁发展机制项目立项有关文件； 2. 企业将温室气体减排量转让的HFC和PFC类CDM项目，及将温室气体减排量转让的N20类CDM项目的证明材料； 3. 将温室气体减排量转让收入上缴给国家的证明资料； 4. 清洁发展机制项目第一笔减排量转让收入凭证（原始凭证及账务处理凭证）； 5. 清洁发展机制项目所得单独核算资料，以及合理分摊期间共同费用的核算资料。	预缴享受	由省税务机关（含计划单列市税务机关）规定。

续表

序号	优惠事项名称	政策概述	主要政策依据	主要留存备查资料	享受优惠时间	后续管理要求
29	符合条件的节能服务公司实施合同能源管理项目的所得定期减免企业所得税	对符合条件的节能服务公司实施合同能源管理项目，符合企业所得税税法有关规定的，自项目取得第一笔生产经营收入所属纳税年度起，第一年至第三年免征企业所得税，第四年至第六年按照 25% 的法定税率减半征收企业所得税。	1.《财政部　国家税务总局关于促进节能服务产业发展增值税营业税和企业所得税政策问题的通知》（财税〔2010〕110 号）； 2.《国家税务总局　国家发展改革委关于落实节能服务企业合同能源管理项目企业所得税优惠政策有关征收管理问题的公告》（国家税务总局　国家发展改革委公告 2013 年第 77 号）。	1. 能源管理合同； 2. 国家发展改革委、财政部公布的第三方机构出具的合同能源管理项目情况确认表，或者政府节能主管部门出具的合同能源管理项目确认意见； 3. 项目转让合同、项目原享受优惠的备案文件（项目发生转让的，受让节能服务企业）； 4. 合同能源管理项目取得第一笔生产经营收入凭证（原始凭证及账务处理凭证）； 5. 合同能源管理项目应纳税所得额计算表； 6. 合同能源管理项目所得单独核算资料，以及合理分摊期间共同费用的核算资料。	预缴享受	由省税务机关（含计划单列市税务机关）规定。
30	线宽小于 130 纳米的集成电路生产项目的所得减免企业所得税	2018 年 1 月 1 日后投资新设的集成电路线宽小于 130 纳米，且经营期在 10 年以上的集成电路项目，第一年至第二年免征企业所得税，第三年至第五年按照 25% 的法定税率减半征收企业所得税，并享受至期满为止。	1.《财政部　国家税务总局　发展改革委　工业和信息化部关于软件和集成电路产业企业所得税优惠政策有关问题的通知》（财税〔2016〕49 号）； 2.《财政部　税务总局　国家发展改革委　工业和信息化部关于集成电路生产企业有关企业所得税政策问题的通知》（财税〔2018〕27 号）； 3.《国家税务总局关于执行软件企业所得税优惠政策有关问题的公告》（国家税务总局公告 2013 年第 43 号）。	后续管理要求提交资料的留存件。	预缴享受	在汇算清缴期结束前向税务机关提交以下资料： 1. 在发展改革或工业和信息化部门立项的备案文件（应注明总投资额、工艺线宽标准）复印件以及企业取得的其他相关资质证书复印件等；

续表

序号	优惠事项名称	政策概述	主要政策依据	主要留存备查资料	享受优惠时间	后续管理要求
30						2. 企业职工人数、学历结构、研究开发人员情况及其占企业职工总数的比例说明，以及汇算清缴年度最后一个月社会保险缴纳证明等相关证明材料； 3. 加工集成电路产品主要列表及国家知识产权局（或国外知识产权相关主管机构）出具的企业自主开发或拥有的一至两份代表性知识产权（如专利、布图设计登记、软件著作权等）的证明材料；

续表

序号	优惠事项名称	政策概述	主要政策依据	主要留存备查资料	享受优惠时间	后续管理要求
30						4. 经具有资质的中介机构鉴证的企业财务会计报告（包括会计报表、会计报表附注和财务情况说明书）以及集成电路制造销售（营业）收入、研究开发费用、境内研究开发费用等情况说明； 5. 与主要客户签订的一至两份代表性销售合同复印件； 6. 保证产品质量的相关证明材料（如质量管理认证证书复印件等）。

续表

序号	优惠事项名称	政策概述	主要政策依据	主要留存备查资料	享受优惠时间	后续管理要求
31	线宽小于65纳米或投资额超过150亿元的集成电路生产项目的所得减免企业所得税	2018年1月1日后投资新设的集成电路线宽小于65纳米或投资额超过150亿元，且经营期在15年以上的集成电路项目，第一年至第五年免征企业所得税，第六年至第十年按照25%的法定税率减半征收企业所得税，并享受至期满为止。	1.《财政部　国家税务总局　发展改革委　工业和信息化部关于软件和集成电路产业企业所得税优惠政策有关问题的通知》（财税〔2016〕49号）； 2.《财政部　税务总局　国家发展改革委　工业和信息化部关于集成电路生产企业有关企业所得税政策问题的通知》（财税〔2018〕27号）； 3.《国家税务总局关于执行软件企业所得税优惠政策有关问题的公告》（国家税务总局公告2013年第43号）。	后续管理要求提交资料的留存件。	预缴享受	在汇算清缴期结束前向税务机关提交以下资料： 1. 在发展改革或工业和信息化部门立项的备案文件（应注明总投资额、工艺线宽标准）复印件以及企业取得的其他相关资质证书复印件等； 2. 企业职工人数、学历结构、研究开发人员情况及其占企业职工总数的比例说明，以及汇算清缴年度最后一个月社会保险缴纳证明等相关证明材料；

续表

序号	优惠事项名称	政策概述	主要政策依据	主要留存备查资料	享受优惠时间	后续管理要求
31						3. 加工集成电路产品主要列表及国家知识产权局（或国外知识产权相关主管机构）出具的企业自主开发或拥有的一至两份代表性知识产权（如专利、布图设计登记、软件著作权等）的证明材料； 4. 经具有资质的中介机构鉴证的企业财务会计报告（包括会计报表、会计报表附注和财务情况说明书）以及集成电路制造销售（营业）收入、研究开发费用、

续表

序号	优惠事项名称	政策概述	主要政策依据	主要留存备查资料	享受优惠时间	后续管理要求
31						境内研究开发费用等情况说明； 5. 与主要客户签订的一至两份代表性销售合同复印件； 6. 保证产品质量的相关证明材料（如质量管理认证证书复印件等）。
32	投资于未上市的中小高新技术企业的创业投资企业按投资额的一定比例抵扣应纳税所得额	创业投资企业采取股权投资方式投资于未上市的中小高新技术企业2年以上的，可以按照其投资额的70%在股权持有满2年的当年抵扣该创业投资企业的应纳税所得额；当年不足抵扣的，可以在以后纳税年度结转抵扣。	1.《中华人民共和国企业所得税法》第三十一条； 2.《中华人民共和国企业所得税法实施条例》第九十七条； 3.《财政部　国家税务总局关于执行企业所得税优惠政策若干问题的通知》（财税〔2009〕69号）； 4.《国家税务总局关于实施创业投资企业所得税优惠问题的通知》（国税发〔2009〕87号）。	1. 发展改革或证监部门出具的符合创业投资企业条件的年度证明材料； 2. 中小高新技术企业投资合同（协议）、章程、实际出资等相关材料； 3. 由省、自治区、直辖市和计划单列市高新技术企业认定管理机构出具的中小高新技术企业有效的高新技术企业证书复印件（注明“与原件一致”，并加盖公章）； 4. 中小高新技术企业基本情况〔包括企业职工人数、年销售（营业）额、资产总额、未上市等〕说明。	汇缴享受	由省税务机关（含计划单列市税务机关）规定。

续表

序号	优惠事项名称	政策概述	主要政策依据	主要留存备查资料	享受优惠时间	后续管理要求
33	投资于种子期、初创期科技型企业的创业投资企业按投资额的一定比例抵扣应纳税所得额	公司制创业投资企业采取股权投资方式直接投资于种子期、初创期科技型企业满 2 年（24 个月）的，可以按照投资额的 70% 在股权持有满 2 年的当年抵扣该公司制创业投资企业的应纳税所得额；当年不足抵扣的，可以在以后纳税年度结转抵扣。	1.《财政部　税务总局关于创业投资企业和天使投资个人有关税收试点政策的通知》（财税〔2017〕38 号）； 2.《国家税务总局关于创业投资企业和天使投资个人税收试点政策有关问题的公告》（国家税务总局公告 2017 年第 20 号）。	1. 发展改革或证监部门出具的符合创业投资企业条件的年度证明材料； 2. 初创科技型企业接受现金投资时的投资合同（协议）、章程、实际出资的相关证明材料； 3. 创业投资企业与其关联方持有初创科技型企业的股权比例的说明； 4. 被投资企业符合初创科技型企业条件的有关资料： （1）接受投资时从业人数、资产总额、年销售收入和大学本科以上学历的从业人数比例的情况说明； （2）接受投资时设立时间不超过 5 年的证明材料； （3）接受投资时以及接受投资后 2 年内未在境内外证券交易所上市情况说明； （4）研发费用总额占成本费用总额比例的情况说明。	汇缴享受	由省税务机关（含计划单列市税务机关）规定。

续表

序号	优惠事项名称	政策概述	主要政策依据	主要留存备查资料	享受优惠时间	后续管理要求
34	投资于未上市的中小高新技术企业的有限合伙制创业投资企业法人合伙人按投资额的一定比例抵扣应纳税所得额	有限合伙制创业投资企业采取股权投资方式投资于未上市的中小高新技术企业2年（24个月）以上，该有限合伙制创业投资企业的法人合伙人可按照其对未上市中小高新技术企业投资额的70%抵扣该法人合伙人从该有限合伙制创业投资企业分得的应纳税所得额，当年不足抵扣的，可以在以后纳税年度结转抵扣。	1.《中华人民共和国企业所得税法》第三十一条； 2.《中华人民共和国企业所得税法实施条例》第九十七条； 3.《财政部　国家税务总局关于将国家自主创业示范区有关税收试点政策推广到全国范围实施的通知》（财税〔2015〕116号）； 4.《国家税务总局关于实施创业投资企业所得税优惠问题的通知》（国税发〔2009〕87号）； 5.《国家税务总局关于有限合伙制创业投资企业法人合伙人企业所得税有关问题的公告》（国家税务总局公告2015年第81号）。	1. 发展改革或证监部门出具的符合创业投资企业条件的年度证明材料； 2. 中小高新技术企业投资合同（协议）、章程、实际出资等相关材料； 3. 省、自治区、直辖市和计划单列市高新技术企业认定管理机构出具的中小高新技术企业有效的高新技术企业证书复印件（注明“与原件一致”，并加盖公章）； 4. 中小高新技术企业基本情况〔包括企业职工人数、年销售（营业）额、资产总额、未上市等〕说明； 5. 法人合伙人应纳税所得额抵扣情况明细表； 6. 有限合伙制创业投资企业法人合伙人应纳税所得额分配情况明细表。	汇缴享受	由省税务机关（含计划单列市税务机关）规定。

续表

序号	优惠事项名称	政策概述	主要政策依据	主要留存备查资料	享受优惠时间	后续管理要求
35	投资于种子期、初创期科技型企业的有限合伙制创业投资企业法人合伙人按投资额的一定比例抵扣应纳税所得额	有限合伙制创业投资企业采取股权投资方式直接投资于种子期、初创期科技型企业满 2 年的，该合伙创投企业的法人合伙人可以按照对种子期、初创期科技型企业投资额的 70% 抵扣法人合伙人从有限合伙制创业投资企业分得的所得；当年不足抵扣的，可以在以后纳税年度结转抵扣。	1.《财政部　税务总局关于创业投资企业和天使投资个人有关税收试点政策的通知》（财税〔2017〕38 号）； 2.《国家税务总局关于创业投资企业和天使投资个人税收试点政策有关问题的公告》（国家税务总局公告 2017 年第 20 号）。	1. 发展改革或证监部门出具的符合创业投资企业条件的年度证明材料； 2. 初创科技型企业接受现金投资时的投资合同（协议）、章程、实际出资的相关证明材料； 3. 创业投资企业与其关联方持有初创科技型企业的股权比例的说明； 4. 被投资企业符合初创科技型企业条件的有关资料： （1）接受投资时从业人数、资产总额、年销售收入和大学本科以上学历的从业人数比例的情况说明； （2）接受投资时设立时间不超过 5 年的证明材料； （3）接受投资时以及接受投资后 2 年内未在境内外证券交易所上市情况说明； （4）接受投资当年及下一纳税年度研发费用总额占成本费用总额比例的情况说明； 5. 法人合伙人投资于合伙创投企业的出资时间、出资金额、出资比例及分配比例的相关证明材料、合伙创投企业主管税务机关受理后的《合伙创投企业法人合伙人所得分配情况明细表》。	汇缴享受	由省税务机关（含计划单列市税务机关）规定。

续表

序号	优惠事项名称	政策概述	主要政策依据	主要留存备查资料	享受优惠时间	后续管理要求
36	符合条件的小型微利企业减免企业所得税	从事国家非限制和禁止行业的企业，减按20%的税率征收企业所得税。对年应纳税所得额低于50万元（含50万元）的小型微利企业，其所得减按50%计入应纳税所得额，按20%的税率缴纳企业所得税。	1.《中华人民共和国企业所得税法》第二十八条； 2.《中华人民共和国企业所得税法实施条例》第九十二条； 3.《财政部　税务总局关于扩大小型微利企业所得税优惠政策范围的通知》（财税〔2017〕43号）； 4.《国家税务总局关于贯彻落实扩大小型微利企业所得税优惠政策范围有关征管问题的公告》（国家税务总局公告2017年第23号）。	1. 所从事行业不属于限制和禁止行业的说明； 2. 从业人数的计算过程； 3. 资产总额的计算过程。	预缴享受	由省税务机关（含计划单列市税务机关）规定。
37	国家需要重点扶持的高新技术企业减按15%的税率征收企业所得税	国家需要重点扶持的高新技术企业，减按15%的税率征收企业所得税。国家需要重点扶持的高新技术企业，是指拥有核心自主知识产权，产品（服务）属于国家重点支持的高新技术领域规定的范围、研究开发费用占销售收入的比例不低于规定比例、高新技术	1.《中华人民共和国企业所得税法》第二十八条； 2.《中华人民共和国企业所得税法实施条例》第九十三条； 3.《关于高新技术企业境外所得适用税率及税收抵免问题的通知》（财税〔2011〕47号）； 4.《财政部　海关总署　国家税务总局关于继续实施支持文化企业发展若干税收政策的通知》（财税〔2014〕85号）； 5.《科技部　财政部　国家税务总局关于修订印发〈高新技术企业认定管理办法〉的通知》（国科发火〔2016〕32号）；	1. 高新技术企业资格证书； 2. 高新技术企业认定资料； 3. 知识产权相关材料； 4. 年度主要产品（服务）发挥核心支持作用的技术属于《国家重点支持的高新技术领域》规定范围的说明，高新技术产品（服务）及对应收入资料；	预缴享受	由省税务机关（含计划单列市税务机关）规定。

续表

序号	优惠事项名称	政策概述	主要政策依据	主要留存备查资料	享受优惠时间	后续管理要求
37		产品（服务）收入占企业总收入的比例不低于规定比例、科技人员占企业职工总数的比例不低于规定比例，以及高新技术企业认定管理办法规定的其他条件的企业。对从事文化产业支撑技术等领域的文化企业，按规定认定为高新技术企业的，减按 15% 的税率征收企业所得税。	6.《科技部　财政部　国家税务总局关于修订〈高新技术企业认定管理工作指引〉的通知》（国科发火〔2016〕195 号）； 7.《国家税务总局关于实施高新技术企业所得税优惠有关问题的通知》（国税函〔2009〕203 号）； 8.《国家税务总局关于实施高新技术企业所得税优惠政策有关问题的公告》（国家税务总局公告 2017 年第 24 号）。	5. 年度职工和科技人员情况证明材料； 6. 当年和前两个会计年度研发费用总额及占同期销售收入比例、研发费用管理资料以及研发费用辅助账，研发费用结构明细表。		

续表

序号	优惠事项名称	政策概述	主要政策依据	主要留存备查资料	享受优惠时间	后续管理要求
38	经济特区和上海浦东新区新设立的高新技术企业在区内取得的所得定期减免企业所得税	经济特区和上海浦东新区内，在2008年1月1日（含）之后完成登记注册的国家需要重点扶持的高新技术企业，在经济特区和上海浦东新区内取得的所得，自取得第一笔生产经营收入所属纳税年度起，第一年至第二年免征企业所得税，第三年至第五年按照25%的法定税率减半征收企业所得税。	1.《中华人民共和国企业所得税法》第五十七条第二项； 2.《国务院关于经济特区和上海浦东新区新设立高新技术企业实行过渡性税收优惠的通知》（国发〔2007〕40号）； 3.《科技部　财政部　国家税务总局关于修订印发〈高新技术企业认定管理办法〉的通知》（国科发火〔2016〕32号）； 4.《科技部　财政部　国家税务总局关于修订〈高新技术企业认定管理工作指引〉的通知》（国科发火〔2016〕195号）； 5.《国家税务总局关于实施高新技术企业所得税优惠有关问题的通知》（国税函〔2009〕203号）； 6.《国家税务总局关于实施高新技术企业所得税优惠政策有关问题的公告》（国家税务总局公告2017年第24号）。	1. 高新技术企业资格证书； 2. 高新技术企业认定资料； 3. 知识产权相关材料； 4. 年度主要产品（服务）发挥核心支持作用的技术属于《国家重点支持的高新技术领域》规定范围的说明，高新技术产品（服务）及对应收入资料； 5. 年度职工和科技人员情况证明材料； 6. 当年和前两个会计年度研发费用总额及占同期销售收入比例、研发费用管理资料以及研发费用辅助账，研发费用结构明细表； 7. 新办企业取得第一笔生产经营收入凭证（原始凭证及账务处理凭证）； 8. 区内区外所得的核算资料。	预缴享受	由省税务机关（含计划单列市税务机关）规定。

续表

序号	优惠事项名称	政策概述	主要政策依据	主要留存备查资料	享受优惠时间	后续管理要求
39	民族自治地方的自治机关对本民族自治地方的企业应缴纳的企业所得税中属于地方分享的部分减征或免征	依照《中华人民共和国民族区域自治法》的规定，实行民族区域自治的自治区、自治州、自治县的自治机关对本民族自治地方的企业应缴纳的企业所得税中属于地方分享的部分，可以决定减征或者免征。自治州、自治县决定减征或者免征的，须报省、自治区、直辖市人民政府批准。	1.《中华人民共和国企业所得税法》第二十九条； 2.《中华人民共和国企业所得税法实施条例》第九十四条； 3.《财政部　国家税务总局关于贯彻落实国务院关于实施企业所得税过渡优惠政策有关问题的通知》（财税〔2008〕21号）。	由省税务机关规定。	预缴享受	由省税务机关规定。

续表

序号	优惠事项名称	政策概述	主要政策依据	主要留存备查资料	享受优惠时间	后续管理要求
40	受灾地区农村信用社免征企业所得税	对受灾地区农村信用社免征企业所得税。其中，芦山受灾地区政策执行期限自2013年4月20日起至2017年12月31日；鲁甸受灾地区政策执行期限自2014年1月1日至2018年12月31日。	1.《财政部 海关总署 国家税务总局关于支持芦山地震灾后恢复重建有关税收政策问题的通知》（财税〔2013〕58号）； 2.《财政部 海关总署 国家税务总局关于支持鲁甸地震灾后恢复重建有关税收政策问题的通知》（财税〔2015〕27号）。	由省税务机关规定。	预缴享受	由省税务机关规定。
41	支持和促进重点群体创业就业企业限额减征企业所得税	商贸企业、服务型企业、劳动就业服务企业中的加工型企业和街道社区具有加工性质的小型企业实体，在新增加的岗位中，当年新招用在人力资源社会保障部门公共就业服务机构登记失业半年以上且持《就业创业证》或《就业失业登记证》（注明“企业吸纳税收政策”）人员，	1.《财政部 国家税务总局 人力资源社会保障部关于继续实施支持和促进重点群体创业就业有关税收政策的通知》（财税〔2014〕39号）； 2.《财政部 国家税务总局 人力资源和社会保障部 教育部关于支持和促进重点群体创业就业税收政策有关问题的补充通知》（财税〔2015〕18号）； 3.《财政部 国家税务总局 人力资源社会保障部关于扩大企业吸纳就业税收优惠适用人员范围的通知》（财税〔2015〕77号）；	1. 县以上人力资源社会保障部门核发的《企业实体吸纳失业人员认定证明》《持〈就业创业证〉人员本年度实际工作时间表》； 2. 企业当年已享受增值税和附加税抵减税额优惠的证明资料。	汇缴享受	由省税务机关（含计划单列市税务机关）规定。

续表

序号	优惠事项名称	政策概述	主要政策依据	主要留存备查资料	享受优惠时间	后续管理要求
41		与其签订 1 年以上期限劳动合同并依法缴纳社会保险费的，在 3 年内按实际招用人数予以定额依次扣减增值税、城市维护建设税、教育费附加、地方教育附加和企业所得税优惠。定额标准为每人每年 4000 元，最高可上浮 30%。按上述标准计算的税收扣减额应在企业当年实际应缴纳的增值税、城市维护建设税、教育费附加、地方教育附加和企业所得税税额中扣减，当年扣减不完的，不得结转下年使用。	4.《财政部　税务总局　人力资源社会保障部关于继续实施支持和促进重点群体创业就业有关税收政策的通知》（财税〔2017〕49 号）； 5.《国家税务总局　财政部　人力资源社会保障部　教育部　民政部关于继续实施支持和促进重点群体创业就业有关税收政策具体操作问题的公告》（国家税务总局公告 2017 年第 27 号）。			

续表

序号	优惠事项名称	政策概述	主要政策依据	主要留存备查资料	享受优惠时间	后续管理要求
42	扶持自主就业退役士兵创业就业企业限额减征企业所得税	对商贸企业、服务型企业、劳动就业服务企业中的加工型企业和街道社区具有加工性质的小型企业实体，在新增加的岗位中，当年新招用自主就业退役士兵，与其签订1年以上期限劳动合同并依法缴纳社会保险费的，在3年内按实际招用人数予以定额依次扣减增值税、城市维护建设税、教育费附加、地方教育附加和企业所得税优惠。定额标准为每人每年4000元，最高可上浮50%。纳税年度终了，如果企业实际减免的增值税、城市维护建设税、教育费附加和地方教育附加	1.《财政部　国家税务总局　民政部关于调整完善扶持自主就业退役士兵创业就业有关税收政策的通知》（财税〔2014〕42号）； 2.《财政部　税务总局　民政部关于继续实施扶持自主就业退役士兵创业就业有关税收政策的通知》（财税〔2017〕46号）。	1. 新招用自主就业退役士兵的《中国人民解放军义务兵退出现役证》或《中国人民解放军士官退出现役证》； 2. 企业当年已享受增值税和附加税抵减税额优惠的证明资料。	汇缴享受	由省税务机关（含计划单列市税务机关）规定。

续表

序号	优惠事项名称	政策概述	主要政策依据	主要留存备查资料	享受优惠时间	后续管理要求
42		小于核定的减免税总额，企业在企业所得税汇算清缴时扣减企业所得税。当年扣减不完的，不再结转以后年度扣减。				
43	符合条件的生产和装配伤残人员专门用品企业免征企业所得税	对符合条件的生产和装配伤残人员专门用品企业，免征企业所得税。	《财政部　国家税务总局　民政部关于生产和装配伤残人员专门用品企业免征企业所得税的通知》（财税〔2016〕111号）。	1. 生产和装配伤残人员专门用品，在民政部《中国伤残人员专门用品目录》范围之内的说明； 2. 伤残人员专门用品制作师名册、《执业资格证书》（假肢制作师、矫形器制作师）； 3. 企业的生产和装配条件以及帮助伤残人员康复的其他辅助条件的说明材料。	预缴享受	由省税务机关（含计划单列市税务机关）规定。

续表

序号	优惠事项名称	政策概述	主要政策依据	主要留存备查资料	享受优惠时间	后续管理要求
44	动漫企业自主开发、生产动漫产品定期减免企业所得税	经认定的动漫企业自主开发、生产动漫产品，可申请享受国家现行鼓励软件产业发展的所得税优惠政策。即在2017年12月31日前自获利年度起，第一年至第二年免征企业所得税，第三年至第五年按照25%的法定税率减半征收企业所得税，并享受至期满为止。	1.《文化部 财政部 国家税务总局关于印发〈动漫企业认定管理办法(试行)〉的通知》(文市发〔2008〕51号)； 2.《文化部 财政部 国家税务总局关于实施〈动漫企业认定管理办法(试行)〉有关问题的通知》(文产发〔2009〕18号)； 3.《财政部 国家税务总局关于扶持动漫产业发展有关税收政策问题的通知》(财税〔2009〕65号)。	1. 动漫企业认定证明； 2. 动漫企业认定资料； 3. 动漫企业年审通过名单； 4. 获利年度情况说明。	预缴享受	由省税务机关(含计划单列市税务机关)规定。

续表

序号	优惠事项名称	政策概述	主要政策依据	主要留存备查资料	享受优惠时间	后续管理要求
45	新办集成电路设计企业减免企业所得税	我国境内新办的集成电路设计企业，在2017年12月31日前自获利年度起，第一年至第二年免征企业所得税，第三年至第五年按照25%的法定税率减半征收企业所得税，并享受至期满为止。	1.《财政部　国家税务总局关于进一步鼓励软件产业和集成电路产业发展企业所得税政策的通知》（财税〔2012〕27号）； 2.《财政部　国家税务总局　发展改革委　工业和信息化部关于软件和集成电路产业企业所得税优惠政策有关问题的通知》（财税〔2016〕49号）； 3.《国家税务总局关于执行软件企业所得税优惠政策有关问题的公告》（国家税务总局公告2013年第43号）。	后续管理要求提交资料的留存件。	预缴享受	在汇算清缴期结束前向税务机关提交以下资料： 1. 企业职工人数、学历结构、研究开发人员情况及其占企业职工总数的比例说明，以及汇算清缴年度最后一个月社会保险缴纳证明等相关证明材料； 2. 企业开发销售的主要集成电路产品列表，以及国家知识产权局（或国外知识产权相关主管机构）出具的企业自主开发或拥有的一至两份代表性知识产权

续表

序号	优惠事项名称	政策概述	主要政策依据	主要留存备查资料	享受优惠时间	后续管理要求
45						（如专利、布图设计登记、软件著作权等）的证明材料； 3. 经具有资质的中介机构鉴证的企业财务会计报告（包括会计报表、会计报表附注和财务情况说明书）以及集成电路设计销售（营业）收入、集成电路自主设计销售（营业）收入、研究开发费用、境内研究开发费用等情况表； 4. 第三方检测机构提供的集成电路产品测试报告或用户报告，以及与主要客户签

续表

序号	优惠事项名称	政策概述	主要政策依据	主要留存备查资料	享受优惠时间	后续管理要求
45						订的一至两份代表性销售合同复印件； 5. 企业开发环境等相关证明材料。
46	国家规划布局内集成电路设计企业可减按10%的税率征收企业所得税	国家规划布局内的集成电路设计企业，如当年未享受免税优惠的，可减按10%的税率征收企业所得税。	1.《财政部　国家税务总局关于进一步鼓励软件产业和集成电路产业发展企业所得税政策的通知》（财税〔2012〕27号）； 2.《财政部　国家税务总局　发展改革委　工业和信息化部关于软件和集成电路产业企业所得税优惠政策有关问题的通知》（财税〔2016〕49号）； 3.《国家发展和改革委　工业和信息化部　财政部　国家税务总局关于印发国家规划布局内重点软件和集成电路设计领域的通知》（发改高技〔2016〕1056号）；	后续管理要求提交资料的留存件。	预缴享受	在汇算清缴期结束前向税务机关提交以下资料： 1. 企业职工人数、学历结构、研究开发人员情况及其占企业职工总数的比例说明，以及汇算清缴年度最后一个月社会保险缴纳证明等相关证明材料；

续表

序号	优惠事项名称	政策概述	主要政策依据	主要留存备查资料	享受优惠时间	后续管理要求
46			4.《国家税务总局关于执行软件企业所得税优惠政策有关问题的公告》（国家税务总局公告2013年第43号）。			2. 企业开发销售的主要集成电路产品列表，以及国家知识产权局（或国外知识产权相关主管机构）出具的企业自主开发或拥有的一至两份代表性知识产权（如专利、布图设计登记、软件著作权等）的证明材料； 3. 经具有资质的中介机构鉴证的企业财务会计报告（包括会计报表、会计报表附注和财务情况说明书）以及集成电路设计销售（营业）收入、集成电路

续表

序号	优惠事项名称	政策概述	主要政策依据	主要留存备查资料	享受优惠时间	后续管理要求
46						自主设计销售（营业）收入、研究开发费用、境内研究开发费用等情况表； 4. 第三方检测机构提供的集成电路产品测试报告或用户报告，以及与主要客户签订的一至两份代表性销售合同复印件； 5. 企业开发环境等相关证明材料； 6. 符合财税〔2016〕49号文件第五条规定的第二类条件的，应提供在国家规定的重点集成电路设计领域内销售（营业）情况说明。

续表

序号	优惠事项名称	政策概述	主要政策依据	主要留存备查资料	享受优惠时间	后续管理要求
47	线宽小于0.8微米（含）的集成电路生产企业减免企业所得税	集成电路线宽小于0.8微米（含）的集成电路生产企业，在2017年12月31日前自获利年度起计算优惠期，第一年至第二年免征企业所得税，第三年至第五年按照25%的法定税率减半征收企业所得税，并享受至期满为止。	1.《财政部　国家税务总局关于进一步鼓励软件产业和集成电路产业发展企业所得税政策的通知》（财税〔2012〕27号）； 2.《财政部　国家税务总局　发展改革委　工业和信息化部关于软件和集成电路产业企业所得税优惠政策有关问题的通知》（财税〔2016〕49号）； 3.《财政部　税务总局　国家发展改革委　工业和信息化部关于集成电路生产企业有关企业所得税政策问题的通知》（财税〔2018〕27号）； 4.《国家税务总局关于执行软件企业所得税优惠政策有关问题的公告》（国家税务总局公告2013年第43号）。	后续管理要求提交资料的留存件。	预缴享受	在汇算清缴期结束前向税务机关提交以下资料： 1. 在发展改革或工业和信息化部门立项的备案文件（应注明总投资额、工艺线宽标准）复印件以及企业取得的其他相关资质证书复印件等； 2. 企业职工人数、学历结构、研究开发人员情况及其占企业职工总数的比例说明，以及汇算清缴年度最后一个月社会保险缴纳证明等相关证明材料；

续表

序号	优惠事项名称	政策概述	主要政策依据	主要留存备查资料	享受优惠时间	后续管理要求
47						3. 加工集成电路产品主要列表及国家知识产权局（或国外知识产权相关主管机构）出具的企业自主开发或拥有的一至两份代表性知识产权（如专利、布图设计登记、软件著作权等）的证明材料； 4. 经具有资质的中介机构鉴证的企业财务会计报告（包括会计报表、会计报表附注和财务情况说明书）以及集成电路制造销售（营业）收入、研究开发费用、境内

续表

序号	优惠事项名称	政策概述	主要政策依据	主要留存备查资料	享受优惠时间	后续管理要求
47						研究开发费用等情况说明； 5. 与主要客户签订的一至两份代表性销售合同复印件； 6. 保证产品质量的相关证明材料（如质量管理认证证书复印件等）。
48	线宽小于0.25微米的集成电路生产企业减按15%税率征收企业所得税	线宽小于0.25微米的集成电路生产企业，减按15%的税率征收企业所得税。	1.《财政部　国家税务总局关于进一步鼓励软件产业和集成电路产业发展企业所得税政策的通知》（财税〔2012〕27号）； 2.《财政部　国家税务总局　发展改革委　工业和信息化部关于软件和集成电路产业企业所得税优惠政策有关问题的通知》（财税〔2016〕49号）；	后续管理要求提交资料的留存件。	预缴享受	在汇算清缴期结束前向税务机关提交以下资料： 1. 在发展改革或工业和信息化部门立项的备案文件（应注明总投资额、工艺线宽标准）

续表

序号	优惠事项名称	政策概述	主要政策依据	主要留存备查资料	享受优惠时间	后续管理要求
48			3.《国家税务总局关于执行软件企业所得税优惠政策有关问题的公告》（国家税务总局公告 2013 年第 43 号）。			复印件以及企业取得的其他相关资质证书复印件等； 2. 企业职工人数、学历结构、研究开发人员情况及其占企业职工总数的比例说明，以及汇算清缴年度最后一个月社会保险缴纳证明等相关证明材料； 3. 加工集成电路产品主要列表及国家知识产权局（或国外知识产权相关主管机构）出具的企业自主开发或拥有的一至两份代表性知识产权

续表

序号	优惠事项名称	政策概述	主要政策依据	主要留存备查资料	享受优惠时间	后续管理要求
48						（如专利、布图设计登记、软件著作权等）的证明材料； 4. 经具有资质的中介机构鉴证的企业财务会计报告（包括会计报表、会计报表附注和财务情况说明书）以及集成电路制造销售（营业）收入、研究开发费用、境内研究开发费用等情况说明； 5. 与主要客户签订的一至两份代表性销售合同复印件； 6. 保证产品质量的相关证明材料（如质量管理认证证书复印件等）。

续表

序号	优惠事项名称	政策概述	主要政策依据	主要留存备查资料	享受优惠时间	后续管理要求
49	投资额超过 80 亿元的集成电路生产企业减按 15% 税率征收企业所得税	投资额超过 80 亿元的集成电路生产企业，减按 15% 的税率征收企业所得税。	1.《财政部 国家税务总局关于进一步鼓励软件产业和集成电路产业发展企业所得税政策的通知》（财税〔2012〕27 号）； 2.《财政部 国家税务总局 发展改革委 工业和信息化部关于软件和集成电路产业企业所得税优惠政策有关问题的通知》（财税〔2016〕49 号）； 3.《国家税务总局关于执行软件企业所得税优惠政策有关问题的公告》（国家税务总局公告 2013 年第 43 号）。	后续管理要求提交资料的留存件。	预缴享受	在汇算清缴期结束前向税务机关提交以下资料： 1. 在发展改革或工业和信息化部门立项的备案文件（应注明总投资额、工艺线宽标准）复印件以及企业取得的其他相关资质证书复印件等； 2. 企业职工人数、学历结构、研究开发人员情况及其占企业职工总数的比例说明，以及汇算清缴年度最后一个月社会保险缴纳证明等相关证明材料；

续表

序号	优惠事项名称	政策概述	主要政策依据	主要留存备查资料	享受优惠时间	后续管理要求
49						3. 加工集成电路产品主要列表及国家知识产权局（或国外知识产权相关主管机构）出具的企业自主开发或拥有的一至两份代表性知识产权（如专利、布图设计登记、软件著作权等）的证明材料； 4. 经具有资质的中介机构鉴证的企业财务会计报告（包括会计报表、会计报表附注和财务情况说明书）以及集成电路制造销售（营业）收入、研究开发费用、

续表

序号	优惠事项名称	政策概述	主要政策依据	主要留存备查资料	享受优惠时间	后续管理要求
49						境内研究开发费用等情况说明； 5. 与主要客户签订的一至两份代表性销售合同复印件； 6. 保证产品质量的相关证明材料（如质量管理认证证书复印件等）。
50	线宽小于 0.25 微米的集成电路生产企业减免企业所得税	线宽小于 0.25 微米的集成电路生产企业，经营期在 15 年以上的，在 2017 年 12 月 31 日前自获利年度起计算优惠期，第一年至第五年免征企业所得税，第六年至第十年按照 25% 的法定税率减半征收企业所得税，并享受至期满为止。	1.《财政部　国家税务总局关于进一步鼓励软件产业和集成电路产业发展企业所得税政策的通知》（财税〔2012〕27 号）； 2.《财政部　国家税务总局　发展改革委　工业和信息化部关于软件和集成电路产业企业所得税优惠政策有关问题的通知》（财税〔2016〕49 号）； 3.《财政部　税务总局　国家发展改革委　工业和信息化部关于集成电路生产企业有关企业所得税政策问题的通知》（财税〔2018〕27 号）；	后续管理要求提交资料的留存件。	预缴享受	在汇算清缴期结束前向税务机关提交以下资料： 1. 在发展改革或工业和信息化部门立项的备案文件（应注明总投资额、工艺线宽标准）复印件以及企业取得的其他相关资质证书复印件等；

续表

序号	优惠事项名称	政策概述	主要政策依据	主要留存备查资料	享受优惠时间	后续管理要求
50			4.《国家税务总局关于执行软件企业所得税优惠政策有关问题的公告》（国家税务总局公告2013年第43号）。			2. 企业职工人数、学历结构、研究开发人员情况及其占企业职工总数的比例说明，以及汇算清缴年度最后一个月社会保险缴纳证明等相关证明材料； 3. 加工集成电路产品主要列表及国家知识产权局（或国外知识产权相关主管机构）出具的企业自主开发或拥有的一至两份代表性知识产权（如专利、布图设计登记、软件著作权等）的证明材料；

续表

序号	优惠事项名称	政策概述	主要政策依据	主要留存备查资料	享受优惠时间	后续管理要求
50						4. 经具有资质的中介机构鉴证的企业财务会计报告（包括会计报表、会计报表附注和财务情况说明书）以及集成电路制造销售（营业）收入、研究开发费用、境内研究开发费用等情况说明； 5. 与主要客户签订的一至两份代表性销售合同复印件； 6. 保证产品质量的相关证明材料（如质量管理认证证书复印件等）。

续表

序号	优惠事项名称	政策概述	主要政策依据	主要留存备查资料	享受优惠时间	后续管理要求
51	投资额超过80亿元的集成电路生产企业减免企业所得税	投资额超过80亿元的集成电路生产企业，经营期在15年以上的，在2017年12月31日前自获利年度起计算优惠期，第一年至第五年免征企业所得税，第六年至第十年按照25%的法定税率减半征收企业所得税，并享受至期满为止。	1.《财政部　国家税务总局关于进一步鼓励软件产业和集成电路产业发展企业所得税政策的通知》（财税〔2012〕27号）； 2.《财政部　国家税务总局　发展改革委　工业和信息化部关于软件和集成电路产业企业所得税优惠政策有关问题的通知》（财税〔2016〕49号）； 3.《财政部　税务总局　国家发展改革委　工业和信息化部关于集成电路生产企业有关企业所得税政策问题的通知》（财税〔2018〕27号）； 4.《国家税务总局关于执行软件企业所得税优惠政策有关问题的公告》（国家税务总局公告2013年第43号）。	后续管理要求提交资料的留存件。	预缴享受	在汇算清缴期结束前向税务机关提交以下资料： 1. 在发展改革或工业和信息化部门立项的备案文件（应注明总投资额、工艺线宽标准）复印件以及企业取得的其他相关资质证书复印件等； 2. 企业职工人数、学历结构、研究开发人员情况及其占企业职工总数的比例说明，以及汇算清缴年度最后一个月社会保险缴纳证明等相关证明材料；

续表

序号	优惠事项名称	政策概述	主要政策依据	主要留存备查资料	享受优惠时间	后续管理要求
51						3. 加工集成电路产品主要列表及国家知识产权局（或国外知识产权相关主管机构）出具的企业自主开发或拥有的一至两份代表性知识产权（如专利、布图设计登记、软件著作权等）的证明材料； 4. 经具有资质的中介机构鉴证的企业财务会计报告（包括会计报表、会计报表附注和财务情况说明书）以及集成电路制造销售（营业）收入、研究开发费用、境内研究开发费用等情况说明；

续表

序号	优惠事项名称	政策概述	主要政策依据	主要留存备查资料	享受优惠时间	后续管理要求
51						5. 与主要客户签订的一至两份代表性销售合同复印件； 6. 保证产品质量的相关证明材料（如质量管理认证证书复印件等）。
52	线宽小于130纳米的集成电路生产企业减免企业所得税	2018年1月1日后投资新设的集成电路线宽小于130纳米，且经营期在10年以上的集成电路生产企业，第一年至第二年免征企业所得税，第三年至第五年按照25%的法定税率减半征收企业所得税，并享受至期满为止。	1.《财政部　国家税务总局　发展改革委　工业和信息化部关于软件和集成电路产业企业所得税优惠政策有关问题的通知》（财税〔2016〕49号）； 2.《财政部　税务总局　国家发展改革委　工业和信息化部关于集成电路生产企业有关企业所得税政策问题的通知》（财税〔2018〕27号）； 3.《国家税务总局关于执行软件企业所得税优惠政策有关问题的公告》（国家税务总局公告2013年第43号）。	后续管理要求提交资料的留存件。	预缴享受	在汇算清缴期结束前向税务机关提交以下资料： 1. 在发展改革或工业和信息化部门立项的备案文件（应注明总投资额、工艺线宽标准）

续表

序号	优惠事项名称	政策概述	主要政策依据	主要留存备查资料	享受优惠时间	后续管理要求
52						复印件以及企业取得的其他相关资质证书复印件等； 2. 企业职工人数、学历结构、研究开发人员情况及其占企业职工总数的比例说明，以及汇算清缴年度最后一个月社会保险缴纳证明等相关证明材料； 3. 加工集成电路产品主要列表及国家知识产权局（或国外知识产权相关主管机构）出具的企业自主开发或拥有的一至两份代表性知识产权

续表

序号	优惠事项名称	政策概述	主要政策依据	主要留存备查资料	享受优惠时间	后续管理要求
52						（如专利、布图设计登记、软件著作权等）的证明材料； 4. 经具有资质的中介机构鉴证的企业财务会计报告（包括会计报表、会计报表附注和财务情况说明书）以及集成电路制造销售（营业）收入、研究开发费用、境内研究开发费用等情况说明； 5. 与主要客户签订的一至两份代表性销售合同复印件； 6. 保证产品质量的相关证明材料（如质量管理认证证书复印件等）。

续表

序号	优惠事项名称	政策概述	主要政策依据	主要留存备查资料	享受优惠时间	后续管理要求
53	线宽小于65纳米或投资额超过150亿元的集成电路生产企业减免企业所得税	2018年1月1日后投资新设的集成电路线宽小于65纳米或投资额超过150亿元，且经营期在15年以上的集成电路生产企业，第一年至第五年免征企业所得税，第六年至第十年按照25%的法定税率减半征收企业所得税，并享受至期满为止。	1.《财政部　国家税务总局　发展改革委　工业和信息化部关于软件和集成电路产业企业所得税优惠政策有关问题的通知》（财税〔2016〕49号）； 2.《财政部　税务总局　国家发展改革委　工业和信息化部关于集成电路生产企业有关企业所得税政策问题的通知》（财税〔2018〕27号）； 3.《国家税务总局关于执行软件企业所得税优惠政策有关问题的公告》（国家税务总局公告2013年第43号）。	后续管理要求提交资料的留存件。	预缴享受	在汇算清缴期结束前向税务机关提交以下资料： 1. 在发展改革或工业和信息化部门立项的备案文件（应注明总投资额、工艺线宽标准）复印件以及企业取得的其他相关资质证书复印件等； 2. 企业职工人数、学历结构、研究开发人员情况及其占企业职工总数的比例说明，以及汇算清缴年度最后一个月社会保险缴纳证明等相关证明材料；

续表

序号	优惠事项名称	政策概述	主要政策依据	主要留存备查资料	享受优惠时间	后续管理要求
53						3. 加工集成电路产品主要列表及国家知识产权局（或国外知识产权相关主管机构）出具的企业自主开发或拥有的一至两份代表性知识产权（如专利、布图设计登记、软件著作权等）的证明材料； 4. 经具有资质的中介机构鉴证的企业财务会计报告（包括会计报表、会计报表附注和财务情况说明书）以及集成电路制造销售（营业）收入、研究开发费用、境内研究开发费用等情况说明；

续表

序号	优惠事项名称	政策概述	主要政策依据	主要留存备查资料	享受优惠时间	后续管理要求
53						5. 与主要客户签订的一至两份代表性销售合同复印件； 6. 保证产品质量的相关证明材料（如质量管理认证证书复印件等）。
54	符合条件的集成电路封装、测试企业定期减免企业所得税	符合条件的集成电路封装、测试企业，在2017年（含2017年）前实现获利的，自获利年度起，第一年至第二年免征企业所得税，第三年至第五年按照25%的法定税率减半征收企业所得税，并享受至期满为止；2017年前未实现获利的，自2017年起	《财政部 国家税务总局 发展改革委 工业和信息化部关于进一步鼓励集成电路产业发展企业所得税政策的通知》（财税〔2015〕6号）。	省级相关部门根据发展改革委等部门规定办法出具的证明。	预缴享受	由省税务机关（含计划单列市税务机关）规定。

续表

序号	优惠事项名称	政策概述	主要政策依据	主要留存备查资料	享受优惠时间	后续管理要求
54		计算优惠期，享受至期满为止。				
55	符合条件的集成电路关键专用材料生产企业、集成电路专用设备生产企业定期减免企业所得税	符合条件的集成电路关键专用材料生产企业、集成电路专用设备生产企业，在2017年（含2017年）前实现获利的，自获利年度起，第一年至第二年免征企业所得税，第三年至第五年按照25%的法定税率减半征收企业所得税，并享受至期满为止；2017年前未实现获利的，自2017年起计算优惠期，享受至期满为止。	《财政部　国家税务总局　发展改革委　工业和信息化部关于进一步鼓励集成电路产业发展企业所得税政策的通知》（财税〔2015〕6号）。	省级相关部门根据发展改革委等部门规定办法出具的证明。	预缴享受	由省税务机关（含计划单列市税务机关）规定。

续表

序号	优惠事项名称	政策概述	主要政策依据	主要留存备查资料	享受优惠时间	后续管理要求
56	符合条件的软件企业减免企业所得税	我国境内符合条件的软件企业，在2017年12月31日前自获利年度起，第一年至第二年免征企业所得税，第三年至第五年按照25%的法定税率减半征收企业所得税，并享受至期满为止。	1.《财政部　国家税务总局关于进一步鼓励软件产业和集成电路产业发展企业所得税政策的通知》（财税〔2012〕27号）； 2.《财政部　国家税务总局　发展改革委　工业和信息化部关于软件和集成电路产业企业所得税优惠政策有关问题的通知》（财税〔2016〕49号）； 3.《国家税务总局关于执行软件企业所得税优惠政策有关问题的公告》（国家税务总局公告2013年第43号）。	后续管理要求提交资料的留存件。	预缴享受	在汇算清缴期结束前向税务机关提交以下资料： 1. 企业开发销售的主要软件产品列表或技术服务列表； 2. 主营业务为软件产品开发的企业，提供至少1个主要产品的软件著作权或专利权等自主知识产权的有效证明文件，以及第三方检测机构提供的软件产品测试报告；主营业务仅为技术服务的企业提供核心技术说明； 3. 企业职工人数、学历结构、

续表

序号	优惠事项名称	政策概述	主要政策依据	主要留存备查资料	享受优惠时间	后续管理要求
56						研究开发人员及其占企业职工总数的比例说明，以及汇算清缴年度最后一个月社会保险缴纳证明等相关证明材料； 4. 经具有资质的中介机构鉴证的企业财务会计报告（包括会计报表、会计报表附注和财务情况说明书）以及软件产品开发销售（营业）收入、软件产品自主开发销售（营业）收入、研究开发费用、境内研究开发费用等情况说明；

续表

序号	优惠事项名称	政策概述	主要政策依据	主要留存备查资料	享受优惠时间	后续管理要求
56						5. 与主要客户签订的一至两份代表性的软件产品销售合同或技术服务合同复印件； 6. 企业开发环境相关证明材料。
57	国家规划布局内重点软件企业可减按10%的税率征收企业所得税	国家规划布局内的重点软件企业，如当年未享受免税优惠的，可减按10%的税率征收企业所得税。	1.《财政部　国家税务总局关于进一步鼓励软件产业和集成电路产业发展企业所得税政策的通知》（财税〔2012〕27 号）； 2.《财政部　国家税务总局　发展改革委　工业和信息化部关于软件和集成电路产业企业所得税优惠政策有关问题的通知》（财税〔2016〕49 号）； 3.《国家发展和改革委　工业和信息化部　财政部　国家税务总局关于印发国家规划布局内重点软件和集成电路设计领域的通知》（发改高技〔2016〕1056 号）；	后续管理要求提交资料的留存件。	预缴享受	在汇算清缴期结束前向税务机关提交以下资料： 1. 企业开发销售的主要软件产品列表或技术服务列表； 2. 主营业务为软件产品开发的企业，提供至少 1 个主要产品的软件著作权或专

续表

序号	优惠事项名称	政策概述	主要政策依据	主要留存备查资料	享受优惠时间	后续管理要求
57			4.《国家税务总局关于执行软件企业所得税优惠政策有关问题的公告》(国家税务总局公告2013年第43号)。			利权等自主知识产权的有效证明文件，以及第三方检测机构提供的软件产品测试报告；主营业务仅为技术服务的企业提供核心技术说明； 3. 企业职工人数、学历结构、研究开发人员及其占企业职工总数的比例说明，以及汇算清缴年度最后一个月社会保险缴纳证明等相关证明材料； 4. 经具有资质的中介机构鉴证的企业财务会计报告（包括会计报表、

续表

序号	优惠事项名称	政策概述	主要政策依据	主要留存备查资料	享受优惠时间	后续管理要求
57						会计报表附注和财务情况说明书）以及软件产品开发销售（营业）收入、软件产品自主开发销售（营业）收入、研究开发费用、境内研究开发费用等情况说明； 5. 与主要客户签订的一至两份代表性的软件产品销售合同或技术服务合同复印件； 6. 企业开发环境相关证明材料； 7. 符合财税〔2016〕49号文件第六条规定的第二类条件的，

续表

序号	优惠事项名称	政策概述	主要政策依据	主要留存备查资料	享受优惠时间	后续管理要求
57						应提供在国家规定的重点软件领域内销售（营业）情况说明； 8. 符合财税〔2016〕49号文件第六条规定的第三类条件的，应提供商务主管部门核发的软件出口合同登记证书，以及有效出口合同和结汇证明等材料。
58	经营性文化事业单位转制为企业的免征企业所得税	从事新闻出版、广播影视和文化艺术的经营性文化事业单位转制为企业的，自转制注册之日起免征企业所得税。	《财政部 国家税务总局 中宣部关于继续实施文化体制改革中经营性文化事业单位转制为企业若干税收政策的通知》（财税〔2014〕84号）。	1. 企业转制方案文件； 2. 有关部门对转制方案的批复文件； 3. 整体转制前已进行事业单位法人登记的，同级机构编制管理机关核销事业编制的证明，以及注销事业单位法人的证明； 4. 企业转制的工商登记情况； 5. 企业与职工签订的劳动合同； 6. 企业缴纳社会保险费记录；	预缴享受	由省税务机关（含计划单列市税务机关）规定。

续表

序号	优惠事项名称	政策概述	主要政策依据	主要留存备查资料	享受优惠时间	后续管理要求
58				7. 有关部门批准引入非公有资本、境外资本和变更资本结构的批准函； 8. 同级文化体制改革和发展工作领导小组办公室出具的同意变更函（已认定发布的转制文化企业名称发生变更，且主营业务未发生变化的）。		
59	技术先进型服务企业减按15%的税率征收企业所得税	对经认定的技术先进型服务企业，减按15%的税率征收企业所得税。	1.《财政部　国家税务总局　商务部　科技部　国家发展改革委关于完善技术先进型服务企业有关企业所得税政策问题的通知》（财税〔2014〕59号）； 2.《财政部　国家税务总局　商务部　科技部　国家发展改革委关于新增中国服务外包示范城市适用技术先进型服务企业所得税政策的通知》（财税〔2016〕108号）； 3.《财政部　税务总局　商务部　科技部　国家发展改革委关于将技术先进型服务企业所得税政策推广到全国实施的通知》（财税〔2017〕79号）。	1. 技术先进型服务企业认定文件； 2. 技术先进型服务企业认定资料； 3. 优惠年度技术先进型服务业务收入总额、离岸服务外包业务收入总额占本企业当年收入总额比例情况说明； 4. 企业具有大专以上学历的员工占企业总职工总数比例情况说明。	预缴享受	由省税务机关（含计划单列市税务机关）规定。

续表

序号	优惠事项名称	政策概述	主要政策依据	主要留存备查资料	享受优惠时间	后续管理要求
60	服务贸易创新发展试点地区符合条件的技术先进型服务企业减按15%的税率征收企业所得税	在服务贸易创新发展试点地区，符合条件的技术先进型服务企业减按15%的税率征收企业所得税。	1.《财政部　国家税务总局　商务部　科技部　国家发展改革委关于完善技术先进型服务企业有关企业所得税政策问题的通知》（财税〔2014〕59号）； 2.《财政部　国家税务总局　商务部　科技部　国家发展改革委关于在服务贸易创新发展试点地区推广技术先进型服务企业所得税优惠政策的通知》（财税〔2016〕122号）。	1. 技术先进型服务企业认定文件； 2. 技术先进型服务企业认定资料； 3. 优惠年度技术先进型服务业务收入总额、离岸服务外包业务收入总额占本企业当年收入总额比例情况说明； 4. 企业具有大专以上学历的员工占企业总职工总数比例情况说明。	预缴享受	由省税务机关（含计划单列市税务机关）规定。
61	新疆困难地区新办企业定期减免企业所得税	对在新疆困难地区新办的属于《新疆困难地区重点鼓励发展产业企业所得税优惠目录》范围内的企业，自取得第一笔生产经营收入所属纳税年度起，第一年至第二年免征企业所得税，第三年至第五年减半征收企业所得税。	1.《财政部　国家税务总局关于新疆困难地区新办企业所得税优惠政策的通知》（财税〔2011〕53号）； 2.《财政部　国家税务总局　国家发展改革委　工业和信息化部关于完善新疆困难地区重点鼓励发展产业企业所得税优惠目录的通知》（财税〔2016〕85号）。	由省税务机关规定。	预缴享受	由省税务机关规定。

续表

序号	优惠事项名称	政策概述	主要政策依据	主要留存备查资料	享受优惠时间	后续管理要求
62	新疆喀什、霍尔果斯特殊经济开发区新办企业定期免征企业所得税	对在新疆喀什、霍尔果斯两个特殊经济开发区内新办的属于《新疆困难地区重点鼓励发展产业企业所得税优惠目录》范围内的企业，自取得第一笔生产经营收入所属纳税年度起，五年内免征企业所得税。	1.《财政部　国家税务总局关于新疆喀什　霍尔果斯两个特殊经济开发区企业所得税优惠政策的通知》（财税〔2011〕112 号）； 2.《财政部　国家税务总局　国家发展改革委　工业和信息化部关于完善新疆困难地区重点鼓励发展产业企业所得税优惠目录的通知》（财税〔2016〕85 号）。	由省税务机关规定。	预缴享受	由省税务机关规定。
63	设在西部地区的鼓励类产业企业减按15% 的税率征收企业所得税	对设在西部地区的鼓励类产业企业减按15%的税率征收企业所得税。对设在赣州市的鼓励类产业的内资企业和外商投资企业减按 15% 的税率征收企业所得税。2010 年 12 月 31 日前新办的符合规定的交通、电力、水利、邮政、广播电视企业，执行原政策到期满为止。	1.《财政部　海关总署　国家税务总局关于深入实施西部大开发战略有关税收政策问题的通知》（财税〔2011〕58 号）； 2.《财政部　海关总署　国家税务总局关于赣州市执行西部大开发税收政策问题的通知》（财税〔2013〕4 号）； 3.《西部地区鼓励类产业目录》（中华人民共和国国家发展和改革委员会令第 15 号）； 4.《国家税务总局关于深入实施西部大开发战略有关企业所得税问题的公告》（国家税务总局公告 2012 年第 12 号）；	1. 主营业务属于《西部地区鼓励类产业目录》中的具体项目的相关证明材料； 2. 符合目录的主营业务收入占企业收入总额 70% 以上的说明。	预缴享受	由省税务机关规定。

续表

序号	优惠事项名称	政策概述	主要政策依据	主要留存备查资料	享受优惠时间	后续管理要求
63			5.《国家税务总局关于执行〈西部地区鼓励类产业目录〉有关企业所得税问题的公告》（国家税务总局公告2015年第14号）。			
64	广东横琴、福建平潭、深圳前海等地区的鼓励类产业企业减按15%税率征收企业所得税	对设在广东横琴新区、福建平潭综合实验区和深圳前海深港现代服务业合作区的鼓励类产业企业减按15%的税率征收企业所得税。	1.《财政部　国家税务总局关于广东横琴新区　福建平潭综合实验区　深圳前海深港现代服务业合作区企业所得税优惠政策及优惠目录的通知》（财税〔2014〕26号）； 2.《财政部　税务总局关于平潭综合实验区企业所得税优惠目录增列有关旅游产业项目的通知》（财税〔2017〕75号）。	由省税务机关（含计划单列市税务机关）规定。	预缴享受	由省税务机关（含计划单列市税务机关）规定。

续表

序号	优惠事项名称	政策概述	主要政策依据	主要留存备查资料	享受优惠时间	后续管理要求
65	北京冬奥组委、北京冬奥会测试赛赛事组委会免征企业所得税	对北京冬奥组委免征应缴纳的企业所得税。北京冬奥组委全面负责和组织举办北京 2022 年冬残奥会，其取得的北京 2022 年冬残奥会收入及其发生的涉税支出比照执行北京 2022 年冬奥会的税收政策。北京冬奥会测试赛赛事组委会取得的收入及发生的涉税支出比照执行北京冬奥组委的税收政策。	《财政部　税务总局　海关总署关于北京 2022 年冬奥会和冬残奥会税收政策的通知》（财税〔2017〕60 号）。	由省税务机关规定。	预缴享受	由省税务机关规定。
66	购置用于环境保护、节能节水、安全生产等专用设备的投资额按一定比例实行税额抵免	企业购置并实际使用《环境保护专用设备企业所得税优惠目录》《节能节水专用设备企业所得税优惠目录》和《安全生产专用设备企业所得税优惠目录》规定的环境保护、节能节水、安全	1.《中华人民共和国企业所得税法》第三十四条； 2.《中华人民共和国企业所得税法实施条例》第一百条； 3.《财政部　国家税务总局关于执行环境保护专用设备企业所得税优惠目录　节能节水专用设备企业所得税优惠目录和安全生产专用设备企业所得税优惠目录有关问题的通知》（财税〔2008〕48 号）；	1. 购买并自身投入使用的专用设备清单及发票； 2. 以融资租赁方式取得的专用设备的合同或协议； 3. 专用设备属于《环境保护专用设备企业所得税优惠目录》《节能节水专用设备企业所得税优惠目录》或《安全生产专用设备企业所得税优惠目录》中的具体项目的说明； 4. 专用设备实际投入使用时间的说明。	汇缴享受	由省税务机关（含计划单列市税务机关）规定。

续表

序号	优惠事项名称	政策概述	主要政策依据	主要留存备查资料	享受优惠时间	后续管理要求
66		生产等专用设备的，该专用设备的投资额的10%可以从企业当年的应纳税额中抵免；当年不足抵免的，可以在以后5个纳税年度结转抵免。享受上述规定的企业所得税优惠的企业，应当实际购置并自身实际投入使用前款规定的专用设备；企业购置上述专用设备在5年内转让、出租的，应当停止享受企业所得税优惠，并补缴已经抵免的企业所得税税款。	4.《财政部　国家税务总局　国家发展改革委关于公布节能节水专用设备企业所得税优惠目录（2008年版）和环境保护专用设备企业所得税优惠目录（2008年版）的通知》（财税〔2008〕115号）； 5.《财政部　国家税务总局　安全监管总局关于公布安全生产专用设备企业所得税优惠目录（2008年版）的通知》（财税〔2008〕118号）； 6.《财政部　国家税务总局关于执行企业所得税优惠政策若干问题的通知》（财税〔2009〕69号）； 7.《国家税务总局关于环境保护节能节水　安全生产等专用设备投资抵免企业所得税有关问题的通知》（国税函〔2010〕256号）； 8.《财政部　税务总局　国家发展改革委　工业和信息化部　环境保护部关于印发节能节水和环境保护专用设备企业所得税优惠目录（2017年版）的通知》（财税〔2017〕71号）。			

续表

序号	优惠事项名称	政策概述	主要政策依据	主要留存备查资料	享受优惠时间	后续管理要求
67	固定资产或购入软件等可以加速折旧或摊销	由于技术进步，产品更新换代较快的固定资产及常年处于强震动、高腐蚀状态的固定资产，企业可以采取缩短折旧年限或者采取加速折旧的方法。集成电路生产企业的生产设备，其折旧年限可以适当缩短，最短可为 3 年（含）。企业外购的软件，凡符合固定资产或无形资产确认条件的，可以按照固定资产或无形资产进行核算，其折旧或摊销年限可以适当缩短，最短可为 2 年（含）。	1.《中华人民共和国企业所得税法》第三十二条； 2.《中华人民共和国企业所得税法实施条例》第九十八条； 3.《财政部　国家税务总局关于进一步鼓励软件产业和集成电路产业发展企业所得税政策的通知》（财税〔2012〕27 号）； 4.《国家税务总局关于企业固定资产加速折旧所得税处理有关问题的通知》（国税发〔2009〕81 号）； 5.《国家税务总局关于执行软件企业所得税优惠政策有关问题的公告》（国家税务总局公告 2013 年第 43 号）。	1. 固定资产的功能、预计使用年限短于规定计算折旧的最低年限的理由、证明资料及有关情况的说明； 2. 被替代的旧固定资产的功能、使用及处置等情况的说明； 3. 固定资产加速折旧拟采用的方法和折旧额的说明，外购软件拟缩短折旧或摊销年限情况的说明； 4. 集成电路生产企业证明材料； 5. 购入固定资产或软件的发票、记账凭证。	汇缴享受（税会处理一致的，预缴享受；税会处理不一致的，汇缴享受）	由省税务机关（含计划单列市税务机关）规定。

续表

序号	优惠事项名称	政策概述	主要政策依据	主要留存备查资料	享受优惠时间	后续管理要求
68	固定资产加速折旧或一次性扣除	对生物药品制造业，专用设备制造业，铁路、船舶、航空航天和其他运输设备制造业，计算机、通信和其他电子设备制造业，仪器仪表制造业，信息传输、软件和信息技术服务业，轻工、纺织、机械、汽车等行业企业新购进的固定资产，可缩短折旧年限或采取加速折旧的方法。对所有行业企业新购进的专门用于研发的仪器、设备，单位价值不超过100万元的，允许一次性计入当期成本费用在计算应纳税所得额时扣除，不再分年度计算折旧；单位价值超过100万元的，	1.《财政部　国家税务总局关于完善固定资产加速折旧企业所得税政策的通知》（财税〔2014〕75号）； 2.《财政部　国家税务总局关于进一步完善固定资产加速折旧企业所得税政策的通知》（财税〔2015〕106号）； 3.《国家税务总局关于固定资产加速折旧税收政策有关问题的公告》（国家税务总局公告2014年第64号）； 4.《国家税务总局关于进一步完善固定资产加速折旧企业所得税政策有关问题的公告》（国家税务总局公告2015年第68号）。	1. 企业属于重点行业、领域企业的说明材料〔以某重点行业业务为主营业务，固定资产投入使用当年主营业务收入占企业收入总额50%（不含）以上〕； 2. 购进固定资产的发票、记账凭证（购入已使用过的固定资产，应提供已使用年限的相关说明）； 3. 核算有关资产税法与会计差异的台账。	预缴享受	由省税务机关（含计划单列市税务机关）规定。

续表

序号	优惠事项名称	政策概述	主要政策依据	主要留存备查资料	享受优惠时间	后续管理要求
68		可缩短折旧年限或采取加速折旧的方法。对所有行业企业持有的单位价值不超过 5000 元的固定资产，允许一次性计入当期成本费用在计算应纳税所得额时扣除，不再分年度计算折旧。				
69	享受过渡期税收优惠定期减免企业所得税	自 2008 年 1 月 1 日起，原享受企业所得税“五免五减半”等定期减免税优惠的企业，新税法施行后继续按原税收法律、行政法规及相关文件规定的优惠办法及年限享受至期满为止，但因未获利而尚未享受税收优惠的，其优惠期限从 2008 年度起计算。	《国务院关于实施企业所得税过渡优惠政策的通知》（国发〔2007〕39 号）。	符合过渡期税收优惠政策的情况说明。	预缴享受	由省税务机关（含计划单列市税务机关）规定。

第二节 备案资料

报送备案资料是指纳税人根据《中华人民共和国企业所得税法》（中华人民共和国主席令第六十三号）、《国家税务总局关于印发〈跨地区经营汇总纳税企业所得税征收管理办法〉的公告》（国家税务总局公告 2012 年第 57 号）、《国家税务总局关于发布〈企业政策性搬迁所得税管理办法〉的公告》（国家税务总局公告 2012 年第 40 号）等相关税收政策规定，向税务机关申报年度企业所得税，同时报送的与企业享受优惠事项（非备查）有关的合同、协议、凭证、证书、文件、账册、说明等资料。

企业所得税备案项目的名称、报送资料、报送数量、报送要求等，见表 10－2“企业所得税备案资料”。

表 10－2 企业所得税备案资料

序号	项目	报送资料	数量	备注
1	政策性搬迁备案事项	“企业政策性搬迁清算损益表”及相关材料	1 份	
2	房地产开发经营企业	房地产开发产品实际毛利额与预计毛利额之间差异调整情况的报告	1 份	
		依据计税成本对象确定原则确定的已完工开发产品成本对象，确定原则、依据，共同成本分配原则、方法，以及开发项目基本情况、开发计划等专项报告	1 份	
2	税前扣除手续费及佣金支出	当年手续费及佣金计算分配表和其他相关资料	1 份	应依法取得合法真实凭证

续表

序号	项目	报送资料	数量	备注
4	申报抵免境外所得税收（取得境外分支机构的营业利润所得）	与境外所得相关的完税证明或纳税凭证（原件或复印件）	1 份	备案资料使用非中文的，企业应同时提交中文译本复印件。上述资料已向税务机关提供的，可不再提供；上述资料若有变更的，须重新提供；复印件须注明与原件一致，译本须注明与原本无异义，并加盖企业公章。
		境外分支机构会计报表	1 份	
		境外分支机构所得依照中国境内企业所得税法及实施条例的规定计算的应纳税额的计算过程及说明资料	1 份	
		具有资质的机构出具的有关分支机构审计报告等	1 份	
5	申报抵免境外所得税收（取得境外股息、红利所得）	与境外所得相关的完税证明或纳税凭证（原件或复印件）	1 份	
		集团组织架构图	1 份	
		被投资公司章程复印件	1 份	
		境外企业有权决定利润分配的机构作出的决定书等	1 份	
6	申报抵免境外所得税收（取得境外利息、租金、特许权使用费、转让财产等所得）	与境外所得相关的完税证明或纳税凭证（原件或复印件）	1 份	
		依照中国境内企业所得税法及实施条例规定计算的应纳税额的资料及计算过程	1 份	
		项目合同复印件等	1 份	
7	申报抵免境外所得税收（申请享受税收饶让抵免）	与境外所得相关的完税证明或纳税凭证（原件或复印件）	1 份	
		本企业及其直接或间接控制的外国企业在境外所获免税及减税的依据及证明或有关审计报告披露该企业享受的优惠政策的复印件	1 份	
		企业在其直接或间接控制的外国企业的参股比例等情况的证明复印件	1 份	
		间接抵免税额或者饶让抵免税额的计算过程	1 份	
		由本企业直接或间接控制的外国企业的财务会计资料	1 份	

续表

序号	项目	报送资料	数量	备注
8	申报抵免境外所得税收（采用简易办法计算抵免限额）	与境外所得相关的完税证明或纳税凭证（原件或复印件）	1份	
		取得境外分支机构的营业利润所得需提供企业申请及有关情况说明	1份	
		来源国（地区）政府机关核发的具有纳税性质的凭证和证明复印件	1份	
		取得符合境外税额间接抵免条件的股息所得需提供企业申请及有关情况说明	1份	
		符合企业所得税法第二十四条条件的有关股权证明的文件或凭证复印件	1份	
9	跨省、自治区、直辖市和计划单列市设立的，实行汇总纳税办法的居民企业（总机构）	总机构的年度财务报表	1份	按照“财务会计报告报送”的有关规定报送。
		各分支机构的年度财务报表	1份	
		各分支机构参与企业年度纳税调整情况的说明	1份	
10	跨省、自治区、直辖市和计划单列市设立的，实行汇总纳税办法的居民企业（分支机构）	经总机构所在地主管税务机关受理的汇总纳税企业分支机构所得税分配表	1份	
		按照“3.21 财务会计报告报送”的有关规定报送	1份	
		分支机构参与企业年度纳税调整情况的说明	1份	
11	在同一省、自治区、直辖市和计划单列市内跨地、市（区、县）设立的实行汇总纳税办法的居民企业	省税务机关规定的相关资料	1份	

续表

序号	项目	报送资料	数量	备注
12	跨省、自治区、直辖市和计划单列市经营的建筑企业总机构	其所直接管理的跨地区经营项目部就地预缴税款的完税证明	1份	
13	委托中介机构代理纳税申报的	双方签订的代理合同	1份	
		中介机构出具的包括纳税调整的项目、原因、依据、计算过程、调整金额等内容的报告	1份	
14	适用《企业所得税法》第45条情形或者需要适用《特别纳税调整实施办法（试行）》第84条规定的居民企业	“受控外国企业信息报告表”	1份	
15	纳入《企业所得税法》第24条规定抵免范围的外国企业或符合《企业所得税法》第45条规定的受控外国企业	按照中国会计制度编报的年度独立财务报表	1份	
16	企业以非货币性资产对外投资确认的非货币性资产转让所得，适用分期均匀计入相应年度的应纳税所得额按规定计算缴纳企业所得税的	“非货币性资产投资递延纳税调整明细表”	1份	

续表

序号	项目	报送资料	数量	备注
17	企业发生符合规定的特殊性重组条件并选择特殊性税务处理的（债务重组）	“企业重组所得税特殊性税务处理报告表及附表”	1份	
		债务重组的总体情况说明	1份	包括债务重组方案、基本情况、债务重组所产生的应纳税所得额，并逐条说明债务重组的商业目的；以非货币资产清偿债务的，还应包括企业当年应纳税所得额情况
		清偿债务或债权转股权的合同（协议）或法院裁定书	1份	需有权部门（包括内部和外部）批准的，提供批准文件
		相关股权评估报告或其他公允价值证明	1份	债权转股权的提供
		工商管理部门等有权机关登记的相关企业股权变更事项的证明材料，以及债权人12个月内不转让所取得股权的承诺书	1份	
		相关资产评估报告或其他公允价值证明	1份	以非货币资产清偿债务的提供
		重组当事各方一致选择特殊性税务处理并加盖当事各方公章的证明资料	1份	
		重组前连续12个月内有无与该重组相关的其他股权、资产交易，与该重组是否构成分步交易、是否作为一项企业重组业务进行处理情况的说明	1份	
		按税法规定核算的资产（股权）计税基础与按会计准则规定核算的相关资产（股权）账面价值的暂时性差异专项说明	1份	按会计准则规定当期应确认资产（股权）转让损益的提供

续表

序号	项目	报送资料	数量	备注
18	企业发生符合规定的特殊性重组条件并选择特殊性税务处理的（股权收购）	“企业重组所得税特殊性税务处理报告表及附表”	1 份	
		股权收购业务总体情况说明	1 份	包括股权收购方案、基本情况，并逐条说明股权收购的商业目的
		股权收购、资产收购业务合同（协议）	1 份	有权部门（包括内部和外部）批准的，应提供批准文件
		相关股权评估报告或其他公允价值证明	1 份	
		12 个月内不改变重组资产原来的实质性经营活动、原主要股东不转让所取得股权的承诺书	1 份	
		工商管理部门等有权机关登记的相关企业股权变更事项的证明材料	1 份	
		重组当事各方一致选择特殊性税务处理并加盖当事各方公章的证明资料	1 份	
		非货币性资产评估报告或其他公允价值证明	1 份	涉及非货币性资产支付的提供
		重组前连续 12 个月内有无与该重组相关的其他股权、资产交易，与该重组是否构成分步交易、是否作为一项企业重组业务进行处理情况的说明	1 份	
		按税法规定核算的资产（股权）计税基础与按会计准则规定核算的相关资产（股权）账面价值的暂时性差异专项说明	1 份	按会计准则规定当期应确认资产（股权）转让损益的提供

续表

序号	项目	报送资料	数量	备注
19	企业发生符合规定的特殊性重组条件并选择特殊性税务处理的（资产收购）	“企业重组所得税特殊性税务处理报告表及附表”	1份	
		资产收购业务总体情况说明	1份	包括资产收购方案、基本情况，并逐条说明资产收购的商业目的
		资产收购业务合同（协议）	1份	需有权部门（包括内部和外部）批准的，应提供批准文件
		相关资产评估报告或其他公允价值证明	1份	
		被收购资产原计税基础的证明	1份	
		12个月内不改变资产原来的实质性经营活动、原主要股东不转让所取得股权的承诺书	1份	
		工商管理部门等有权机关登记的相关企业股权变更事项的证明材料	1份	
		重组当事各方一致选择特殊性税务处理并加盖当事各方公章的证明资料	1份	
		非货币性资产评估报告或其他公允价值证明	1份	涉及非货币性资产支付的提供
		重组前连续12个月内有无与该重组相关的其他股权、资产交易，与该重组是否构成分步交易、是否作为一项企业重组业务进行处理情况的说明	1份	
		按税法规定核算的资产（股权）计税基础与按会计准则规定核算的相关资产（股权）账面价值的暂时性差异专项说明	1份	按会计准则规定当期应确认资产（股权）转让损益的提供

续表

序号	项目	报送资料	数量	备注
20	企业发生符合规定的特殊性重组条件并选择特殊性税务处理的（合并）	“企业重组所得税特殊性税务处理报告表及附表”	1 份	
		企业合并的总体情况说明	1 份	包括合并方案、基本情况，并逐条说明企业合并的商业目的
		企业合并协议或决议	1 份	需有权部门（包括内部和外部）批准的，应提供批准文件
		企业合并当事各方的股权关系说明	1 份	
		企业合并前参与合并各方受最终控制方的控制在 12 个月以上的证明材料	1 份	当事各方属同一控制下且不需支付对价的合并提供
		被合并企业净资产、各单项资产和负债的账面价值和计税基础等相关资料	1 份	
		12 个月内不改变资产原来的实质性经营活动、原主要股东不转让所取得股权的承诺书	1 份	
		工商管理部门等有权机关登记的相关企业股权变更事项的证明材料	1 份	
		合并企业承继被合并企业相关所得税事项情况说明	1 份	包括尚未确认的资产损失、分期确认收入和尚未享受期满的税收优惠政策等
		合并日净资产公允价值证明材料及主管税务机关确认的亏损弥补情况说明	1 份	涉及可由合并企业弥补被合并企业亏损的提供
		重组当事各方一致选择特殊性税务处理并加盖当事各方公章的证明资料	1 份	
		非货币性资产评估报告或其他公允价值证明	1 份	涉及非货币性资产支付的提供

续表

序号	项目	报送资料	数量	备注
20	企业发生符合规定的特殊性重组条件并选择特殊性税务处理的（合并）	重组前连续12个月内有无与该重组相关的其他股权、资产交易，与该重组是否构成分步交易、是否作为一项企业重组业务进行处理情况的说明	1份	
		按税法规定核算的资产（股权）计税基础与按会计准则规定核算的相关资产（股权）账面价值的暂时性差异专项说明	1份	按会计准则规定当期应确认资产（股权）转让损益的提供
21	企业发生符合规定的特殊性重组条件并选择特殊性税务处理的（分立）	“企业重组所得税特殊性税务处理报告表及附表”	1份	
		企业分立的总体情况说明	1份	包括分立方案、基本情况，并逐条说明企业分立的商业目的
		被分立企业董事会、股东会（股东大会）关于企业分立的决议	1份	需有权部门（包括内部和外部）批准的，应提供批准文件
		被分立企业的净资产、各单项资产和负债账面价值和计税基础等相关资料	1份	
		12个月内不改变资产原来的实质性经营活动、原主要股东不转让所取得股权的承诺书	1份	
		工商管理部门等有权机关认定的分立和被分立企业股东股权比例证明材料；分立后，分立和被分立企业工商营业执照复印件	1份	
		重组当事各方一致选择特殊性税务处理并加盖当事各方公章的证明资料	1份	
		非货币性资产评估报告或其他公允价值证明	1份	涉及非货币性资产支付的
		分立企业承继被分立企业所分立资产相关所得税事项情况说明	1份	包括尚未确认的资产损失、分期确认收入和尚未享受期满的税收优惠政策等

续表

序号	项目	报送资料	数量	备注
21	企业发生符合规定的特殊性重组条件并选择特殊性税务处理的（分立）	亏损弥补情况说明、被分立企业重组前净资产和分立资产公允价值的证明材料	1 份	被分立企业尚有未超过法定弥补期限的亏损的提供
		重组前连续 12 个月内有无与该重组相关的其他股权、资产交易，与该重组是否构成分步交易、是否作为一项企业重组业务进行处理情况的说明	1 份	
		按税法规定核算的资产（股权）计税基础与按会计准则规定核算的相关资产（股权）账面价值的暂时性差异专项说明	1 份	按会计准则规定当期应确认资产（股权）转让损益的提供

第十一章

高新技术企业

第一节　高新技术企业认定

高新技术企业是指在《国家重点支持的高新技术领域》内，持续进行研究开发与技术成果转化，形成企业核心自主知识产权，并以此为基础开展经营活动，在中国境内（不包括港、澳、台地区）注册的居民企业。

一、认定条件

高新技术企业认定条件从成立年限、知识产权、财务指标、人员指标、创新能力等多方面评审。其中主要内容列示如下：

1. 企业申请认定时须注册成立一年以上；

2. 企业通过自主研发、受让、受赠、并购等方式，获得对其主要产品（服务）在技术上发挥核心支持作用的知识产权的所有权；

3. 对企业主要产品（服务）发挥核心支持作用的技术属于《国家重点支

持的高新技术领域》规定的范围；

4. 企业从事研发和相关技术创新活动的科技人员占企业当年职工总数的比例不得低于10%；

5. 企业近三个会计年度（实际经营期不满三年的按实际经营时间计算，下同）的研究开发费用总额占同期销售收入总额的比例符合如下要求：

（1）最近一年销售收入小于5 000万元的企业，比例不低于5%；

（2）最近一年销售收入在5 000万元至2亿元（含）的企业，比例不低于4%；

（3）最近一年销售收入在2亿元以上的企业，比例不低于3%。

其中，企业在中国境内发生的研究开发费用总额占全部研究开发费用总额的比例不低于60%。

6. 近一年高新技术产品（服务）收入占企业同期总收入的比例不低于60%；

7. 企业创新能力评价应达到相应要求。

企业创新能力主要从知识产权、科技成果转化能力、研究开发组织管理水平、企业成长性等四项指标进行评价。各级指标均按整数打分，满分为100分，综合得分达到70分以上（不含70分）为符合认定要求。四项指标分值结构详见表11－1：

表11－1　企业创新能力评价的四项指标

序号	指　标	分值
1	知识产权	≤30
2	科技成果转化能力	≤30
3	研究开发组织管理水平	≤20
4	企业成长性	≤20

其中：企业成长性是由财务专家选取企业净资产增长率、销售收入增长率两个指标分别对照表11－2评价档次（ABCDEF）得出分值，两项得分相加计算出企业成长性指标综合得分。

表 11 -2

成长性得分	指标赋值	分数					
		≥35%	≥25%	≥15%	≥5%	>0	≤0
≤20 分	净资产增长率赋值≤10 分	A 9 -10 分	B 7 -8 分	C 5 -6 分	D 3 -4 分	E 1 -2 分	F 0 分
	销售收入增长率赋值≤10 分						

二、认定流程

高新技术企业的认定流程如图 11 -1 所示：

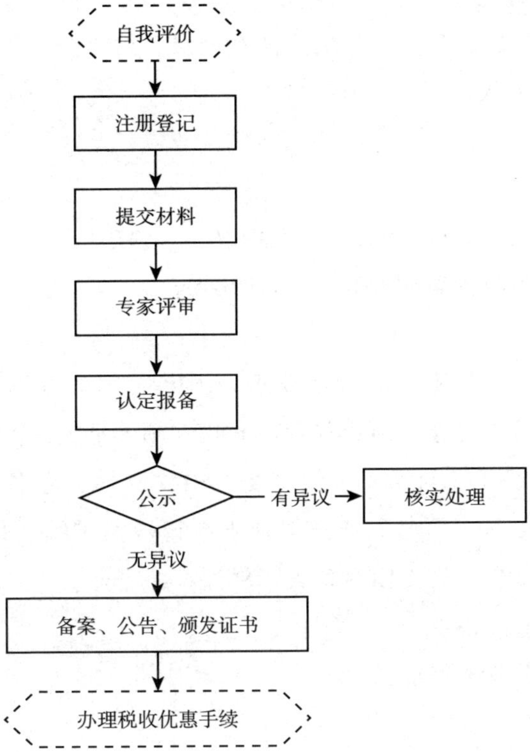

图 11 -1　高新技术企业认定流程

第二节　高新技术企业优惠政策

一般高新技术企业可同时享有至少两项税收优惠政策。

（一）高新技术企业优惠税率

1. 政策适用条件。

根据《中华人民共和国企业所得税法》（中华人民共和国主席令第63号）规定，国家需要重点扶持的高新技术企业，减按15%的税率征收企业所得税。

2. 政策目的解读。

国家对重点扶持和鼓励发展的产业和项目，给予企业所得税优惠。

3. 政策应用建议。

（1）申报。

主要涉及申报表：

①“高新技术企业优惠情况及明细表”（A107041）；

②“减免所得税优惠明细表”（A107040）。

（2）备查。

按照国务院“放管服”政策的要求，国家税务总局公告2018年第23号文件发布了修订后的《企业所得税优惠政策事项办理办法》，明确企业享受税收优惠时，采取“自行判别、申报享受、相关资料留存备查”的办理方式，在年度纳税申报及享受优惠事项前无须再履行备案手续、也无须再报送备案资料，原备案资料全部作为留存备查资料保留在企业。

有关的主要留存备查资料如下：

①高新技术企业资格证书；

②高新技术企业认定资料；

③知识产权相关材料；

④年度主要产品（服务）发挥核心支持作用的技术属于《国家重点支持的高新技术领域》规定范围的说明，高新技术产品（服务）及对应收入资料；

⑤年度职工和科技人员情况证明材料；

⑥当年和前两个会计年度研发费用总额及占同期销售收入比例、研发费用管理资料以及研发费用辅助账，研发费用结构明细表。

（二）研发费用加计扣除优惠

1. 政策适用条件。

根据《企业所得税法》规定，企业的下列支出，可以在计算应纳税所得额时加计扣除：开发新技术、新产品、新工艺发生的研究开发费用。

根据《财政部　税务总局　科技部关于提高研究开发费用税前加计扣除比例的通知》（财税〔2018〕99号）规定，企业开展研发活动中实际发生的研发费用，未形成无形资产计入当期损益的，在按规定据实扣除的基础上，在2018年1月1日至2020年12月31日期间，再按照实际发生额的75%在税前加计扣除；形成无形资产的，在上述期间按照无形资产成本的175%在税前摊销。

2. 政策目的解读。

为进一步激励企业加大研发投入，支持科技创新，2018年7月23日国务院常务会议决定，将企业研发费用加计扣除比例提高到75%的政策由科技型中小企业扩大至所有企业。

3. 政策应用建议。

（1）申报。

主要涉及申报表：

①“研发费用加计扣除优惠明细表”（A107012）；

②“免税、减计收入及加计扣除优惠明细表”（A107010）

（2）备查。

按照国务院“放管服”政策的要求，在年度纳税申报及享受优惠事项前无须再履行备案手续、也无须再报送备案资料，原备案资料全部作为留存备查资料保留在企业。有关的主要留存备查资料如下：

①自主、委托、合作研究开发项目计划书和企业有权部门关于自主、委托、合作研究开发项目立项的决议文件；

②自主、委托、合作研究开发专门机构或项目组的编制情况和研发人员

名单；

③经科技行政主管部门登记的委托、合作研究开发项目的合同；

④从事研发活动的人员（包括外聘人员）和用于研发活动的仪器、设备、无形资产的费用分配说明（包括工作使用情况记录及费用分配计算证据材料）；

⑤集中研发项目研发费决算表、集中研发项目费用分摊明细情况表和实际分享收益比例等资料；

⑥“研发支出”辅助账及汇总表；

⑦企业如果已取得地市级（含）以上科技行政主管部门出具的鉴定意见，应作为资料留存备查。

（三）研发费用口径对比

目前研发费用归集有三个口径，一是会计核算口径，由《财政部关于企业加强研发费用财务管理的若干意见》（财企〔2007〕194号）规范；二是高新技术企业认定口径，由《科技部　财政部　国家税务总局关于修订印发〈高新技术企业认定管理工作指引〉的通知》（国科发火〔2016〕195号）规范；三是加计扣除税收规定口径，由财税〔2015〕119号文件和国家税务总局公告2015年97号、国家税务总局公告2017年第40号规范。

三个研发费用归集口径相比较，存在一定差异（见表11－3）。形成差异的主要原因如下：

一是会计口径的研发费用，其主要目的是为了准确核算研发活动支出，而企业研发活动是企业根据自身生产经营情况自行判断的，除该项活动应属于研发活动外，并无过多限制条件。

二是高新技术企业认定口径的研发费用，其主要目的是为了判断企业研发投入强度、科技实力是否达到高新技术企业标准，因此对人员费用、其他费用等方面有一定的限制。

三是研发费用加计扣除政策口径的研发费用，其主要目的是为了细化哪些研发费用可以享受加计扣除政策，引导企业加大核心研发投入，因此政策口径最小。可加计范围针对企业核心研发投入，主要包括研发直接投入和相关性较高的费用，对其他费用有一定的比例限制。应关注的是，允许扣除的研发费用范围采取的是正列举方式，即政策规定中没有列举的加计扣除项目，不可以享受加计扣除优惠。

表 11－3　　　　研发费用归集口径比较

费用项目	研发费用加计扣除	高新技术企业认定	会计规定	备注
人员人工费用	直接从事研发活动人员的工资薪金、基本养老保险费、基本医疗保险费、失业保险费、工伤保险费、生育保险费和住房公积金，以及外聘研发人员的劳务费用	企业科技人员的工资薪金、基本养老保险费、基本医疗保险费、失业保险费、工伤保险费、生育保险费和住房公积金，以及外聘科技人员的劳务费用	企业在职研发人员的工资、奖金、津贴、补贴、社会保险费、住房公积金等人工费用以及外聘研发人员的劳务费用	会计核算范围大于税收范围。高新技术企业人员人工费用归集对象是科技人员
直接投入费用	（1）研发活动直接消耗的材料、燃料和动力费用	（1）直接消耗的材料、燃料和动力费用	（1）研发活动直接消耗的材料、燃料和动力费用。	
	（2）用于中间试验和产品试制的模具、工艺装备开发及制造费，不构成固定资产的样品、样机及一般测试手段购置费，试制产品的检验费	（2）用于中间试验和产品试制的模具、工艺装备开发及制造费，不构成固定资产的样品、样机及一般测试手段购置费，试制产品的检验费	（2）用于中间试验和产品试制的模具、工艺装备开发及制造费，样品、样机及一般测试手段购置费，试制产品的检验费等	
	（3）用于研发活动的仪器、设备的运行维护、调整、检验、维修等费用，以及通过经营租赁方式租入的用于研发活动的仪器、设备租赁费	（3）用于研究开发活动的仪器、设备的运行维护、调整、检验、检测、维修等费用，以及通过经营租赁方式租入的用于研发活动的固定资产租赁费	（3）用于研发活动的仪器、设备、房屋等固定资产的租赁费，设备调整及检验费，以及相关固定资产的运行维护、维修等费用	房屋租赁费不计入加计扣除范围
折旧费用与长期待摊费用	用于研发活动的仪器、设备的折旧费	用于研究开发活动的仪器、设备和在用建筑物的折旧费； 研发设施的改建、改装、装修和修理过程中发生的长期待摊费用	用于研发活动的仪器、设备、房屋等固定资产的折旧费	房屋折旧费不计入加计扣除范围

续表

费用项目	研发费用加计扣除	高新技术企业认定	会计规定	备注
无形资产摊销	用于研发活动的软件、专利权、非专利技术（包括许可证、专有技术、设计和计算方法等）的摊销费用。	用于研究开发活动的软件、知识产权、非专利技术（专有技术、许可证、设计和计算方法等）的摊销费用	用于研发活动的软件、专利权、非专利技术等无形资产的摊销费用	
设计试验等费用	新产品设计费、新工艺规程制定费、新药研制的临床试验费、勘探开发技术的现场试验费	符合条件的设计费用、装备调试费用、试验费用（包括新药研制的临床试验费、勘探开发技术的现场试验费、田间试验费等）		
其他相关费用	与研发活动直接相关的其他费用，如技术图书资料费、资料翻译费、专家咨询费、高新科技研发保险费，研发成果的检索、分析、评议、论证、鉴定、评审、评估、验收费用，知识产权的申请费、注册费、代理费，差旅费、会议费，职工福利费、补充养老保险费、补充医疗保险费。此项费用总额不得超过可加计扣除研发费用总额的10%	与研究开发活动直接相关的其他费用，包括技术图书资料费、资料翻译费、专家咨询费、高新科技研发保险费，研发成果的检索、论证、评审、鉴定、验收费用，知识产权的申请费、注册费、代理费，会议费、差旅费、通讯费等。此项费用一般不得超过研究开发总费用的20%，另有规定的除外	与研发活动直接相关的其他费用，包括技术图书资料费、资料翻译费、会议费、差旅费、办公费、外事费、研发人员培训费、培养费、专家咨询费、高新科技研发保险费用等。研发成果的论证、评审、验收、评估以及知识产权的申请费、注册费、代理费等费用	加计扣除政策及高新研发费用范围中对其他相关费用总额有比例限制

（四）政策依据

（1）《中华人民共和国企业所得税法》（中华人民共和国主席令第63号）。

（2）《中华人民共和国企业所得税法实施条例》（中华人民共和国国务院令第512号）。

（3）《科技部　财政部　国家税务总局关于修订印发〈高新技术企业认

定管理办法〉的通知》（国科发火〔2016〕32 号）。

（4）《科学技术部　财政部　国家税务总局关于修订印发〈高新技术企业　认定管理工作指引〉的通知》（国科发火〔2016〕195 号）。

（5）《国家税务总局关于实施高新技术企业所得税优惠政策有关问题的公告》（国家税务总局公告 2017 年第 24 号）。

（6）《财政部　国家税务总局　科技部关于完善研究开发费用税前加计扣除政策的通知》（财税〔2015〕119 号）。

（7）《国家税务总局关于企业研究开发费用税前加计扣除政策有关问题的公告》（国家税务总局公告 2015 年 97 号）。

（8）《国家税务总局关于研发费用税前加计扣除归集范围有关问题的公告》（国家税务总局公告 2017 年第 40 号）。

（9）《科技部　财政部　国家税务总局关于进一步做好企业研发费用加计扣除政策落实工作的通知》（国科发政〔2017〕211 号）。

（10）《财政部　税务总局　科技部关于企业委托境外研究开发费用税前加计扣除政策问题的通知》（财税〔2018〕64 号）。

（11）《财政部　税务总局　科技部关于提高研究开发费用税前加计扣除比例的通知》（财税〔2018〕99 号）。

后　记

企业所得税汇算清缴是一项政策性和实务性兼具的税收管理工作，随着我国税制改革的不断深化，企业所得税新政不断出台，税务机关对企业所得税的征收管理不断规范和完善，对企业所得税汇算清缴工作提出了新的要求；同时，受宏观经济下行压力的影响，税收环境也在发生微妙变化。因此，2019 年的汇算清缴工作将同样面临由于税收政策和管理要求等变化带来的影响。

《企业所得税汇算清缴操作实务（2020 版）》重在实用性，原理深入浅出，理论联系实际，适合各行业在企业所得税汇算清缴时使用，涵盖房地产企业、高新技术企业等实务中的重点难点问题，以企业所得税年度纳税申报表为主线，解析申报表填表要点，穿插融入小案例，列举企业所得税前扣除凭证，提供企业所得税优惠备查与备案资料准备明细，使财务人员正确理解税收政策、掌握填报企业所得税年度申报表的方法和要领，从而确保税收政策全面落实、切实降低企业税收成本。与此同时，《企业所得税汇算清缴操作实务（2020 版）》注重新颖性，破除常规，拓宽企业所得税汇算清缴的管理思路，引入了企业发票管理、合同涉税管理、税收优惠政策落地管理以及业税融合，实现税务业务一体化管理等内容。因此，《企业所得税汇算清缴操作实务（2020 版）》对于指导各行业和企业 2020 年度的企业所得税汇算清缴工作具有很大的现实指导意义。但愿《企业所得税汇算清缴操作实务（2020版）》，能够受到广大实务工作者的喜爱！

本书由徐珺婷担任主编。参加本书编写的有：劳文静、韩文杰、周贤林等。本书在编写过程中得到了税务机关以及相关单位的大力支持与帮助，在此一并表示诚挚的感谢！

编 者

2020年3月